Altreiter/Flecker/Papouschek/Schindler/Schönauer
UMKÄMPFTE SOLIDARITÄTEN

Das Buch entstand im Rahmen eines durch den Austrian Science Fund (FWF) geförderten Projekts [Projektnummer: I 2698-G27].

Bibliografische Information der Deutschen Bibliothek:
Die Deutsche Bibliothek verzeichnet diese Publikation
in der Deutschen Nationalbibliografie.
Detaillierte bibliografische Daten sind im Internet über
http://dnb.ddb.de abrufbar.

Umschlagfoto: Adobe Stock Pictures

Druck: CPI - Clausen & Bosse, Leck
Printed in Germany
ISBN: 978-3-85371-460-7

Fordern Sie die Kataloge unseres Verlags an:
Promedia Verlag
Wickenburggasse 5/12
A-1080 Wien
E-Mail: promedia@mediashop.at
Web: www.mediashop.at
           www.verlag-promedia.de

UMKÄMPFTE SOLIDARITÄTEN

SPALTUNGSLINIEN IN DER GEGENWARTSGESELLSCHAFT

ALTREITER/FLECKER/PAPOUSCHEK/
SCHINDLER/SCHÖNAUER

PROMEDIA

Über die AutorInnen

Carina Altreiter, geboren 1985 in Linz, ist wissenschaftliche Mitarbeiterin am Institut für Soziologie der Universität Wien.

Jörg Flecker, geboren 1959 in Graz, ist Professor für Allgemeine Soziologie an der Universität Wien.

Ulrike Papouschek, geboren 1961 in Wien, ist Soziologin an der Forschungs- und Beratungsstelle Arbeitswelt (FORBA).

Saskja Schindler, geboren 1977 in Wien, ist wissenschaftliche Mitarbeiterin am Institut für Soziologie.

Annika Schönauer, geboren 1979 in Gmunden, arbeitet im Leitungsteam der Forschungs- und Beratungsstelle Arbeitswelt (FORBA).

Inhalt

TEIL I – EINLEITUNG

Die 2010er-Jahre waren in Österreich und Europa von mehreren gesellschaftlichen Erschütterungen geprägt. Spätestens mit dem Zusammenbruch der Bank *Lehmann Brothers* im Herbst 2008 erreichte die amerikanische Kreditkrise auch Europa und brachte hier nach und nach zahlreiche Staaten in Bedrängnis. Um der Situation Herr zu werden, schnürte die Europäische Union Rettungspakete für Banken und Finanzinstitute und verordnete den betroffenen Ländern harte Sparmaßnahmen, die mit gravierenden wirtschaftlichen, aber auch sozialen Einschnitten verbunden waren. In der Folge geriet die europäische Wirtschaft ins Stocken, die Arbeitslosigkeit stieg sprunghaft an und erreichte in vielen Ländern einen historischen Höchststand. In Verbindung mit der abnehmenden Kreditwürdigkeit der Staaten auf den Finanzmärkten und den Ausgaben für Rettungsmaßnahmen für Banken stiegen die Belastungen der Staatshaushalte und damit auch die Staatsverschuldung erheblich an.[1] In der Bevölkerung wuchsen Zukunftsängste, immer weniger Menschen trauten den politischen und öffentlichen Institutionen zu, die Krise gut zu meistern. In dieser Phase gewannen zunehmend nationalistische Töne die Oberhand in der politischen Auseinandersetzung. Rechten und rechtsextremen Parteien gelang es, politisches Kleingeld aus den Sorgen der Menschen zu schlagen. Angeboten wurden vermeintlich einfache Lösungen, die Unzufriedenheit der Menschen wurde auf Sündenböcke wie MigrantInnen, Arbeitslose oder SozialhilfeempfängerInnen umgelenkt. Man setzte auf nationale Abschottung. Es waren jedoch auch entgegengesetzte Trends zu beobachten. In Griechenland, Spanien oder Portugal entstanden im Zuge der Krise soziale Protestbewegungen, welche gegenseitige Unterstützung und Hilfe – auch über nationalstaatliche Grenzen hinweg – in den Vordergrund stellten.[2] Auf internationaler Ebene formierte sich unter dem Schlagwort *Occupy* eine Bewegung, die sich nicht nur für eine Regulierung von Banken, sondern für Umverteilung und mehr Gerechtigkeit (»*We are the 99 %*«) stark machte.

---

1   Karamessini und Rubery 2013.
2   Caiani und Della Porta 2009.

Neben der Finanz- und Wirtschaftskrise hat vor allem die Ankunft einer großen Anzahl von Geflüchteten im Sommer und Herbst 2015 politische Veränderungen beschleunigt, die bis heute anhalten. Die sogenannte »Flüchtlingskrise«, wie sie im öffentlichen Diskurs bezeichnet wird, kam nicht über Nacht. Global gesehen war bereits in den Jahren davor die Anzahl der Menschen auf der Flucht kontinuierlich gestiegen; der Krieg in Syrien verschärfte die Lage drastisch.[3] Aufgrund der katastrophalen humanitären Lage in den Flüchtlingsunterkünften im Nahen Osten entschlossen sich immer mehr Menschen – vor allem aus Syrien, Afghanistan und dem Irak – die Flucht nach Europa zu wagen, um dort Asyl zu beantragen. Die Situation der Geflüchteten am Balkan und vor allem die prekäre Lage vieler in Ungarn Gestrandeter veranlasste die Regierungen in Deutschland und Österreich diesen die Einreise zu ermöglichen.[4] Unter dem Eindruck einer Krisensituation und der Überforderung der staatlichen Behörden formierten sich Gruppen in der Zivilgesellschaft, die Hilfe und Unterstützung für die ankommenden Flüchtlinge organisierten. Die politische Wetterlage dreht sich allerdings schon bald. Die Unfähigkeit der Europäischen Union, sich auf eine gemeinsame Vorgehensweise zu einigen und die unterschiedlichen Belastungen einzelner Staaten solidarisch zu schultern, brachte jene Länder unter Druck, die sich für eine Aufnahme starkgemacht hatten. Unter dem Eindruck der terroristischen Anschläge in Paris im November 2015 und den sexuellen Übergriffen zum Jahreswechsel 2015/2016 in Köln drehte sich die positive Stimmung gegenüber Geflüchteten im öffentlichen Diskurs. Angetrieben von rechtspopulistischen Parteien rückten u. a. unter den Schlagworten »nationaler Grenzschutz« und »Schutz der EU-Außengrenzen« zunehmend Sicherheitsfragen und die Forderung nach Grenzkontrollen und Abschottung ins Zentrum der politischen Debatten.[5] Eine Polarisierung des Diskurses war in verschiedenen Ländern zu beobachten. Sie fand ihren Ausdruck bei der Bundestagswahl in

---

3   UNHCR 2018: Global Trends. Forces Displacement in 2017. Geneva. (https://www.unhcr.org/dach/wp-content/uploads/sites/27/2018/06/GlobalTrends2017.pdf – 3.6.2019).
4   https://www.sueddeutsche.de/politik/fluechtlingskrise-oesterreich-erlaubt-fluechtlingen-aus-ungarn-die-einreise-1.2634159 – 15.5.2019.
5   vgl. dazu die politische Debatte zur Ausweitung der Befugnisse und Aufstockung der Beamten der Europäischen Grenz- und Küstenwache Frontex (z. B. Kurier, 12.10.2018; Zeit, 30.12.2018).

Deutschland 2017, bei welcher der – zumindest »weichen« – rechtsextremen AfD[6] (Alternative für Deutschland) mit einem Wahlkampf gegen »ungeregelte Massenimmigration« und für eine Schließung der Grenzen erstmals der Einzug in den Bundestag gelang.[7] *Ad personam* zeigte sie sich in Österreich unter anderem im Präsidentschaftswahlkampf 2016 – zwischen dem grünen Kandidaten Alexander Van der Bellen und dem Kandidaten der Freiheitlichen Partei, Norbert Hofer.[8] In Ungarn gewann der amtierende Ministerpräsident Viktor Orbán 2018 die Parlamentswahl mit einer Kampagne, die vor allem auf der Inszenierung einer Bedrohung der ungarischen Gesellschaft durch Zuwanderung aufgebaut war. Das Thema spaltet die europäischen Länder bis heute: Während der italienische Innenminister und Vorsitzende der sehr weit rechts stehenden Lega, Matteo Salvini, wiederholt auf eine Schließung der Häfen für Schiffe, die in Seenot geratene Flüchtlinge aufgenommen hatten, drängte, erklärte sich Spanien mehrmals bereit, diese aufzunehmen.[9]

Eine polarisierte Gesellschaft?

Nicht ganz zu Unrecht kann der Eindruck entstehen, dass die Entwicklungen der vergangenen Jahre zu einer Polarisierung der Gesellschaft beigetragen haben. Eine Spaltung zwischen Solidarität und Ausgrenzung, zwischen den als »Anständige« Angesprochenen und den als »Sozialschmarotzer« Diffamierten, zwischen dem linken und dem rechten politischen Lager. Aber entspricht dieses politisch und medial oft bemühte Bild tatsächlich der Realität? Haben wir es tatsächlich mit derart unvereinbaren Gegensätzen zu tun, dass es keine Brücken mehr gibt? Überwiegen die Gegensätze die Gemeinsamkeiten?

Wir möchten mit diesem Buch eine andere Lesart aktueller Entwicklungen vorschlagen und damit zu einem tieferen und besseren Verständnis

6   https://www.bpb.de/politik/extremismus/rechtspopulismus/284482/dialog-oder-ausgrenzung-ist-die-afd-eine-rechtsextreme-partei – 8.7.2019.
7   https://www.zeit.de/news/2017-04/23/parteien-das-afd-programm-zur-bundestagswahl-23135808 – 2.7.2019).
8   Rheindorf und Wodak 2015
9   Der Standard, 23.12.2018 (https://derstandard.at/2000094640650/Spanien-nimmt-300-von-Italien-und-Malta-abgewiesene-Migranten-auf).

der Gegenwartsgesellschaft beitragen. Gleich vorweg: Wir argumentieren, dass das Bild der Spaltung zwar bestimmten gegenwärtigen Phänomenen und Gefühlslagen entspricht, es aber zu kurz greift, um die gesellschaftliche Realität in ihrer Komplexität abzubilden. Bevor Sie nun das Buch weglegen und sich insgeheim darin bestätigt fühlen, dass die Sozialwissenschaft alles noch komplizierter macht, können wir Entwarnung geben. Ein komplexeres Bild von Spaltungen, von Einschlüssen und Ausgrenzungen zu haben, bedeutet auch, dass wir uns nicht dem Fatalismus hingeben müssen, der in dem Bild einer Spaltung tendenziell enthalten ist. Wenn die Gegensätze unüberbrückbar sind, befinden wir uns in einer Pattsituation, in der unklar ist, wie sie aufgelöst werden kann. Sie nimmt uns ein Stück weit auch Handlungsmöglichkeiten und erzeugt eher Ohnmacht als Mut.

Wir zeigen mit dem Buch, dass es tatsächlich Spaltungslinien in der Gesellschaft gibt, diese aber vielfältig und weniger polar sind, als man annehmen würde. Im Zentrum steht der Begriff der Solidarität, der es uns ermöglicht, sowohl Spaltungen bzw. Ausgrenzungen als auch Einschlüsse und Zusammenhalt – also die zwei Seiten derselben Medaille – in den Blick zu bekommen. Dadurch zeigt sich auch, dass Trennlinien zwischen »uns« und den »anderen«, zwischen drinnen und draußen, nicht immer eindeutig verlaufen und durchaus mit Ambivalenzen und Widersprüchen verbunden sind. Ausgrenzende Haltungen können sich mit solidarischen verbinden, je nachdem, ob es beispielweise um die Familie, die KollegInnen, Arbeitslose oder Geflüchtete geht. Wenn Menschen aber verschiedene – zum Teil widersprechende Orientierungen – in sich vereinen, dann bieten sich Möglichkeiten für Veränderung und verschiedene Ansatzpunkte für Mobilisierung – nicht nur im persönlichen Gespräch, sondern auch im Hinblick auf die Ansprechbarkeit für unterschiedliche politische Programme.

Solidarität: Ein oft gebrauchter, aber selten eindeutiger Begriff

Den Begriff der Solidarität umweht ein Hauch von Pathos und Nostalgie. An ihm hängt das Erbe von sozialen Kämpfen und von Protest, man denke beispielsweise an die ArbeiterInnenbewegung ab dem 19. Jahrhundert, die

Emanzipationsbewegung der Frauen oder die Bürgerrechtsbewegungen in den USA in den 1950er- und 1960er-Jahren. Die Bedeutung des Begriffs lässt sich historisch auf die römische Antike zurückführen. Im römischen Recht bezeichnete Solidarität die geteilte Haftung einer Gruppe. Die Mitglieder einer Gruppe standen für die Schulden einzelner Mitglieder gerade.[10] Diese gegenseitige Verantwortung und Verpflichtung ging man freiwillig ein, weil sie auch den eigenen Interessen diente. Die Idee wurde später politisch gewendet. Prägend waren hier sicherlich die Französische Revolution (1789–1799) und die ArbeiterInnenbewegung, in denen die Solidarität dem Erreichen eines gemeinsamen Zieles diente, ein Gemeinschaftsgefühl bezeichnete und die Verpflichtung, gemeinsame Ressourcen mit allen zu teilen, die Hilfe brauchen.

In jüngster Zeit, so scheint es, erlebt der Begriff »Solidarität« eine neue Konjunktur. Das macht sich nicht nur in der gehäuften Anzahl von Büchern zu dem Thema bemerkbar, sondern auch daran, dass der Begriff wieder verstärkt im öffentlichen und politischen Diskurs auftaucht. Allerdings können wir feststellen, dass nicht nur politisch linke Parteien und Bewegungen Solidarität einfordern, sondern auch rechtspopulistische und rechtsextreme Parteien an Solidarität appellieren, auch wenn hier nationale und ethnische Ausgrenzung – aber auch Abgrenzung nach »unten« gegenüber Arbeitslosen oder SozialhilfeempfängerInnen – im Vordergrund steht.[11] Die Solidargemeinschaft wird hier an der »Nation« und der »Volksgemeinschaft« festgemacht. Solidarität bedeutet dann eben – beispielsweise in der Logik der AfD in Deutschland oder der FPÖ in Österreich – die Grenzen dicht zu machen, um die Sozialleistungen für die »Unsrigen« zu sichern.

Auch in soziologischen Arbeiten wird der Begriff der Solidarität sehr unterschiedlich verwendet, eine einheitliche Definition lässt sich nicht ausmachen. Im weitesten Sinn dreht sich der »Bedeutungskern« von Solidarität, wie Ursula Dallinger schreibt, um »die Verbundenheit trotz Vielheit, der Zusammenhang des Differenten, die Kohäsion von Teilen zu einem Ganzen oder die Bindung zwischen Individuen«.[12] Es geht also um das Verhältnis

10   Dallinger 2009; Smith und Sorrell 2014.
11   Schindler et al. 2019.
12   Dallinger 2009, S. 23.

zwischen dem »Ich« und dem »Wir«, wobei das »Wir« sowohl kleinere Gruppen als auch größere soziale Gebilde meinen kann. Der Sozialstaat stellt zum Beispiel eine institutionalisierte Form von Solidarität dar, insofern er die gegenseitige Unterstützung in einer großen Gemeinschaft – unabhängig von individuellen Hilfeleistungen – organisiert. Diese findet ihren Ausdruck beispielsweise in Leistungen wie der Arbeitslosen-, Kranken- oder Pensionsversicherung, der Familienbeihilfe, dem Kinderbetreuungsgeld oder der Sozialhilfe. Einigkeit besteht in der Literatur auch darin, dass Solidarität im Gegensatz zu Wohltätigkeit oder Fürsorge ein gewisses Maß an Gegenseitigkeit – oder Reziprozität – verlangt.[13] Es geht nicht darum, aus einer besseren Situation heraus, gewissermaßen von oben, einem armen Menschen zu helfen. Solidarität basiert auf der Haltung, dass man auch selbst einmal in eine missliche Lage geraten kann. Auch wenn es einem derzeit gut geht, nimmt man hypothetisch an, dass die Rollen getauscht werden können und man selbst auch mit Hilfe rechnen kann.[14]

In unserer Studie, deren Ergebnisse wir in diesem Buch vorstellen, wählen wir einen Zugang, der Solidarität als Kontinuum versteht, das sich zwischen idealtypischen Extrempolen aufspannt: Auf der einen Seite steht die universelle Solidarität, die alle Menschen auf der Welt umfasst, also niemanden ausschließt und keine Bedingungen stellt. Auf der anderen Seite finden wir individualistische Positionen, die vor allem auf das eigene Ich und die eigene Familie und ihre Interessen fokussiert sind. Dazwischen spannt sich ein breites Spektrum auf, in dem solidarische und unsolidarische, einschließende und ausgrenzende Haltungen auch nebeneinander auftreten und sich nicht automatisch ausschließen. Der Solidaritätsbegriff dient als Rahmung, um zu analysieren, welchen Personen bzw. welchen Gruppen sich Menschen zugehörig fühlen, wem sie Hilfe zugestehen, wie sie diese Unterstützung begründen und an welche Bedingungen sie diese knüpfen. Auf diese Weise werden viele Facetten unterschiedlicher »Solidaritätskonfigurationen« sichtbar, und man erkennt, wie unterschiedliche Aspekte von Solidarität in den Orientierungen und Haltungen einzelner Personen miteinander verknüpft sind.

13   Laitinen und Pessi 2015, S. 2; Gould 2007, S. 154.
14   Hondrich und Koch-Arzberger 1992, S. 14.

Ins Land reinschauen

Das vorliegende Buch ist das Ergebnis einer Studie, für die wir im Jahr 2018 mit vielen verschiedenen Personen Gespräche geführt haben.[15] Unser Ziel war es, zu untersuchen, wie es um den sozialen Zusammenhalt der Gegenwartsgesellschaft bestellt ist. Wir wollten herausfinden, wie die Bevölkerung die Veränderungen der Gesellschaft in den letzten Jahren erlebt hat und welche Auswirkungen das auf den Umgang der Menschen miteinander, ihre politischen Orientierungen und Fragen von Solidarität hat. Die Gespräche drehten sich um die berufliche Laufbahn und Erfahrungen in der Arbeitswelt, die eigene Lebenssituation und deren Veränderung und darüber hinaus um Einschätzungen zum sozialen Zusammenhalt, zu Gerechtigkeit und zu politischen Entwicklungen.

Die Untersuchung wurde in Österreich durchgeführt. Von Wien bis nach Salzburg, vom Mühlviertel bis nach Graz sind wir durch das Land gefahren und haben über 70 Stunden an Material auf Tonband gesammelt, welches die Grundlage unserer Auswertungen bildete. In der Soziologie wird davon ausgegangen, dass die Erfahrungen, die man im Leben gemacht hat, einen Einfluss darauf haben, wie man die Welt wahrnimmt und wie man Dinge beurteilt. Es macht einen Unterschied, ob man in den 1960er-Jahren in behüteter Kindheit in einer Arztfamilie aufgewachsen ist, wo die Karriere als Akademikerin schon vorgezeichnet war und man kräftig von der Familie unterstützt wurde, oder ob man als *Millenial* mit einem prekären Arbeitsmarkt konfrontiert ist und als Kind einer ArbeiterInnenfamilie nach der Lehre Schwierigkeiten hat, überhaupt einen Job zu finden. Es macht einen Unterschied, ob man selbst Erfahrungen mit Arbeitslosigkeit gemacht hat oder das Problem nur vom Hörensagen kennt, genauso wie es einen Unterschied macht, ob man im Beruf viel Wertschätzung und Anerkennung erfährt oder ständig das Gefühl hat, die eigenen Leistungen werden nicht angemessen honoriert. Unser zentrales Anliegen war es daher, mit möglichst unterschiedlichen Menschen ins Gespräch zu kommen. Die 48 Personen,

---

15 Eine ausführliche Beschreibung des Projekts und der hier angewandten Forschungsmethoden sind dem Anhang zu entnehmen.

mit denen wir gesprochen haben, waren zwischen 20 und 63 Jahre alt, der überwiegende Teil war unselbstständig beschäftigt, manche selbstständig, einige befanden sich gerade in der Erwerblosigkeit. Die Bildungshintergründe reichten von Lehr- bis hin zu Universitätsabschlüssen. Unter den GesprächspartnerInnen befanden sich Handwerker, PolizistInnen, Landwirte, Pflegekräfte, LehrerInnen, ProduktionsarbeiterInnen, SachbearbeiterInnen ebenso wie ÄrztInnen, AnwältInnen oder UnternehmerInnen.

Solidaritätsmuster in der Gesellschaft

Im Hauptteil des Buches wird eine Typologie vorgestellt, die das Ergebnis der Analyse dieser Gespräche darstellt und zentrale Grundmuster von Solidaritätskonfigurationen skizziert. Diese wurden empirisch in Österreich gewonnen, haben nach unseren Erfahrungen in gewissen Grenzen aber auch für Deutschland Gültigkeit.[16] Insgesamt erbrachte die Auswertung der Interviewdaten sieben verschiedene Typen von Solidarität. In dieser Auswertung wurden die individuellen Fälle, also die einzelnen Befragten, miteinander verglichen und ähnliche Solidaritätsmuster zu Typen zusammengefasst. Die Typen stehen für in der Gesellschaft auffindbare Muster, in unserem Fall sind damit Muster aus bestimmten Verständnissen und Vorstellungen von Solidarität gemeint. Jeder Typus wird anhand von Ausschnitten aus den Gesprächen ausführlich dargestellt. Gleichzeitig ist es wichtig, darauf hinzuweisen, dass der Typus an sich nicht mit real existierenden Personen verwechselt werden darf. Eine Typenbildung verlangt, sich ein stückweit von der Detailliertheit der Fallgeschichten zu verabschieden und auf die größeren Gemeinsamkeiten zu achten.[17]

Folgende fünf Aspekte bzw. Dimensionen waren für unsere Typenbildung zentral:

---

16   In einer in den 2000er-Jahren durchgeführten Untersuchung mit ähnlicher Ausrichtung über acht europäische Länder zeigten sich in Österreich und Deutschland durchaus ähnliche Muster (vgl. Hentges und Flecker 2006; Flecker 2007).
17   In der Soziologie wird dafür der Begriff des »Idealtypus« im Sinne von Max Weber verwendet (1985). Eine ausführliche Darstellung der Forschungsmethode befindet sich im Anhang.

(1) Erstens: die Frage nach der Zugehörigkeit und Identifikation mit einer Gruppe. Mit wem fühle ich mich verbunden? Wem fühle ich mich zugehörig?

(2) Zweitens: die Reichweite der Solidarität, die eng mit der Frage der Zugehörigkeit verknüpft ist. Wen zähle ich zur Solidargemeinschaft und wer ist ausgeschlossen? Wer kann mit Hilfe rechnen und wer nicht?

(3) Unmittelbar daran geknüpft sind drittens Bedingungen für Solidarität. Wird ein bestimmtes Verhalten erwartet und eine Gegenleistung für die angebotene Hilfe oder gibt es keine Voraussetzungen für Unterstützungsleistungen? Welche Bedingungen werden an die Aufnahme in die Solidargemeinschaft gestellt oder können alle Mitglieder der Gruppe sein?

(4) Viertens geht es um Vorstellungen von Gerechtigkeit, aus denen sich moralische Verpflichtungen ableiten. Welche Gerechtigkeitsprinzipien lassen sich feststellen und wie prägen sie das, was die Menschen für berechtigt und unberechtigt, für erstrebenswert und abzulehnen erachten?

(5) Werden daraus, fünftens, Konsequenzen für das eigene Handeln abgeleitet oder sehe ich den Staat in der Verantwortung, Solidarität zu garantieren? In welchen Feldern werden Menschen aktiv, um sich für andere einzusetzen?

TEIL II – FORMEN DER SOLIDARITÄT

Im Zentrum dieses Abschnitts stehen sieben verschiedene Solidaritätstypen, die wir auf Basis der Analyse der Gespräche gewonnen haben (Übersicht siehe Tabelle 1 auf Seite 20). Der erste Typus, »Füreinander Einstehen«, sieht sich selbst als Teil der Entrechteten in einer Gesellschaft. Im Fokus stehen gemeinsame Anstrengungen, sich gegen Ausbeutung und Unterdrückung zu wehren. Das passiert in dem Bewusstsein, dass die Benachteiligten in einer Gesellschaft – egal aus welchem Land sie kommen – nur dann etwas erreichen können, wenn sie zusammenstehen. Der zweite Typus, »Sich für andere einsetzen«, spricht aus der Position der Privilegierten in der Gesellschaft, die aus ihrer sowohl nationalstaatlich als auch global gesehenen gut situierten Lage eine Verantwortung ableiten, sich für andere zu engagieren, die nicht auf die Butterseite des Lebens gefallen sind. Der dritte Typus, »Fordern und Fördern«, zeichnet sich dadurch aus, dass Solidarität an Bedingungen geknüpft wird. Unterstützung und Hilfe ist selbstverständlich, sollte jemand Hilfe benötigen. Ebenso wichtig ist aber auch, dass die Betroffenen aktiv an der Überwindung ihrer Notlage mitwirken.

Der vierte Typus, »Leistung muss belohnt werden«, zeichnet sich dadurch aus, dass Solidarität vordergründig an ein Leistungsprinzip geknüpft wird. Wer in Form von Erwerbsarbeit einen Beitrag zum Gemeinwohl leistet, hat Anspruch auf Unterstützung in Notlagen und erwirbt dadurch auch einen Anspruch, in die Solidargemeinschaft aufgenommen zu werden – egal woher man kommt. Der fünfte Typ, »Die moralische Ordnung erhalten«, setzt Rechtschaffenheit und Anständigkeit als Bedingungen für Solidarität. Unwilligkeit, die geltenden moralischen Werte zu respektieren und ihnen zu entsprechen, wird mit entsprechender Härte und Ausgrenzung begegnet. Der sechste Typ, »Mehr für die Unsrigen tun«, spricht aus der Perspektive autochthoner Randgruppen, deren enttäuschte Erwartungen an einen fürsorglichen Sozialstaat durch die Ankunft neuer Gesellschaftsmitglieder herausgefordert und zu einem Verteilungskonflikt mit diesen umgedeutet werden. Der Staat scheint anderen mehr Zuwendung zu geben und dadurch die eigene Gruppe zu benachteiligen. Typ sieben, »Unter sich bleiben«, macht sich für eine ethno-nationale Solidargemeinschaft stark, die anderen überlegen ist und sowohl für Fremde als auch für weniger leistungsfähige Gesellschaftsmitglieder nur einen sehr begrenzten Platz darin vorsieht.

Im nächsten Teil werden die verschiedenen Typen anhand der ihnen zugeordneten Interviews erläutert. Am Beginn der Darstellung des Typus werden jeweils zwei Personen ausführlicher beschrieben, deren Geschichten den Typ anschaulich machen sollen. Wir hören von ihren schulischen und beruflichen Werdegang, die Erfahrungen, die sie im Erwerbsleben, mit dem Sozialstaat und während des Sommers 2015, als viele Geflüchtete nach Österreich kamen, gemacht haben. Es geht um Gerechtigkeit, Politik, ihre Sorgen und Anliegen. Diese Portraits verfolgen einerseits den Zweck, zentrale Charakteristika des Typus deutlich zu machen. Darüber hinaus erlaubt die ausführliche Darstellung auch ein Eintauchen in die individuellen Lebensgeschichten unterschiedlicher Menschen. Die persönlichen Sichtweisen werden in ihrer Komplexität sichtbar und leichter nachzuvollziehen.[18] Im Anschluss daran werden die zentralen Charakteristika des Typs herausgearbeitet. In diesem Teil der Typenbeschreibung kommen auch die anderen Befragten, die wir dem jeweiligen Typ zugeordnet haben, zu Wort. Die vielen Stimmen bündeln sich dabei zu einem Solidaritätsmuster, in dem ganz bestimmte Vorstellungen und Konzeptionen von Solidarität verbunden sind.

Bei der Darstellung stützen wir uns auf wortwörtliche Zitate aus den Interviews, die wir mit unseren Interpretationen kontextualisiert haben. Bei den Gesprächen wurde den Befragten Anonymität zugesichert. Sensible personenbezogenen Daten, vor allem der Name, die regionale Herkunft oder auch Bezeichnungen des Arbeitgebers wurden für die Darstellung geändert. Die im Text verwendeten Namen der Personen sind daher als Pseudonyme zu verstehen. Die Entscheidung, umfangreiche Auszüge aus dem Originalmaterial in den Text einfließen zu lassen, hat damit zu

---

18 Vgl. dazu auch methodische Hinweise im Buch »The dignity of working men« von Michéle Lamont (2000). Der Studie von Lamont haben wir auch einige Anregungen für die Entwicklung von Fragen für den Leitfaden entnommen.

tun, dass wir möglichst getreu das wiederzugeben versuchen, was in den Interviews gesprochen wurde. Die LeserInnen sollen dadurch auch die Möglichkeit bekommen, nahe an die Lebenswelten der Befragten heranzurücken. Gleichzeitig findet durch die Auswahl und Kontextualisierung des Gesagten immer eine Intervention durch die ForscherInnen statt, die notwendig ist, um, wie Pierre Bourdieu einmal in diesem Kontext meinte, »die Aufmerksamkeit des Lesers auf aus soziologischer Sicht wichtige Aspekte zu lenken«.[19] Die zitierten Passagen wurden zur besseren Lesbarkeit über die unterschiedlichen Grenzen des Umgangssprachlichen hinweg leicht an die Schriftsprache angeglichen, die verwendeten Worte allerdings nicht verändert und auch Idiome weitestgehend beibehalten. Da auch die LeserInnen nicht mit allen Sprach- und Lebenswelten vertraut sind, kann es vorkommen, dass einem manche Zitate und Äußerungen härter, schroffer oder abwertender erscheinen als andere. Gegenüber diesem ersten Eindruck ist Vorsicht geboten. Man tendiert voreilig dazu, sozialen Gruppen, die den eigenen, geläufigen Diskursen und Sprechformen näher sind, mehr Legitimität zuzusprechen. Werden zum Beispiel Probleme mit dem Zusammenleben unterschiedlicher ethnischer Gruppen angesprochen, können die elaborierten Ausführungen eines Arztes für Menschen, die selbst Teil der gehobenen Bildungsschicht sind, auf den ersten Blick wohlwollend als sachlich begründete Kritik aufgefasst werden, während die von Wut geprägten Äußerungen einer jungen Metallarbeiterin im Gegensatz dazu bloß rassistisch wirken. Blickt man hinter diese Sprachkulisse, wird mitunter sichtbar, dass sich die angesprochenen Inhalte näher sind als die Wortwahl vermuten ließe. Bei der Auswertung und in der Darstellung der Fallgeschichten waren wir darum bemüht, den Sichtweisen der Befragten mit Wertschätzung zu begegnen und die dahinterliegenden Anliegen sichtbar zu machen.

19   Bourdieu 1997, S. 797.

Tabelle 1: Typologie und Fälle

Typen	Zugeordnete Fälle
Füreinander Einstehen Typ 1 (N=6)	Mario Lenz
	Christoph Lehner
	Sarah Eder
	Johanna Dörfler
	Jonas Müller
	Richard Berger
Sich für andere einsetzen Typ 2 (N=9)	Barbara Pollak
	Inge Kramer
	Reinhard Hofstätter
	Josef Klein
	Evelyn Rauter
	Karin Maler
	Sophie Brillinger
	Dieter Reinhard
	Daniel Körber
Fördern und Fordern Typ 3 (N=8)	Hans Niedermoser
	Ronja Ebner
	Sabine Friedrich
	Manfred Rabl
	Hans Weiss
	Sascha Baumann
	Caroline Kaiser
	Ernst Kogler
Leistung muss belohnt werden Typ 4 (N=8)	Lukas Aichinger
	Philip Brunner
	Marina Mucovic
	Lina Wagner
	Michael Fuchs
	Gabriel Drechsler
	Jan Wieninger
	Anna Nowak

Die moralische Ordnung erhalten Typ 5 (N=7)	Peter Zach
	Gerald Hofer
	Petra Beer
	Sandra Vordermeier
	Josef Alp
	Andrea Danner
	Erwin Staudinger
Mehr für die Unsrigen tun Typ 6 (N=3)	Martina Erdinger
	Tobias Heller
	Wolfgang Schober
Unter sich bleiben Typ 7 (N=3)	Konrad Schweighofer
	Maria Eisner
	Gerhard Meier

Qualitative Erhebung N = 48; In der Analyse ausgeklammerte Interviews: Maria Haberl, Herbert Burgstaller, Sarah Maurer, Sabine Putz. Alle Namen wurden geändert

1.   Füreinander Einstehen

1.1   Das betrifft mich auch, nicht nur den »armen Flüchtling« – Christoph Lehner

Christoph Lehner wuchs in einem politisch konservativen Elternhaus auf. Seine Eltern engagierten sich in der Gemeinde für die ÖVP. Auch im Leben des heute 28-Jährigen nahm Politik immer schon einen zentralen Stellenwert ein. Als Jugendlicher kam er mit *antifaschistischen Gruppen* in Kontakt, sie bestanden aus lauter Gleichaltrigen, die sich insbesondere mit der national-sozialistischen Vergangenheit ihrer Region auseinandersetzten. Nach dem Besuch des Gymnasiums und der Ableistung des Zivildienstes begann er Germanistik zu studieren. Nebenbei arbeitete er in einer NS-Gedenkstätte und machte dort Führungen für TouristInnen und Schulklassen. Die Eltern seien seiner Tätigkeit kritisch gegenübergestanden, erzählt Christoph Lehner. *»Sie haben es nicht direkt schlecht gefunden, aber meine Eltern waren selbst nie an der Gedenkstätte. Auch in der Zeit nicht, wo ich dort gearbeitet habe, im Gegensatz zu meinen Großeltern zum Beispiel«.* Seine Eltern hätten Sorge gehabt, dass ihm *»diese Arbeit nicht gut tut«.* Es war ein sehr *»aufgeladenes«* Thema, das oft zu Streit zwischen ihm und seinen Eltern führte. *» Wer sich nicht so gern damit beschäftigt, hat natürlich auch nicht unbedingt eine Freude damit, wenn auf dem Esstisch die ganze Zeit verschiedene Bücher und Bilder zum Konzentrationslager ausgebreitet herumliegen.«*

Für Christoph Lehner war die Auseinandersetzung mit den Verbrechen des Nationalsozialismus in dieser Lebensphase sehr intensiv und durchaus emotional belastend, *»weil ich's so schwer gefunden habe, also alles war so bedeutend.«* Er beendete schließlich seine Tätigkeit in der Gedenkstätte, da er das Gefühl bekommen hatte, er müsse einen Schlussstrich ziehen und sich mehr mit der Gegenwart beschäftigen. Neben dem Studium zu arbeiten, war für ihn aber weiterhin selbstverständlich. Über KollegInnen an der Universität erfuhr er von einem Bildungsverein, der ihn nicht nur aufgrund der fachlichen Nähe, sondern auch wegen des *»stark politischen*

Ansatzes« ansprach. Als Nachhilfelehrer unterrichtete er dort SchülerInnen mit Fluchterfahrung, die Schwierigkeiten hatten, im formalen Schulsystem unterzukommen. Am Anfang, erzählt er, sei da alles sehr *»improvisiert«* gewesen. Der Verein war *»in einer Schule eingemietet, in der dann, wenn die Klassen leer waren, also nachmittags, Deutsch unterrichtet wurde, mit Kindern, die alle kein Wort Deutsch sprachen.«* *»Ein schönes Gefühl ist es dann aber, wenn man sieht«*, wie es die Kinder *»von der ersten Konversation Deutsch dann bis hin zum Schulabschluss schaffen«*.

Als im Sommer 2015 eine große Anzahl an Geflüchteten nach Österreich kam, stieg auch das Arbeitspensum im Verein und Christoph Lehner steckte bei seinem Studium zurück, um mehr Zeitressourcen für den Unterricht zu haben. Die Ereignisse hätten ihn damals ein *»bissel überrumpelt,«* meint er. Da waren zunächst die Bilder aus dem Balkan, *»mit den ganzen Grenzschließungen, Grenzöffnungen, den großen Staus oder eigentlich Strandungen an den Grenzen«*, wo er das Gefühl hatte, hier gibt es eine *»Extremsituation«*. Auch im Freundeskreis wurde überlegt, *»möglicherweise dorthin zu fahren oder dort zu unterstützen«*. Er habe das damals allgemein als sehr *»dramatisch«* empfunden, *»[eine] extreme Stresssituation nicht weit weg von Wien an gewissen Grenzpunkten zu haben, die humanitäre Situation spitzt sich zu, wie in den Camps in Röszke oder so«*. Christoph Lehner engagierte sich aktiv auf den Bahnhöfen, im Schulverein und half Betroffenen später in Asylrechtsfragen. Neben dieser Krisenstimmung gab es aber auch viele *»positive Momente«*. Unter dem Druck, die Unterbringung für viele Menschen zu gewährleisten, gab es einen großen Zusammenhalt zwischen verschiedenen Organisationen und auch Raum für politische Veränderungen. *»Sogar, sag ich jetzt einmal, in eher konservativen Kreisen«* gab es einen Konsens, *»da muss man einfach was machen«*. *»Wir sind da in Österreich, das kann nicht sein, dass so viele Leute keinen Platz zum Schlafen haben oder im Winter draußen sind«*. Er erlebte, wie auch *»gestandene Organisationen«* zunehmend radikalere Forderungen stellten, *»wo auf einmal Stimmen laut geworden sind, Häuser zu besetzen und sie aufzumachen, und zwar von Organisationen, denen man das normalerweise nicht zutraut«*. Plötzlich hätte man Fragen nach *»universellen Rechten«* und die Verteilung von Ressourcen diskutieren und neu denken können, wie das »*Recht auf Wohnen*« und das »*Recht auf Bildung*«. Allerdings hätten ihn seine bisherigen Erfahrungen auch Vorsicht gelehrt. »*Wenn man ein bisschen Erfahrung mit politischem Aktivismus hat, ist man halt diesen Hoffnungen gegenüber ein bisschen skeptisch*«.

Was ihn ärgert, ist die »*Retterhaltung*« vieler Menschen, die in der Flüchtlingshilfe engagiert waren, »*die so etwas Katholisches hat in ihrem Pathos und die meiner Meinung nach sehr schnell umschlagen kann in eine Abneigung gegenüber den Leuten, die man eben als arm, als unselbstständig, als schwach sieht*«. Da werde immer ein Unterschied gemacht, zwischen den »*Bedürftigen und Armen*« und einem selbst, den Schwachen und den Starken. »*Die Hilfe, die man leistet, die Dinge, für die man sich einsetzt, sind dann immer nur für die anderen, ist aber nie etwas, das einen selbst betrifft*«. Deshalb würden viele »*HelferInnen*« den Betroffenen eigentlich nicht auf »*Augenhöhe*« begegnen. Für ihn selbst ist es wichtig, das Recht auf Wohnraum eben nicht nur für Geflüchtete zu diskutieren. Man müsse begreifen, dass das immer eine Frage ist, »*die mich selbst betrifft und nicht nur jetzt sozusagen den armen Flüchtling*«. »*Das [sind] einfach Fragen, die sich jedes Mitglied der Gesellschaft stellen muss, wie man eine Gesellschaft organisiert*«. Deshalb beträfen auch Kürzungen und Einsparungen letztendlich immer alle in der Gesellschaft, auch wenn zuerst bei den Geflüchteten begonnen werde.

Seit dem Abschluss seines Studiums arbeitet Christoph Lehner im Ausmaß von 20 Wochenstunden bei einer arbeitsmarktpolitischen Beratungsstelle für Jugendliche. Das Gehalt von rund 1.000 Euro netto im Monat sei nicht viel, aber es reiche ihm zurzeit aus. Er wohnt alleine in einer kleinen Wohnung und hat keine großen Ausgaben. Er findet es angenehm, zur Abwechslung einmal eine Arbeit zu haben, die weniger politisch aufgeladen ist als seine bisherigen Tätigkeiten. »*Es geht um den Lehrabschluss [der Jugendlichen, Anm.] und es geht nicht in erster Linie darum, aus einer antirassistischen Motivation heraus arbeiten zu müssen.*« Es ist die erste Anstellung, die er tatsächlich eher als »*Job*« erlebt, also eine Arbeit, die seine Existenz sichert und weniger politischen Motiven folgt. Auch unter den KollegInnen herrsche ein pragmatischer Zugang: »*Es fällt viel von diesem schwer Humanistischen bis Paternalistischen weg, das halt so ein gewisses Arbeitsethos ist, das in der Flüchtlingsarbeit immer* präsent ist. So würde ich es jetzt einmal radikal ausdrücken. Damit will ich das auch nicht alles schlecht machen, aber das fühlt sich jetzt ein bisserl leichter an, sagen wir so.«

Zum Staat hat Christoph Lehner eine distanzierte Haltung. »Also utopisch gesehen, würde ich einmal hoffen, dass man einen Staat irgendwann nicht mehr braucht.« Aber derzeit habe der Staat eine wichtige Aufgabe zu erfüllen. Er müsse für rechtlichen Schutz sorgen, und »dass es den Menschen gut geht«. In dieser Hinsicht wünscht sich Christoph Lehner durchaus mehr Engagement des Staates. Gerade in sozialen Angelegenheiten gäbe es zu wenig öffentliche Angebote, wie er aus seinen eigenen Erfahrungen weiß. Momentan müsse die Zivilgesellschaft dafür einspringen. »Private Vereine, Ehrenamtliche, die versuchen, mit dem, was sie sich aus dem Hut ziehen, die Bildung zu gewährleisten. Das wäre eigentlich Aufgabe des Staates, eben genau diese universellen Rechte zu gewährleisten. Der Staat macht das nicht und dann treten die Einzelinitiativen auf, versuchen das irgendwie zu kompensieren«. Die von der Regierung angekündigten Kürzungen der Arbeitslosenversicherung erlebt er als »Angriff auf ArbeitnehmerInnenrechte«. Insgesamt sieht er in der Politik der zum Zeitpunkt des Interviews regierenden Koalition von ÖVP und FPÖ viel »Symbolpolitik«, die für die Betroffenen negative Auswirkungen habe, für die Staatsausgaben insgesamt aber nicht von Bedeutung sei.

Obwohl Christoph Lehner politisch interessiert und engagiert ist, fühlt er sich von der institutionalisierten Politik nur wenig angesprochen. »Gefährlich« findet er, dass es keine »realpolitische progressive Opposition« gäbe. Die SPÖ habe sich »selbst abgeschafft«, das »christlich-soziale Lager« in der ÖVP habe sich ins »Koma« versetzt, »grüne Politik« habe sich nicht »bewährt« und andere progressive Parteien würden in der »absoluten Unbedeutsamkeit herumschwimmen«. Er sieht sich mit seinen Haltungen nicht in der aktuellen Parteienlandschaft repräsentiert und hat sich im letzten Jahr aufgrund der politischen Entwicklungen eher vom politischen Diskurs zurückgezogen. Nachdem er für einige Zeit den Medienkonsum »recht weit gestrichen hat«, hat er wieder begonnen, »Radio zu horchen, ab und an wieder Zeitung zu lesen«. Er möchte sich aber wieder stärker einbringen und überlegt, sich auf Bezirksebene anzuschauen, wo er sich politisch engagieren kann.

1.2   »Armut macht leider Gottes extrem erpressbar« – Sarah Eder

Sarah Eder ist 45 Jahre alt und seit einem Jahr auf der Suche nach einem Arbeitsplatz. Aber schon davor wechselte sie über einige Jahre hinweg zwischen verschiedenen prekären Beschäftigungsverhältnissen, Weiterbildungsmaßnahmen und Erwerbslosigkeit. Die Probleme begannen, als sie nach zwölf Jahren Beschäftigung in einem Call-Center gekündigt wurde. Seither konnte sie nicht mehr so richtig auf dem Arbeitsmarkt Fuß fassen. In dem Call-Center hatte sie nach der Matura[20] zu arbeiten begonnen. Ein Studium wäre für sie zunächst durchaus interessant gewesen, die finanzielle Unabhängigkeit vom Elternhaus hätte dann aber doch Priorität gehabt, erzählt sie. Ihre ersten Jahre im Call-Center hat sie in sehr guter Erinnerung. Es war eine »*junge, aufstrebende Branche*«, »*es war Geld da, es war Zeit da. Es ist sehr viel Wert auf qualitativ hochwertiges Kundenservice gelegt worden, ja? Man ist auch als Mitarbeiter sehr wertschätzend behandelt worden.*« Im Laufe der Jahre wurden jedoch die Leistungsvorgaben immer höher und die Beschäftigten gerieten unter Druck. Es ging nicht mehr um Qualität in der Betreuung der KundInnen, sondern nur mehr um den Umsatz. Die Arbeit hätte sich dann in den zwölf Jahren nach und nach in einen »*Albtraum verwandelt*«, erzählt sie. »*227 Sekunden*«, das war die Vorgabe für die Dauer eines Kundengesprächs. Innerhalb dieses Zeitraums sollte ein etwaiges Problem gelöst und den KundInnen »*tunlichst noch irgendein Scheiß verkauft werden, den du ja nicht einmal in der Zeit erklären kannst. Und das Ganze bitte auch noch so, dass dir der Kunde eine gute Bewertung gibt. Das ist kein Leben. Das ist ein Horror*«. Leute wurden entlassen, »*natürlich die, die am längsten dort waren, weil die am teuersten waren*«, und durch Leiharbeitspersonal ersetzt. Sarah Eder versuchte für eine Verbesserung der Arbeitsbedingungen zu kämpfen, sie äußerte offen Kritik im Betrieb und engagierte sich einige Zeit lang auch im Betriebsrat. Es war jedoch kaum möglich, »*etwas zu erreichen*«. Da hätte auch der Zusammenhalt in der Belegschaft gefehlt und ein Verständnis dafür, dass »*man nur gemeinsam etwas bewirken kann*«. Die Leute hätten auch Angst

---

20   Die Matura ist das österreichische Gegenstück zum Abitur.

gehabt, den Job zu verlieren, »*und wenn da eine Existenz dranhängt*«, dann wird es schwierig. Zwei Jahre lang hatte sie »*Krieg mit der Team-Leiterin*«. »*Die hat mir dann vorgeworfen, ich sei der Firma gegenüber nicht loyal. Und dann hat es halt auch gepasst, dass ich mit zwölf Jahren schon relativ teuer war. Und das war es dann.*« Die Kündigung trifft sie hart. Sarah Eder ist zu diesem Zeitpunkt allerdings durch den Druck in der Firma psychisch bereits sehr angeschlagen. »*Es ist mir erst im Nachhinein aufgefallen, aber ich habe dort schon Jahre ein Burn-out gehabt, dass es nur so rauschte.*«

Danach arbeitete sie in verschiedenen Berufen, unter anderem auch in der Gastronomie. Aber auch hier machte sie schlechte Erfahrungen. Arbeitsrechtliche Standards seien systematisch unterschritten worden und Sarah Eder hat das Gefühl, dass sich die Arbeitgeber auf Kosten der Beschäftigten bereichern. Wenn man auf das Gehalt aber angewiesen ist, hätte man kaum Möglichkeiten, sich zur Wehr zu setzen, meint Sarah Eder. »*Und Armut macht leider Gottes extrem erpressbar. Angst macht erpressbar. Ja, also entweder du lässt dich – und das teilweise wirklich tief – über den Tisch ziehen oder du hast halt keinen Job. So einfach ist das.*« Selbst wenn man sich Unterstützung holt. »*Gehst du zur Arbeiterkammer, bist du schlagartig deinen Job los.*« Letztendlich sei man auf sich allein gestellt. »*Es gibt niemanden, der einem hilft.*« Nach einer längeren Phase der Erwerbslosigkeit, in der sie zahlreiche Weiterbildungskurse absolvierte, bekam Sarah Eder eine Stelle in der Verwaltung einer Universität. Sie hatte sich sehr gefreut, dass endlich wieder »*ein bissel eine Ruhe und wieder eine Stabilität*« in ihrem Leben einkehrte. Aufgrund der Digitalisierung von Arbeitsabläufen war jedoch bald kein Bedarf mehr an ihrer Arbeitsleistung und ihre Anstellung wurde nicht verlängert. Für Sarah Eder brach eine Welt zusammen, es war »*furchtbar*« für sie, sich wieder arbeitslos melden zu müssen. Von den BetreuerInnen beim Arbeitsmarktservice zeigt sie sich enttäuscht und fühlt sich im Stich gelassen. Ähnlich wie im Call-Center hatte sie auch dort das Gefühl, wie eine Kostenverursacherin behandelt zu werden, die herumgeschoben wird, damit sie »*aus den Zahlen verschwindet, komme was da wolle*«. Es wurden ihr nur Angebote auf dem zweiten Arbeitsmarkt in Aussicht gestellt, die aber keine langfristige Perspektive boten und damit für Sarah Eder nicht in Frage kamen.

Sie ist dankbar, dass es eine Unterstützung für Arbeitslose gibt, findet aber auch, dass die Leistungen, die man bekommt, zu niedrig sind, um das, was man sich aufgebaut hat, erhalten zu können. Die 31,47 Euro am Tag, die sie bekommt, sind »*zum Leben zu wenig und zum Sterben zu viel*«. Sie äußert im Gespräch mehrmals Angst, dass sich alles nicht mehr ausgehen könnte. Es gibt Tage, »*da weiß ich nicht mehr, wie ich rauskomme aus dem Chaos. Wenn die [Arbeitsmarktservice, Anm.] mir aus welchem Grund auch – und da sind sie relativ schnell – das Geld sperren, dann sitze ich auf der Straße. Weil, wo nehme ich es her? Ich habe keine Eltern. Es gibt kein soziales Netz. Wo nehme ich es denn her? Und selbst, würde mir jemand das Geld leihen, wie zahle ich es denn jemals wieder zurück?*« Seit einiger Zeit ist sie in einem Theaterprojekt für Arbeitslose engagiert, von dem sie durch einen ihrer Freunde erfahren hat. Dort hat sie einen der wenigen Orte, an denen sie sich momentan nicht abgewertet fühlt. »*Und es war eine Erlösung, eine Erlösung, mit Leuten zusammen zu sitzen, denen ich manches nicht erklären muss, wo ich mich nicht genieren muss, wo ich nicht der Asoziale bin und nicht der Sozialschmarotzer.*«

Sarah Eder ist der Meinung, dass sich die Menschen gegenseitig brauchen. Sie ist sich sicher, »*dass es nur gemeinsam geht und anders ganz sicher nicht*«. »*Es geht nur, indem wir füreinander da sind, egal welches Alter oder welche soziale Schicht das betrifft.*« Sorge bereitet ihr, dass verschiedene Gruppen zunehmend gegeneinander ausgespielt werden. Sie kritisiert, wie in der Öffentlichkeit und in den Medien über Erwerbslose gesprochen wird, »*dieses Gschicht'l vom Sozialschmarotzer und vom arbeitslosen Millionär, das ist widerwärtig*«. Für sie sind jene Unternehmen »*Sozialschmarotzer*«, die Menschen mit vielen Berufsjahren nicht anstellen, weil sie zu teuer sind, die »*den Ungarn lieber nehmen als den Österreicher*«, nur aus einem »*Cash-Grund*«. Obwohl sie selbst in ihrem Leben nur wenig Solidarität erfahren hat, solidarisiert sie sich mit den Entrechteten und Ausgebeuteten, auf die in ihrer Wahrnehmung immer getreten und herabgeschaut wird. Dabei geht es ihr nicht nur um Österreich, sondern auch um die Ausbeutung der Menschen in anderen Ländern. »*Wenn ich das Wort ›Wirtschaftsflüchtlinge‹ höre, kommt mir die Galle hoch, weil: Schauen Sie sich einmal an, wie Leute in anderen Ländern für unsere Konsumgesellschaft arbeiten und unter welchen Bedingungen.*« Es sei die Schuld der westlichen »*Wegwerfgesellschaft*«, welche die Menschen zwingt, »*alles zurückzulassen aus einem notwendigen Überlebenszwang.*« Schuld seien aber auch »*westliche Waffenkonzerne*«, die Kriege in den Ländern befeuern und selbst »*sich eine goldene Nase an diesem Krieg verdienen*«. Im Sommer 2015, als viele Geflüchtete nach Österreich gekommen sind, dachte sie darüber nach, sich zu engagieren, entschied sich dann aber dagegen. Sie findet, dass sie für die Betreuung von Geflüchteten »*ungeeignet*« ist, weil sie sich nicht in der Lage sieht, eine »*konstante Bezugsperson*« zu sein, »*weil ich habe keine Ahnung, wie mein Leben morgen ausschaut*«.

Obwohl sie selbst nur wenig Geld zur Verfügung hat, bemüht sie sich mit dem Kauf von Fair-Trade-Produkten, einen Beitrag zu leisten, um das Leid anderer Menschen zu verringern. »*Ich meine, für mich in meiner finanziellen Situation ist das eine Lawine, ob ein Packerl Kaffee 2 Euro kostet oder 6 Euro. Nur, meine Bequemlichkeit ist Leid für jemand anderen.*« Wenn sie nicht diesen »*Billig-Ramsch*« kauft, »*dann muss der nicht aus seinem Land weggehen, weil dann hat er ein Haus und hat etwas zum Essen*«. Die Ungerechtigkeiten zwischen Armen und Reichen, Ausgebeuteten und Ausbeutern findet Sarah Eder unerträglich. »*Da gibt es auf der einen Seite Menschen, die 40 Stunden arbeiten oder aus einem zerbombten Land kommen und im Elend sitzen. Und dann gibt es den Chef von der Post, der mit 800.000 Euro im Jahr heimgeht dafür, dass er die Leute quält, nämlich wirklich quält, weil die haben keine lustigen Arbeitsbedingungen dort. Das kann es nicht sein. Es ist mehr als genug für alle da, aber es scheitert an einem: Die einen kriegen viel zu viel und die anderen kriegen nichts, ja?*«

1.3   Politische Solidarität[21] – Solidarität der Entrechteten

Die Geschichten von Christoph Lehner und Sarah Eder erscheinen auf den ersten Blick sehr verschieden zu sein. Und doch erkennen wir darin

---

21   Dieser Solidaritätstypus zeigt Ähnlichkeit mit Formen von Solidarität, die in der Literatur als »Kampfsolidarität« (Bayertz 1998, S. 49) oder »politische Solidarität« (Scholz 2008) bezeichnet werden. Zentrales Charakteristikum dieser Solidarform ist das aktive solidarische Handeln in Form von politischem Engagement, um die Rechte der Gruppe zu verteidigen bzw. durchzusetzen. Sally J. Scholz beschreibt es als eine Form von Solidarität, die sich vordergründig an Ungerechtigkeit, Unterdrückung und Verletzbarkeit entzündet (2008, S. 51ff.).

eine Form der Solidarität, die sich aus einem Zugehörigkeitsgefühl zu einer entrechteten Gruppe speist. Sie teilen diese mit anderen Befragten, wie Mario Lenz, Richard Berger, Jonas Müller und Johanna Dörfler, die wir ebenfalls diesem Typus zugeordnet haben.

Die gesellschaftlichen Spaltungslinien laufen für diesen Typus zwischen Herrschenden und Beherrschten, Privilegierten und Nicht-Privilegierten, und nicht entlang Nationalität oder Ethnizität oder Leistungsbereitschaft, wie das bei anderen Typen – wie wir noch sehen werden – der Fall ist. Die Befragten begreifen sich selbst als Teil der Unterdrückten – auch wenn ihnen bewusst ist, dass es zwischen den Nicht-Privilegierten ebenfalls erhebliche Unterschiede gibt, was zum Beispiel finanzielle Mittel oder politische Mitsprachemöglichkeiten betrifft. Auffallend ist dabei, dass sich die Befragten dieser Gruppe sehr sensibel zeigen für unterschiedliche Ungleichheits- und Benachteiligungsmuster, mit denen nicht-privilegierte Gruppen konfrontiert sind. Thematisiert werden die ungerechten Praktiken von Unternehmen, welche die »*Existenzängste*« (Sarah Eder) der Beschäftigten ausnutzen würden, um keine angemessenen Löhne zu bezahlen. Thematisiert werden aber auch die Diskriminierung von Menschen, die aus anderen Ländern zu uns kommen, globale Ausbeutungsverhältnisse und das gegeneinander »*Ausspielen*« benachteiligter Gruppen durch die herrschende Politik (Richard Berger). Letztendlich machen die Befragten dieses Typs ein »*System*« dafür verantwortlich, dass sowohl in Österreich als auch global kontinuierlich Ungleichheiten auf allen Ebenen produziere. Dieses »*Gesamtsystem*« funktioniere, so Richard Berger, genauso, »*dass eben bei den Unteren, die die Arbeit leisten, das Geld nicht vorhanden ist, weil es irgendwo anders abgeschöpft wird und sich woanders sammelt.*« Ihre Solidarität gilt allen Menschen, die sich auf der unteren Seite dieser gesellschaftlichen Spaltungslinie befinden und zwar unabhängig von nationalstaatlicher oder ethnischer Zugehörigkeit.

1.3.1 Ausbeutungserfahrungen und Politisierung

Die Identifikation mit der Gruppe der Entrechteten hat einerseits mit eigenen Erfahrungen von Unsicherheit, Prekarität und sozialem Abstieg zu tun, anderseits ist sie aber auch durch eine politische Sozialisation beeinflusst, welche die Personen für soziale Ungleichheiten und Benachteiligungen sensibel gemacht hat.

Sarah Eder, Johanna Dörfler und Richard Berger haben in ihren beruflichen Karrieren viele Unsicherheiten und Benachteiligungen erlebt, es nicht einfach gehabt. Eder und Dörfler sind zum Zeitpunkt des Interviews schon längere Zeit erwerbslos und leben ständig in der Sorge, dass sich auch das Wenige nicht mehr ausgehen könnte. Neben finanziellen Existenzängsten und Nöten sowie »*Konflikten in der Beziehung*« (Johanna Dörfler) wiegen aber vor allem auch Erfahrungen von Missachtung und Geringschätzung schwer, welche die beiden Geschichten miteinander verbinden. Wie zum Beispiel die Erfahrung, trotz guter Qualifikationen nirgendwo gebraucht zu werden (»*jede Absage – tut natürlich weh*«), trotz zahlreicher Anstrengungen keinen Platz in der Erwerbsgesellschaft zu haben, während gleichzeitig vielfältige unbezahlte Arbeiten – die Betreuung der Kinder oder auch das Engagement in der Flüchtlingshilfe – nicht als Leistungen honoriert werden. Das Arbeitsmarktservice wird dabei nicht als Unterstützung erlebt. »*Und ich habe ihm [dem AMS-Betreuer, Anm.] dann auch geschrieben und habe ihm gesagt: ›Ich habe in meinem Leben wirklich sehr viel gearbeitet und eben auch viel unbezahlt. Und ich bin Mutter von drei Kindern und auch das ist ein Job (schmunzelt), ja? Und ich wünsche mir einfach den Respekt‹, also dass auch er mir den Respekt zollt, der mir gebührt.*« (Johanna Dörfler).

Richard Berger, 44 und Softwareentwickler, hat sich in einer prekären Existenzlage eingerichtet. Er hat lange für verschiedene Firmen gearbeitet, in den letzten Jahren aber kontinuierlich Stunden reduziert (»*weil es gibt auch noch das Leben*«, und »*wichtigere*« Dinge neben der Arbeit) und arbeitet momentan nur geringfügig mit einer Aufstockung aus der Arbeitslosenunterstützung. Er hat auf seinen Reisen in der Welt gelernt, mit wenig zufrieden zu sein. »*Wie ich zurückgekommen bin aus Indien, war für mich klar: ich werde mein Leben reduzieren auf das Wesentliche und darauf schauen, eben, wenig finanzielle Mittel zu brauchen, um mich den wichtigen Dingen im Leben widmen zu können*«. Er hat sich von den Ersparnissen seiner letzten Jobs ein Haus in Ungarn gekauft, wodurch er seine Versorgung in seiner

Pension abgesichert sieht. Er kritisiert ähnlich wie Sarah Eder die schlechte Bezahlung in vielen Branchen. Oft wird nicht einmal dem Kollektivvertrag entsprechend bezahlt. Im Gegensatz zu Sarah Eder und Johanna Dörfler fühlt er sich aber im persönlichen Umfeld anerkannt, »*die wissen ja, was ich leiste, was ich arbeite, auch wenn es nicht Erwerbsarbeit ist.*« Die in der Politik und Öffentlichkeit zunehmend verbreitete Stigmatisierung von Erwerbslosen als »*Durchschummler*« (Johanna Dörfler) und »*Sozialschmarotzer*« (Sarah Eder) wird als unerträglich erlebt. Richard Berger meint, dass er nicht versteht, wieso man so auf die »*arbeitsunwilligen Durchschummler*« fokussiert ist und über die »*Hunderttausenden, die gar keine Arbeitsstelle bekommen können, nicht spricht.*«

Christoph Lehner und Mario Lenz, ein anderer Befragter dieses Typs, machen zwar am Übergang vom Studium in den Arbeitsmarkt auch Erfahrungen mit Prekarität. Ihre materielle Lage ist jedoch durch die privilegierte Stellung ihrer Eltern gesicherter als beispielsweise bei Sarah Eder und Johanna Dörfler. Mario Lenz, 33 Jahre alt, arbeitet als freischaffender Künstler und in der persönlichen Assistenz und hat ebenfalls nur knapp 900 Euro pro Monat zur Verfügung. Er kommt damit gut aus. »*Ich lebe einfach relativ sparsam im Vergleich zu anderen Leuten.*« Er konsumiere keinen Alkohol und rauche nicht, »*alles so Sachen, wo man so konstant gut Geld ausgeben kann*«. Er ist sich aber auch dessen bewusst, dass er durch die Eltern eine zusätzliche Sicherheit hat. »*Ich hätte auf jeden Fall Ressourcen für den Notfall, die sozusagen größtenteils von meinen Eltern kommen.*« Es gibt da einen »*Bausparer*«, wobei er aber »*unsicher*« ist, wie er damit umgehen soll, weil er eigentlich gegen »*Erbschaftsprivilegien*« ist.

Das zweite Motiv für die Identifikation mit den Entrechteten liegt in einer politischen Sozialisation, die bei den Befragten in durchaus unterschiedlichen Formen stattfand. Christoph Lehner und Mario Lenz waren bereits in Jugendjahren in politischen Gruppen mit einer anti-faschistischen und anti-rassistischen Agenda aktiv. Mario Lenz war während der Schulzeit Schulsprecher und gründete später mit anderen eine Initiative gegen Rechtsextremismus, in der er auch heute noch aktiv ist. Er ist derzeit vor allem in »*selbstorganisierten*« Gruppen »*unterwegs*«. Eine Politisierung kann aber auch aufgrund der eigenen Familiengeschichte erfolgen, wie bei Jonas Müller, 44 Jahre und Servicetechniker. »*Meine Familie war früher auch eine Flüchtlingsfamilie. Meine Großtante ist [während des Zweiten Weltkrieges, Anm.] nach England geflüchtet und ihre Eltern und auch meine Großeltern haben versteckt bei einem Bauern in Tschechien überlebt und der Rest ist umgebracht worden. Und das war wirklich keine Frage der Bedingungen, man musste flüchten, wenn man überleben wollte und so geht es heute auch Hunderttausenden.*« Auch für die Haltungen von Sarah Eder spielt die Familie eine ähnliche Rolle. Sie sei mit den Großeltern sehr »*verbunden*« gewesen, »*die haben den Krieg mitgemacht. Und auch wenn die zwei nicht weiß Gott wie viel darüber geredet haben, habe ich als Kind instinktiv mitbekommen, dass Krieg kein Videospiel ist, sondern etwas ziemlich Schlimmes*«.

1.3.2 Ein gemeinsamer Kampf für eine gerechte Gesellschaft

Aus der eigenen Positionierung als Teil einer Gruppe, die in der gesellschaftlichen Teilung zwischen oben und unten eindeutig auf der nicht-privilegierten Seite steht, speist sich die moralische Verpflichtung, zu helfen, wenn andere Mitglieder dieser empfundenen Solidargemeinschaft benachteiligt werden und Unterstützung brauchen. Die Befragten sprechen aus der Perspektive der Benachteiligten, die zusammenhalten müssen, um sich gegen Unterwerfung, Unterdrückung und Ausbeutung zu wehren. Deshalb ist es ihnen auch wichtig zu betonten, dass man benachteiligte Gruppen nicht gegeneinander »*ausspielen*« (Richard Berger) darf, man dürfe nicht »*unterscheiden zwischen unterschiedlichen Gruppierungen*« (Johanna Dörfler). Sarah Eder empört sich hier auch über die »*Märchen*«, die erzählt wurden, als 2015 viele Geflüchtete nach Österreich gekommen sind. Deswegen hätte in Wirklichkeit kein »Österreicher« auch nur »*einen Cent*« weniger bekommen.

Das konkrete Engagement ist in diesem Typus sehr vielfältig. Einerseits sind die Befragten im Herbst 2015 und auch darüber hinaus in der Flüchtlingshilfe engagiert, andererseits bringt die Gruppe ihre Anliegen auch aktiv in politische Organisationen ein. Johanna Dörfler sammelte im Herbst und Winter 2015 Sachspenden vor allem für betroffene Frauen mit Kindern, versuchte in ihrem beruflichen Netzwerk, das sie durch ihre langjährige Tätigkeit im Ausland hatte, auch politisch zu intervenieren, sie engagierte sich auf den Bahnhöfen und unterstützte die Familie eines Schulkollegen ihres Sohnes. Mario Lenz arbeitete ebenfalls für von Abschiebung Betroffene und gibt wie Christoph Lehner AsylwerberInnen Rechtsberatung. Andererseits bringt diese Gruppe ihre Anliegen auch aktiv in gesellschaftspolitische Organisationen ein: Richard Berger ist in einem Verein aktiv, der sich für eine gerechtere Vermögensverteilung und eine Veränderung der Organisation der Banken und Finanzmärkte einsetzt. Johanna Dörfler und Sarah Eder sind Mitglieder in einer Erwerbslosengruppe. Johanna Dörfler ist zudem nach der Flüchtlingskrise einer SPÖ-Sektion beigetreten, aus Sorge, dass »*die SPÖ womöglich dann jetzt auch noch nach rechts rückt*«. Sarah Eder findet in den institutionalisierten Parteien hingegen wenig, das sie anspricht, die SPÖ sei für sie noch das »*geringere Übel*«, aber eigentlich habe die Partei auch »*schon lange jeden Bezug zur Realität oder zu den Menschen verloren*«, sie tun »*gerne so, als Retter der Enterbten*«, aber das glaube sie ihnen nicht mehr. Mario Lenz engagiert sich in politischen Gruppen, die gegen Rassismus auftreten. Christoph Lehner plant, sich auf kommunaler Ebene stärker politisch einzubringen. Nachdem er sich einige Zeit von der Tagespolitik zurückgezogen hatte, ist er gerade »*am Umschauen, ob's irgendwie einfach was Sinnvolles gibt*«.

Ziel des politischen und gesellschaftlichen Engagements in diesem Typ ist eine bessere und gerechtere Gesellschaft im Sinne aller Benachteiligten. Gleichwohl sind ihre Möglichkeiten, Solidarität auszuüben und Ressourcen für den Kampf zu mobilisieren, recht unterschiedlich. Je nachdem, welche Möglichkeiten vorhanden sind, versucht man sich für diejenigen einzusetzen, die momentan selbst weniger für ihre Rechte kämpfen oder sich politisch Gehör verschaffen können. Überzeugt sind sie davon, dass die Rechtlosen nur dann zu ihrem Recht kommen, wenn sie füreinander einstehen, weil man nur »*gemeinsam etwas bewirken kann*« (Sarah Eder). »*Ich glaube, es geht einfach darum, es wieder so zu sehen: Es geht uns einfach allen besser, wenn wir solidarisch sind. Ja, und ich glaube, man müsste es sogar global irgendwie sehen*« (Johanna Dörfler). Die Solidarität dieser Gruppe ist bedingungslos, insofern sie an Menschen, die Unterstützung benötigen, keine Bedingungen stellt und keine Gegenleistungen erwartet.

Dabei ist wichtig, dass der Kampf und die Hilfe für andere stets als etwas gesehen wird, das mit der Gemeinschaft insgesamt verwoben und auch im Interesse aller ist.[22] Jonas Müller bringt diese Verflechtung auf den Punkt, wenn er meint, »*wenn jemand anders ungerecht behandelt wird, trifft mich das auch. Weil es mir gut geht, heißt das nicht, dass mich Ungerechtigkeit nicht trifft. […] Mich trifft das, wenn der Oberste verdient, was 1000 Untere verdienen, auch wenn ich nicht zu den Unteren gehöre. Wenn einer so viel verdient in Relation, das passt einfach nicht.*« Christoph Lehner konkretisiert das am Beispiel des Rechts auf Wohnraum. Der Kampf für das Recht auf Wohnen im Kontext der Ankunft vieler Geflüchteter im Jahr 2015 sei eben kein Kampf für die Interessen einer einzelnen Gruppe, sondern eingebettet in einen Kampf für die Öffnung von Zugangschancen, von dem alle profitieren, die über keinen Immobilienbesitz verfügen und für die der Wohnungsmarkt nur schwer zugänglich ist. Umgekehrt begännen Kürzungen von Sozialleistungen zwar bei den Geflüchteten, letztendlich würden sie aber alle betreffen. Mario Lenz betont ebenfalls, dass die »*Kämpfe*« für die Anliegen von Geflüchteten Strahlkraft für die gesamte Gesellschaft gehabt hätten. »*Ich finde schon, dass durch die migrantischen Kämpfe Sachen sichtbar geworden sind, auch Thema geworden sind. Auch wenn jetzt die Rechte so stark ist. Aber trotzdem. Zumindest gibt es im Gespräch Positionen, die vorher einfach völlig unsichtbar waren. Und das finde ich schon eine Errungenschaft, die auch wichtig ist.*«

1.3.3 Verantwortung des Staates

Neben der gefühlten Verpflichtung, selbst aktiv zu werden, wenn Menschen in Not sind, wird in diesem Typus aber auch staatlichen Institutionen eine Pflicht in der Bekämpfung von Ungleichheiten zugeschrieben. So meint Jonas Müller auf die Frage, wer dafür zuständig ist, Geflüchteten zu helfen: »*Eigentlich wir alle und natürlich auch der Staat. Aber auch nicht*

---

22   Smith und Sorrell 2014, S. 237; Polletta und Jasper 2001, S. 285

nur der Nationalstaat, auch Europa. So groß ist Syrien auch nicht, das wäre sich alles ausgegangen.« Auch Christoph Lehner betont, dass er trotz seiner »*staatskritischen Haltung*« der Meinung sei, dass es Aufgabe des Staates ist, »*gewisse Rechte zu gewährleisten und zu schützen, die ohne sein Eingreifen im Lauf der Dinge untergehen würden*«. Mario Lenz würde eigentlich eine gemeinschaftliche Selbstorganisation abseits des Staates bevorzugen, in der »*alle verantwortlich für alle [sind]*«, sieht aber in der aktuellen Situation eine wesentliche Aufgabe des Staates darin, »*alle mit den gleichen Sozialleistungen zu versorgen*«.

Allerdings gibt es hier eine Diskrepanz zwischen dem, was sich die Befragten wünschen, und dem, wie sie die aktuelle Lage in Österreich erleben. Es herrscht der Eindruck vor, dass der Staat seiner Aufgabe, die Schwächsten in der Gesellschaft zu schützen, nicht ausreichend nachkäme. Diese Einschätzung liegt zunächst in den persönlichen Erfahrungen begründet: Johanna Dörfler und Sarah Eder erleben, dass sie vom Arbeitsmarktservice nicht unterstützt, sondern eher unter Druck gesetzt werden. Die jahrelange harte Arbeit sei nichts mehr wert und habe keine Bedeutung: »*Als Außenstehender denkst du dir: Ach Gott, das sind nette Menschen, die helfen dir, wieder einen Job zu finden, so ungefähr, ja? Das hat […] das war ein ziemlich herbes Aufwachen, ein ganz ein herbes Aufwachen*«. (Sarah Eder). Im Zusammenhang mit der Ankunft einer großen Zahl an geflüchteten Menschen im Jahr 2015 wurde der Staat ebenfalls als unzulänglich erlebt. Die Situation konnte nur mit dem unermüdlichen Einsatz der Zivilgesellschaft bewältigt werden. Darüber hinaus wird die Politik der zum Zeitpunkt des Interviews amtierenden ÖVP-FPÖ-Regierung kritisiert, die insbesondere zu Lasten der Ärmsten gemacht werde. Wir können also trotz einer gewissen skeptischen Distanz gegenüber staatlichen Behörden den Wunsch erkennen, der Staat möge sich im Kampf um die Verteilung von und den Zugang zu Ressourcen wieder mehr für nicht-privilegierte Bevölkerungsgruppen einsetzen.

2. Sich für andere einsetzen

2.1 »Wir haben in der Geburtslotterie so was von gewonnen« – Barbara Pollak

Wir treffen Barbara Pollak zum Gespräch im Gemeinschaftsbüro, in dem sie sich vor einiger Zeit eingemietet hat, nachdem sie sich als Unternehmensberaterin selbstständig gemacht hatte. Zuvor hatte sie nach ihrem Psychologiestudium über vierzehn Jahre lang in der Suchtprävention und später in der Personalentwicklung bei einer großen Nicht-Regierungsorganisation gearbeitet. Vor vier Jahren hat sie sich eine einjährige berufliche »*Auszeit gegönnt*«. Über ihre Motive erzählt sie: »*Ich glaube, 42 Jahre war ich damals. Das ist einfach ein guter Zeitpunkt, um so innezuhalten und um zu überlegen, wohin geht's jetzt beruflich, wie geht's weiter?*« Viele ihrer älteren Kolleginnen wären damals krank geworden und auch sie selbst habe begonnen, ihre eigene Lebensweise zu hinterfragen. Darüber hinaus hatte sie das Gefühl, in der Arbeit nicht mehr vollständig ihr »*Potenzial*« entfalten zu können. Mit ihrem Lebensgefährten und den beiden gemeinsamen Kindern bereiste sie zunächst ein halbes Jahr Südamerika. Wieder zurück in Österreich beschloss sie, den Schritt in die Selbstständigkeit zu wagen. Mit Unterstützung des Unternehmensgründungsprogramms des Arbeitsmarktservice baute sie sich ein neues berufliches Standbein als Unternehmensberaterin auf. Mit Ausnahme einer kleinen »*holprigen Phase*« hat sie seither gute Erfahrungen in dieser Rolle gemacht. Sie musste sich jedoch nach den langen Jahren der Anstellung und des »*pünktlichen Gehalts*« an die neue Unsicherheit als Selbstständige »*gewöhnen*«, gesteht Barbara Pollak. »*Es braucht irgendwie so diesen Atem und diese Zuversicht und Vertrauen bis zu einem gewissen Grad, dass wieder etwas kommt.*« Mittlerweile hätte sie sich aber ein gutes Netzwerk aufgebaut, aus dem regelmäßige Aufträge entstehen. Die für die selbstständige Unternehmensberatung typische Verschmelzung von Arbeit und Freizeit störe sie nicht. »*Das war bei mir immer schon so. […] Dieses Nine-to-Five und so weiter, das ist auch nicht so das Meine. Ich bin eher so, dass*

ich mal da, mal dort etwas mache und dann dazwischen wieder etwas anderes.«
Die Unternehmen, die sie berät, sind sehr unterschiedlich. Barbara Pollak
formuliert jedoch klare moralische Prinzipien, anhand derer sie entscheidet,
ob eine Firma als Kundschaft in Frage kommt oder nicht. Als Beispiele
für Organisationen, die sie nicht beraten würde, nennt sie Firmen, auf
deren LKWs sich *»irgendwelche halbbekleideten Damen räkeln«*, die Austria
Tabak – *»weil das einfach meinen Grundsätzen widerspricht«* –, die FPÖ oder
den Lebensmittelkonzern Nestlé.

Die berufliche Auszeit von Barbara Pollak fiel in den Sommer 2015.
Über Facebook erreichte sie damals ein Aufruf der Caritas, *»sie brauchen
Leute«* im Erstaufnahmezentrum Traiskirchen, das zu diesem Zeitpunkt
einen neuen Höchststand an Geflüchteten erreicht hatte. *»Da habe ich
mich in die Bahn gesetzt und bin hingefahren.«* Sie begründet ihr Handeln
rückblickend damit, dass sie sich von dem Aufruf einfach *»angesprochen«*
gefühlt habe, *»und ich hab' mir gedacht, ich hab' Zeit«.* Zu Beginn half sie
dort von der Bevölkerung abgegebene Sachspenden zu sortieren. Weil sich
die Lage nicht entspannte, fuhr Barbara Pollak dann regelmäßig jeden Tag
nach Traiskirchen, um zu helfen. Später im September, als die Regierungen
in Deutschland und Österreich beschlossen, die Grenzen für Geflüchtete
zu öffnen, verlagerte sich ihr Tätigkeitsschwerpunkt hin zu den Bahnhöfen
in Wien. Gemeinsam mit vielen ehrenamtlichen HelferInnen kümmerte
sie sich dort um die Versorgung der ankommenden oder durchreisenden
Menschen. Sie erlebte diese Zeit als *»ganz extreme Situation«. »Ich habe so
etwas noch nie vorher erlebt. Und das waren wirklich Situationen, die ich mir
nie ausgemalt hätte, dass ich die überhaupt (lacht) erlebe in meinem Leben.
Also ganz extreme Situationen waren das. Wo ich wirklich das Gefühl gehabt
habe, das sind Leute, die sind jetzt da von uns abhängig und die müssen wir
von der Straße retten, um das jetzt so zu sagen.«* Barbara Pollak nutzt ihr
soziales Netzwerk, um Geflüchtete in privaten Unterkünften unterzubringen
und stellt auch ihre eigene Wohnung zur Verfügung. Das sei wie ein *»Sog«*
gewesen damals, erzählt sie. *»Wir sind da hinein, haben im ersten Moment
halt irgendwie geschaut, dass wir [die Geflüchteten, Anm.] versorgen, mit
Wasser, Windeln, was man halt so braucht, Hygieneartikel. Und dann kommst*

du wirklich – das zieht dich rein, weil das auch so unglaublich befriedigend war.« Sie empfand eine starke persönliche Verpflichtung, zu helfen und hatte auch das Gefühl, dass sie gebraucht werde. Gerade bei den »*Burschen*«, die oft erst sechzehn oder siebzehn Jahre alt waren, habe sie sich immer wieder gedacht, »*wie muss das sein, wenn ich jetzt meinen Sohn irgendwo in ein Land losschicken müsste und er wäre dort alleine, dann wäre ich einfach froh, wenn jemand dort wäre, der sich um ihn kümmert.*« Österreich sieht sie im Vergleich zur Herkunft der Geflüchteten als »*eine Insel der Seligen*«. »*Wir haben in der Geburtslotterie so was von gewonnen.*« »*Wir sind so privilegiert und wir können wirklich wie die Made im Speck leben.*«

Ihr umfangreiches Engagement brachte Barbara Pollak nach einigen Monaten an die Grenze ihrer Belastbarkeit. Nach dem anfänglichen positiven Gefühl, dass sie viel bewirken könne, stellte sich langsam die Erkenntnis ein, dass es »*nie genug ist*«, egal wie viel sie mache. Sie hatte das Gefühl, unabkömmlich zu sein, vor allem auch weil staatliche Einrichtungen nicht die notwendige Infrastruktur zur Verfügung gestellt hätten. »*Im Dezember konnte ich nicht mehr*«, erzählt sie, eine Freundin habe sie dann »*zur Seite genommen und ein ernstes Wort mit mir gesprochen*«.

Barbara Pollak zog sich für einige Wochen aus der Flüchtlingshilfe zurück. Als weniger Geflüchtete über Ungarn nach Österreich kamen, entspannte sich im Februar 2016 die Lage. Barbara Pollak konzentrierte sich nun stärker darauf, Geflüchteten, die in Österreich bleiben wollten, dabei zu helfen, im neuen Land anzukommen. Sie hatte dann »*einen Kreis von Leuten*«, den sie in rechtlichen und alltäglichen Belangen unterstützte: eine Wohnung und später Arbeit zu suchen, mit Geld auszuhelfen, in der Schule behilflich zu sein. Zu manchen entstanden enge Freundschaften, die bis heute anhalten. Einige der jungen geflüchteten Männer versuchte sie in die eigene Familie einzubinden, »*damit sie Familienanschluss haben, weil die sind halt wirklich so mutterseelenallein hier*«. Es wurde gemeinsam Weihnachten gefeiert, zusammen unternahm man Ausflüge und fuhr auf Urlaub. Diese engen Bindungen waren allerdings auch eine emotionale Belastung. Einige der von ihr betreuten Geflüchteten haben sehr schlechte Chancen, in Österreich einen dauerhaften Aufenthaltstitel zugesprochen zu bekommen. Besonders schwierig ist es für Barbara Pollak, zu erleben, dass Menschen, denen sie »*ohne mit der Wimper zu zucken meine Kinder anvertrauen*« würde, »*nicht hierbleiben dürfen, weil ihnen nicht geglaubt wird, was sie sagen*«. In ein paar Tagen wird sie einen Bekannten zum »*zweiten Interview*« begleiten, der negative Asylbescheid sei jedoch absehbar, befürchtet sie.[23] Die Erfahrungen der HelferInnen, insbesondere wenn es um Männer aus Afghanistan geht, hätten gezeigt, dass die Chancen gering sind, in Österreich bleiben zu können. »*Also wenn du nicht ein Zertifikat bringst mit einem Stempel, wo der IS [Islamische Staat, Anm.] sagt, ich habe den Herrn Sowieso verschleppt und der ist desertiert, was der IS nicht macht, ja, oder die Taliban, dann nein. Sie glauben die Geschichten einfach nicht, sie sagen, das ist unglaubwürdig.*« Unter den FlüchtlingshelferInnen werde viel darüber diskutiert, wie man mit möglichen negativen Bescheiden umgehen soll. »*Ich bin noch nicht in der Situation*«, meint sie, »*aber ich kenne HelferInnen, da sind die Leute, die sie sehr gut kennen, abgeschoben worden, also wirklich auf das Grauslichste.*« Auf der einen Seite wolle man den Geflüchteten helfen, auf der anderen Seite stelle sich für sie die Frage, wie weit man sich selbst »*in Richtung Illegalität*« bewegen könne. »*Also das ist echt, das ist ganz, ganz, ganz schwierig*«. Die jüngeren politischen Entwicklungen haben Barbara Pollak wenig zuversichtlich gestimmt, dass sich für die Geflüchteten rasch etwas ändern werde.

Das Sozialsystem in Österreich hat in Barbara Pollaks Wahrnehmung im Vergleich zu anderen Ländern ein sehr »*hohes Niveau*«, auch wenn es »*viele Möglichkeiten gebe, es zu verbessern*«. Sie nimmt ein »*engmaschiges*« soziales Netz wahr. Auch wenn nicht alles so »*toll ist*«, gäbe es eine Unterbringung für obdachlose Familien, »*es wird einem geholfen, und es wird irgendwie geschaut, dass man mit seinen Schulden zurechtkommt und man kann irgendwie existieren und man kann wohin gehen und Lebensmittel holen, wo man nichts zahlen muss.*« »*Haarsträubend*« findet sie jedoch die teilweise sehr niedrigen Löhne in Österreich, mit denen sie auch in ihrer Tätigkeit als Unternehmensberaterin

---

23 Ein zweites Interview oder eine zweite Einvernahme eines/einer Asylwerbers/in in einem Asylverfahren findet statt, wenn sich nach der ersten Einvernahme beim Bundesamt für Fremdenwesen und Asyl aus der Sicht der zuständigen SachbearbeiterInnen noch zusätzliche offene Fragen in Bezug auf Fluchtgründe, persönliche Umstände oder zu den Befürchtungen für den Fall der Rückkehr in den Herkunftsstaat ergeben.

konfrontiert ist. Kürzungen beim Arbeitslosengeld oder in der Mindestsicherung lehnt sie ab. Sie bevorzugt ein »*solidarisches Modell*«, »*ich find's gut, dass wir hohe Steuern haben. Ich bin jetzt selbst davon betroffen. Ja, jetzt wo ich sehe, wie viel Steuern man zahlt als Selbstständige, da muss ich schon ein bissel schlucken, aber ich sehe halt auch die andere Seite.*« Generell findet sie, dass »*die, die viel haben, mehr geben könnten, als sie es tun*«. Das bezieht sie vor allem auf »*große Firmen*«, die »*schauen, dass sie kaum Steuern zahlen*«.

Politisch fühlt sich Barbara Pollak am ehesten bei den Grünen zu Hause. Tagespolitik verfolgt sie aufmerksam, auch wenn es ihr »*manchmal schwerfällt*«, wie sie erzählt: »*Es widert mich an, wirklich, es widert mich total an, was da grad passiert*«, vor allem wenn es um Geflüchtete geht. Eine Zeit lang hat sie auch Informationen über Tagespolitik gemieden, weil sie das nur »*zornig*« und »*fassungslos*« gemacht habe. In einer Partei war sie bislang noch nicht politisch organisiert, es ist ihr aber beispielweise wichtig, sich im Elternverein der Schule ihrer Kinder zu engagieren, um in der Schulpolitik mitbestimmen zu können. Derzeit überlegt sie, bei der »*Grünen Wirtschaft*« mitzuarbeiten.

2.2   Wer mehr hat, soll mehr beitragen – Inge Kramer

Inge Kramer ist 47 Jahre alt und stammt aus einem ländlichen, »*traditionellen*« Milieu, wie sie es selbst beschreibt, wohnt aber schon viele Jahre in der Stadt. Ihre Mutter war Lehrerin, der Vater Leiter einer Bankfiliale. Ihr Vater war in der ÖVP aktiv und auch in der Pfarrgemeinde engagiert. Ihr Ehemann ist als Akademiker in einem technischen Beruf beschäftigt. Die Matura schloss er an einem traditionsreichen privaten Gymnasium ab. Sie haben zwei Kinder, mittlerweile 15 und 17 Jahre alt, die dasselbe Gymnasium besuchen wie einst ihr Vater.

Inge Kramer absolvierte nach dem Gymnasium eine Ausbildung zur Diplomkrankenpflegerin. Seit rund 25 Jahren arbeitet sie nun schon im selben Krankenhaus. Nach ihrer Rückkehr aus der zweiten Karenz wechselte Inge Kramer von Vollzeit auf Teilzeit und begann nebenbei Pflegewissenschaften zu studieren, da sie sich beruflich in eine andere Richtung entwickeln wollte. Seit einigen Jahren ist sie im Krankenhaus nun in der Pflegeberatung beschäftigt, nach wie vor in Teilzeit. Nebenbei unterrichtet sie an einer Fachhochschule. Durch ihre langjährige Tätigkeit in der Pflege hat sie vieles erlebt. Sie kritisiert vor allem die hierarchischen Strukturen im Krankenhaus und den geringen Stellenwert der Pflegewissenschaft in der täglichen Arbeitspraxis. Darüber hinaus stört sie die schlechte Vertretung und die schwache politische Lobby für das Pflegepersonal. Die eigene Interessenvertretung sei zu passiv, »*ich glaube, dass sich unser Berufsverband – ich bin ja selber Mitglied – häufig politisch nicht so ganz zu positionieren traut*«.

Neben dem Beruf bringt sich Inge Kramer in der katholischen Kirche ein. Zur Pfarrgemeinde kam sie über ihren Ehemann. Sie half bei einer Kirchen-Reinigungsaktion und wurde vom zuständigen Pfarrer angesprochen. Er habe sie nachhaltig beeindruckt, meint Inge Kramer, »*der war sehr gebildet und eigentlich bin ich deswegen dort hängen geblieben*«. Seit fast zehn Jahren ist sie nun schon Pfarrgemeinderätin und hat vor kurzem auch Leitungsaufgaben in der Organisation der Pfarre übernommen. Im Zuge dessen hat sie eine Ausbildung zur Erwachsenentrainerin absolviert. Sie möchte ihre Tätigkeit im Krankenhaus zwar nicht aufgeben, mit Blick auf die Zukunft sieht sie für sich allerdings Bedarf nach einem zusätzlichen Einkommen neben der Pension. »*So lange ich in Teilzeit arbeite, brauche ich irgendwas, das ich lange neben der Pension auch noch machen kann, weil ich wahrscheinlich wenig Pension kriege. Und da bieten sich jetzt schon interessante Möglichkeiten in diesem Kontext, auch in der Kirche.*« Existenziell bedroht sieht sie sich in der Zukunft jedoch nicht, da die Familie eine Eigentumswohnung und noch ein weiteres Haus besitzt.

Seit einigen Jahren engagiert sich Inge Kramer in einer Non-Profit-Organisation für Menschenrechtsfragen. Durch diese Tätigkeit, erzählt sie, habe sie sich »*verändert*« und auch viele neue Freunde gewonnen. Gleichzeitig habe sie sich dadurch von ihrem eigenen engen sozialen Umfeld, vor allem den konservativen Teilen ihrer Familie, entfernt. Diese Veränderungen führen nicht zuletzt »*auch zu Konflikten zuhause*«, weil sie sich auch politisch »*in eine andere Richtung*« entwickelt hat. Insbesondere mit ihrem Mann werde es aufgrund der unterschiedlichen Sichtweisen immer schwieriger, über politische Themen zu reden. Inge Kramer hat lange Zeit die Diskussion in der

Familie, im Besonderen mit ihrem Mann, gesucht. »*Aber in der Flüchtlingskrise ist das ausgeartet*«. Ihr Mann werfe ihr vor, dass sie mit ihrer hilfsbereiten Haltung auch Verantwortung dafür trage, wenn gewalttätige Menschen nach Österreich kommen, und hier dann »*überfallen und vergewaltigen*«. Irgendwann habe sie dann beschlossen, »*wir können über das nicht mehr reden.*« Mit ihren Eltern hatte sie es »*eh schon aufgegeben*«. »*Sie machen jetzt manchmal noch so Spitzen. Und natürlich kommen immer die Vorurteile und alles. Da gehe ich jetzt nicht mehr darauf ein. Ich gebe mir keine Diskussion mehr.*« »*Da suchst du dir halt irgendwo wen anderen oder was anderes, mit dem du über das reden und diskutieren kannst. Aber hier (in der Familie, Anm.) hat das keinen Sinn.*«

Inge Kramer findet es bedenklich, dass derzeit unter dem Vorwand, »*Ausländer missbrauchen unser Sozialsystem*«, Kürzungen bei den sozial-staatlichen Leistungen vorgenommen werden, die schließlich alle betreffen, auch die »*Österreicher*«. Das geht ihr gegen den Strich. Aus ihren eigenen beruflichen Erfahrungen weiß sie zwar von Fällen, in denen das Pflegegeld nicht zweckdienlich verwendet wird, aber dies könne gemeldet werden. In solchen Fällen plädiert sie dafür, Geldleistungen in Sachleistungen umzuwandeln, damit sichergestellt ist, dass die Mittel auch entsprechend ihrer Bestimmung verwendet werden. Ähnlich wie Barbara Pollak ist sie der Meinung, dass »*diejenigen, die mehr haben, mehr zur Finanzierung des Sozialstaates beitragen sollen.*« Als Beispiel führt sie den Pflegeregress an. »*Wenn ich Geld habe, muss ich auch für mein Pflegeheim zahlen. Ich bin bei der Abschaffung des Pflegeregresses sehr gespalten, weil auf der einen Seite: wenn ich mir mein Haus geschaffen habe und dann plötzlich pflegebedürftig werde, dann finde ich es auch nicht okay, ja, dass dann meine Kinder nichts mehr haben. Aber auf der anderen Seite, wenn ich fünf Häuser habe, und das ist auch gratis, finde ich es auch nicht okay, dass ich nichts dazu beisteuere.*« Sie ist auch der Meinung, dass die Gesellschaft davon profitiert, wenn sich mehr Menschen ehrenamtlich engagieren. »*Das finde ich schon, dieses gegenseitige Helfen braucht es meiner Meinung nach mehr*«. Allerdings ist ihr wichtig zu betonen, dass das zum Beispiel in der Pflege kein Ersatz für öffentliche Unterstützung sein kann, »*weil alles nur auf die Ehrenamtlichen* und auf die Leistung von den Nachbarn abzuwälzen, ist auch nicht gut. Auf was läuft es hinaus? Dass dann wieder die Frauen z. B. in der Pflege bleiben und daheim bleiben müssen.«

Im Sommer 2015 war Inge Kramer am Wiener Westbahnhof, um bei der Versorgung der ankommenden Menschen auf der Flucht zu helfen und *um zu schauen, ob ich was machen kann«*. Sie entschied sich dann, auch vor dem Hintergrund einer Auseinandersetzung mit ihrem Ehemann, für eine andere Form der Hilfe. Sie versuchte zunächst bei Pfarrmitgliedern Wohnmöglichkeiten für Geflüchtete zu organisieren, scheiterte doch daran. *»Die waren absolut nicht interessiert an Flüchtlingsarbeit«*. Später organisierte sie mit mehr Erfolg Deutschunterricht für Geflüchtete. Allerdings stand sie auch hierfür in der Kritik. Viele Pfarrmitglieder, erzählt sie, wollten damit nichts zu tun haben und haben sie für ihre Bemühungen auch angefeindet. Rückblickend meint sie, *»im Nachhinein tut es mir leid, dass ich mich nicht mehr hands-on angelegt habe. Ich war, glaube ich, eher die, die das Gedankengut verbreitet hat, dem offen gegenüber zu sein«*. Das tat sie zum einen in den Lehrveranstaltungen an der Fachhochschule, zum anderen aber auch an ihrem Arbeitsplatz. An ihre Bürozimmertür hängte sie ein Plakat des deutschen Berufsverbandes der Pflegekräfte, das sich *»gegen Gewalt und rechte Politik«* richtete. Das Plakat wurde immer wieder beschmiert oder entfernt, erzählt sie, worauf sie immer wieder ein neues Plakat aufgehängt hätte.

Zukunftsängste formuliert Inge Kramer in Bezug auf eine zunehmende gesellschaftliche Spaltung. Diese Sorge betrifft *»Ghettobildungen auf beiden Seiten«*. Das gelte sowohl für die *»Eliten«*, als auch ausgegrenzte Gruppen. Eine Entwicklung, die sie in letzter Zeit verstärkt wahrnimmt. *»Also ich habe ja Freunde aus der Oberschicht, wo ich mir denke: Wo leben die?«* Inge Kramer ist es daher sehr wichtig, dass ihre Kinder trotz der Elite-Schule Kontakt zu anderen sozialen Gruppen bewahren. In der Schule werden solche Projekte initiiert, was sie sehr unterstützt. *»In ihrer Schule haben sie auch viele Kinder mit Migrationshintergrund. Nur, die fahren halt mit dem BMW vor. Die sind auch teilweise aus Polen, Russland, aber halt stinkreich.«* Deswegen sei es ihr *»wichtig«*, dass soziale Projekte gemacht werden, *»entweder in einem Pflegeheim oder in der Obdachlosenunterkunft kochen oder* *für Menschen mit Behinderung etwas machen.*« Die Kinder »*sollen einmal Obdachlose kennenlernen*«. Hingegen würden auf der anderen Seite immer mehr Menschen keine Perspektive haben, was die »*Kriminalität*« steigen ließe und für die Gesellschaft von Nachteil sei.

2.3   Altruistische Solidarität – Hilfe für Andere

Die Geschichten von Barbara Pollak und Inge Kramer illustrieren den Typ, den wir altruistische Solidarität nennen. Auch mehrere andere Befragte (Reinhard Hofstätter, Josef Klein, Evelyn Rauter, Karin Maler, Sophie Brillinger, Dieter Reinhard und Daniel Körber) ließen sich diesem Typ zuordnen. Gemeinsam ist ihnen, dass sie aus ihrer eigenen, privilegierten sozialen Stellung heraus Hilfe und Unterstützung für jene befürworten, die sie als benachteiligt wahrnehmen. Die Motive für diese Solidarität liegen im Unterschied zur politischen Solidarität des ersten Typs nicht in der Vorstellung, Teil einer entrechteten Gruppe, sondern aufgrund der eigenen besseren Lage moralisch verpflichtet zu sein, jenen zu helfen, die in Notlagen sind. Das Prinzip »Hilfe für Benachteiligte« kommt sowohl im nationalstaatlichen als auch im globalen Kontext zur Anwendung und stellt keine Bedingungen an die Betroffenen.

Die privilegierte Stellung zeigt sich zunächst an den hohen Bildungsabschlüssen: Alle Befragten haben Matura, die Mehrheit einen Hochschulabschluss. Sie sind ÄrztInnen, ArchitektInnen, UnternehmensberaterInnen, AHS-LehrerInnen, InformatikerInnen und PflegewissenschafterInnen. Entsprechend verfügt die Gruppe auch über vergleichsweise hohe Einkommen.[24] Die Gruppe ist in einem hohen Ausmaß beruflich abgesichert und fühlt sich mehrheitlich beruflich anerkannt. Darüber hinaus ist die gute Position durch nicht unerhebliche Grundbesitz, vor allem Eigentumswohnungen und Wochenendhäuser, abgesichert. Die Angehörigen dieser Gruppe entstammen überwiegend Familien der oberen Mittelschicht. Die älteren Befragten dieses Typs konnten ihre Herkunftsprivilegien durch den eigenen beruflichen

---

24   Haushaltsnettoeinkommen von 4.000 bis 7.000 Euro monatlich.

Werdegang noch ausbauen. Existenzielle Unsicherheiten gehören daher nicht zu ihren Erfahrungen. »*Ich hab den Rückhalt, dass ich Familie habe, also ich bin mir sicher, wenn ich finanzielle Probleme hätte, würden mir alle helfen. Das weiß ich, dass mich da alle unterstützen würden, also da brauche ich mir keine wirklichen Existenzsorgen machen*« (Reinhard Hofstätter). Auch Evelyne Rauter, Programmiererin und mit 32 Jahren die jüngste in diesem Typ, beschreibt, dass sie keine beruflichen Zukunftsängste hat. »*Weder habe ich Angst um meinen Job, noch habe ich Angst, dass ich keinen finde, […] wenn ich meinen verliere. Und ich habe Eltern, die mich unterstützen. Ich bin halt einfach abgesichert.*« Der eigenen privilegierten Position in der Gesellschaft ist sich diese Gruppe bewusst. Bedenken gegenüber diesen Herkunftsprivilegien, wie sie uns zuvor bei Mario Lenz begegnet sind, finden sich hier allerdings nicht. Das hat – wie weiter unten noch ausführlicher dargestellt wird – auch damit zu tun, dass die bestehenden vertikalen Ungleichheiten in der Gesellschaft nicht grundsätzlich in Frage gestellt werden.

Der unterschiedliche gesellschaftliche Status spiegelt sich auch in den Solidaritätsvorstellungen der privilegierten Gruppe wider. Die eigenen Vorteile und Privilegien werden mit den Nachteilen anderer in Verbindung gesetzt. Ein zu starkes Ungleichgewicht löst Bedenken, aber auch eine moralische Verpflichtung aus, sich zu engagieren.[25] Die solidarische Haltung ist in dieser Gruppe nicht nur durch die eigene privilegierte Stellung motiviert, sondern auch durch eine grundlegend humanistische Einstellung, die bei einigen eng mit christlichen Werthaltungen verbunden ist und bei anderen zusätzlich universellen Menschenrechten eine hohe Bedeutung einräumt. Einig sind sie sich darin, dass allen Menschen, die Hilfe brauchen, geholfen werden muss. Ihre Gerechtigkeitsvorstellung folgt einem universellen Bedarfsprinzip, das ähnlich wie auch im Typ zuvor keine nationalen oder ethnischen Ausgrenzungen vornimmt und auch sonst keine Bedingungen an die EmpfängerInnen von Hilfe stellt.

---

25   Basierend auf Martin L. Hoffmann wird in der sozialpsychologischen Forschung in diesem Zusammenhang auch von »guilt over affluence« gesprochen (Bierhoff 2002, S. 155). Voraussetzungen dafür sind u. a.: die Wahrnehmung, dass die eigenen Privilegien mit der Benachteiligung anderer zusammenhängen, Zweifel an der Legitimität dieser Benachteiligung sowie Empathie und ein Gefühl der Verantwortung für die Benachteiligten (ebd).

Die InterviewpartnerInnen dieses Typs sehen sich allerdings in einer anderen Rolle als jene, die der Hilfe bedürfen. Sie sind es, die eigene Interessen (bis zu einem bestimmten Ausmaß) zurückstecken und eigene Ressourcen einbringen, damit anderen geholfen werden kann. Im Gegensatz zum Typ der »politischen Solidarität« sind Helfende und EmpfängerInnen der Hilfe nicht gleichgestellt, man sieht sich nicht als Teil einer Gruppe, die für gemeinsame Anliegen kämpft. Die Hilfe ist für »andere« gedacht, Grenzen zu paternalistischen Haltungen können da manchmal verschwimmen. Der Gedanke, selbst bedürftig zu werden, und vor allem im ökonomischen Sinn auf andere oder den Staat angewiesen zu sein, liegt außerhalb ihrer Vorstellung und ist aufgrund ihrer sozialen Lage und auch ihrer Herkunft sehr unwahrscheinlich. Am ehesten äußern sich solche Erwägungen in Gedankenexperimenten, wie bei Barbara Pollak, die darauf verweist, dass ihr besonderes Engagement für geflüchtete Jugendliche auch mit der Vorstellung zusammenhänge, wie es ihr ginge, wenn sie ihren Sohn *»in ein fremdes Land losschicken müsste«*.

2.3.1 Aufgabe des Staates: Hilfeleistungen für die Bedürftigen

Dieser Typ nimmt Österreich als gut funktionierenden Sozialstaat wahr, auch wenn einige noch Luft nach oben zu Gunsten der Bedürftigen sehen. Aus der Sicht von Barbara Pollak hat der österreichische Sozialstaat *»ein hohes Niveau«*, obwohl es *»viele Verbesserungsmöglichkeiten geben würde«*. Auch Sophie Brillinger, 63 Jahre und Führungskraft in einer Sozialeinrichtung, hat den Eindruck, *»dass Menschen, die in Not geraten, ein Netz haben, wo sie aufgefangen werden.«*

Auch für Josef Klein, 64 Jahre und Facharzt, *»haben wir in Österreich ein gutes Sozialsystem«*, bei dem jedoch immer wieder überlegt werden sollte, *»wo könnte man nachschärfen, nachbessern? Und dann stellt sich die Frage: Wer soll am ehesten profitieren?«* Wichtig ist ihm, dass ein gesellschaftlicher Grundkonsens herrscht, dass die »Ärmsten« am meisten profitieren sollten.

Welches Bild haben die InterviewpartnerInnen dieses Typs vom Sozialstaat? Im Fokus der Betrachtung stehen bedarfsorientierte Leistungen, das heißt

Geldleistungen, die einem bei Nachweis der Bedürftigkeit zugesprochen werden, wie etwa die Mindestsicherung[26] und soziale Dienste im Sinne der Betreuung und Versorgung von »Bedürftigen« (Obdachlosen, »armen« Familien, etc.). Gerade eine Grundsicherung, die *»eben nichts mit davor eingezahlten Sozialleistungen oder sonst irgendwas zu tun«* hat, ist beispielsweise für Evelyn Rauter besonders wichtig. Am Rande kommen noch Leistungen bei Erwerbslosigkeit (Arbeitslosengeld und Notstandshilfe) in den Blick. Die klassischen Systeme der Sozialversicherung wie Pensions-, Kranken- und Unfallversicherung, aber auch die einkommensunabhängigen universellen Systeme wie Familienbeihilfen oder die Gesundheitsversorgung werden nur sehr vereinzelt angesprochen.

Einigkeit herrscht darüber, dass in Österreich Menschen, die aus verschiedensten Gründen in Not geraten sind, sozialstaatlich geholfen werden muss, sodass ihnen eine menschenwürdige Existenz ermöglicht wird und zwar unabhängig davon, ob sie zuvor Beiträge in das Sozialsystem einbezahlt haben oder nicht.[27] Es wird als Verantwortung des Staates gesehen, diese Unterstützung zu leisten. Diese Aufgabe werde in Österreich vom Staat auch im Großen und Ganzen (*»wenn auch verbesserungswürdig«*), wie wir gehört haben, erfüllt. Eine Kürzung sozialstaatlicher Leistungen für »Bedürftige«, etwa in Form der neuen Sozialhilfe, wird deutlich abgelehnt. Hingewiesen wird zudem auf die geringen Budgeteinsparungen durch eine Kürzung der Mindestsicherung. *»Die paar hundert Euro bringen Österreich nicht um«* (Dieter Reinhard). Von einigen wird in diesem Zusammenhang auch die Forderung nach einem Grundeinkommen gestellt. So meint zum Beispiel Josef Klein: *»Meines Erachtens wäre ein gewisses Grundeinkommen sinnvoll, weil es der Würde eines Menschen näherkommt. Ja, ein Mensch, der kein Einkommen hat, der nur abhängig ist von einer Sozialleistung, die ihm als Gnadenbrot zugeworfen wird, der ist eine arme Sau, jetzt aus der Sicht der Menschenwürde.«*

---

26 Am 1. Juni 2019 traten mit dem Sozialhilfe-Grundsatzgesetz gesetzliche Änderungen in Kraft, durch welche die bedarfsorientierte Mindestsicherung in Österreich neu organisiert und auch neu benannt wird. Da zum Zeitpunkt der Erhebung diese Änderungen erst in Diskussion waren, ist hier noch durchgängig von der Mindestsicherung die Rede.

27 Was diese menschenwürdige Existenz beinhaltet, wird allerdings nicht genauer definiert.

Der Typus richtet an Menschen, die besser gestellt sind – so wie sie selbst – die Anforderung, ihren Teil beizutragen, damit sozialstaatliche Leistungen für Bedürftige erbracht werden können. Die Grundlage dafür ist eine Steuerpolitik, in der die Besserverdienenden einen höheren Beitrag leisten. Daher sind die Befragten in diesem Typ auch bereit, hohe Steuern zu zahlen, wie etwa die selbstständige Unternehmensberaterin Barbara Pollak formuliert: »*Ich find's gut, dass wir hohe Steuern haben*«, auch wenn sie »*manchmal schluckt*«. Es wird also eine Umverteilung von Ressourcen über Steuern befürwortet, allerdings sollte diese Umverteilung auch Grenzen haben, wie Josef Klein meint, und nicht zu »*stark*« sein. »*Ich glaube, es ist nicht sinnvoll, wenn man die Steuern wesentlich höher als 50 % einbetoniert. Also in Schweden war das ja, glaube ich, bis 70 % oder so. Da hört sich dann der Spaß bald auf. Da fühlen sich diese Menschen [die Besserverdienenden, Anm.] wieder ausgenützt, missbraucht in einem System.*« Im Zentrum stehen für diesen Typ also die Verpflichtungen der Gemeinschaft gegenüber den Bedürftigen und nicht Verpflichtungen, die Betroffene wegen des Bezugs von Unterstützung gegenüber der Gesellschaft hätten.

2.3.2 Distanz der Lebenswelten

Von den Kürzungen bei den bedarfsorientierten sozialstaatlichen Leistungen durch die ÖVP-FPÖ-Regierung (2017–2019) fühlen sich die InterviewpartnerInnen dieses Typs nicht betroffen, auch nicht in Zukunft, da sie »*nie in eine Situation kommen*« werden, in der sie »*diese brauchen*«. Eher im Gegenteil, wie Reinhard Hofstätter, ein 47 Jahre alter Architekt, ausführt: »*Es beschäftigt mich nicht für mich selber, weil ich ja Nutznießer bin von den Änderungen in Wirklichkeit, weil ich zu der Einkommensschicht gehöre, die wahrscheinlich tatsächlich Vorteile haben wird in Zukunft.*« Auch Evelyn Rauter erlebt sich als indirekte Nutznießerin dieser Politik: »*Ich habe das Gefühl, ich merke relativ wenig von den Auswirkungen, die diese Sachen haben, direkt am eigenen Körper. […] Ich finde eigentlich, dass die aktuelle Politik wahrscheinlich sogar zu viel für Menschen wie mich oder Leute, denen es noch besser geht, macht.*«

Neben ihrer existentiellen Sicherheit wird in diesem Zusammenhang aber auch die soziale Abgeschottetheit ihrer Lebenswelten deutlich. Reinhard Hofstätter formuliert dies sehr klar: *»Weil ich zum Glück niemanden kenne, der arbeitslos ist oder langzeitarbeitslos oder lang krank oder sonst was war, das ist einfach ein Bereich, der uns zum Glück alle nicht betrifft, [...] in meinem Bekannten-, Freundes-, Familienkreis.«* Dieses Abgeschottet-Sein kann allerdings durch ihr privates zivilgesellschaftliches Engagement, wie beispielsweise in der Flüchtlingshilfe, durchbrochen werden, wie bei Reinhard Hofstätter, für den am Beispiel einer syrischen asylberechtigten Familie deutlich wird, welche konkreten Auswirkungen die Verschärfung bei der Mindestsicherung hat. *»Die Familie, die bei meiner Mutter gelebt hat, die jetzt eine eigene Wohnung hat und die Kinder alle in die Schule gehen und er arbeitet. Die kriegen immer noch Mindestsicherung – Aufzahlung – es geht sich grad aus, irgendwie geht sich's grad aus. [...] Sie geben ihr Bestes, und wenn da jetzt Geld gekürzt wird, geht sich's nicht mehr aus, dann müssen sie wieder raus aus der Wohnung.«* Eine Durchbrechung des Abgeschottet-Seins kann aber auch durch nebenberufliche Tätigkeiten erfolgen wie bei Josef Klein, der dadurch erstmals mit sozialen Randgruppen konfrontiert ist. *»Das sind ja viele Erfahrungswerte, die ich in der geschützten Werkstätte meines Lebens nie hätte machen können oder gemacht habe. Ich bin im Grunde wohlbehütet und in sehr stabilen, guten Rahmenbedingungen aufgewachsen, also bin ich mit den meisten dieser Dinge gar nicht in Kontakt gekommen. [...] Ja, es ist immer wieder aufrüttelnd, manchmal furchtbar. [...] Also, das ist ja unglaublich in Wirklichkeit, was für Rahmenbedingungen solche Menschen haben.«*

2.3.3 Sommer 2015 – Krisenstimmung und Einschreiten der Zivilgesellschaft

Die Ankunft einer großen Anzahl geflüchteter Menschen im Sommer 2015 wird ähnlich wie im Typ 1 als Ausnahmesituation wahrgenommen. Die Politik des Nationalstaates wird ebenso wie die der Europäischen Union als *»Versagen des Systems«* (Josef Klein) erlebt. *»Wir haben hier natürlich eine Ausnahmesituation gehabt, die eskaliert ist, warum auch immer nicht* *vorhersehbar. Das bezweifle ich, dass das so war. Da hat man wahrscheinlich eher weggeschaut. Ich fand es sehr enttäuschend von der Politik.«* (Josef Klein)

Die Ausnahmesituation und die Abwesenheit des Staates als handlungsfähiger Akteur aktiviert die humanistische Orientierung dieses Typs, der für sich eine Verantwortung sieht, sich aktiv zu engagieren und zu beteiligen. Den Geflüchteten zu helfen wird in dieser Situation nicht an den Staat delegiert, sondern die Befragten beziehen die Verantwortung, zu helfen, auf sich selbst. Sie fühlen eine moralische Verpflichtung, selbst zur Linderung der Notlage beizutragen, die in dieser Krisensituation schlagend wird. Ein zusätzliches Motiv für die Unterstützung entspringt in diesem Fall aus ihrer globalen Perspektive, aus der heraus sie die privilegierte Stellung der Menschen in Österreich gegenüber anderen Ländern betonen. Der Sommer 2015 macht die doppelt privilegierte Stellung der Befragten – sowohl innerhalb der österreichischen Gesellschaft als auch global als EuropäerInnen gegenüber den Herkunftsländern der Geflüchteten – deutlich sichtbar. *»Flüchtlingsbetreuung habe ich begonnen, weil mir bewusst ist, wie gut es meiner Familie geht und ich sage, man ist der Menschheit was schuldig, wenn es einem gut geht, das mache ich gerne«* (Sophie Brillinger). Dieter Reinhard (59, Lehrer) verweist in diesem Zusammenhang auf die Verantwortlichkeit Europas aufgrund seiner kolonialen Geschichte. *»Wir haben auf Kosten dieser Staaten gelebt, haben sie ruiniert, haben sie teilweise in Kriege getrieben mit Grenzziehungen, die fragwürdig waren.«* Karin Maler betont wiederum eine europäische Verantwortung gegenüber Geflüchteten und eine Verantwortung der Einzelnen auch jenseits der Kolonialgeschichte. *»Also insofern finde ich das eine europäische Aufgabe, jetzt gar nicht nur mit dem Background irgendwie Kolonialzeit [...], sondern ganz direkt da der Vergleich: Uns geht es besser als denen. Und dann muss man einspringen. Also letztlich auf dem humanitären Nenner finde ich da schon eine Verantwortung.«* Im Sommer 2015 sind alle Befragten dieses Typs in irgendeiner Form in der Flüchtlingshilfe engagiert. Wobei es große Unterschiede gibt, in welcher Form und in welchem Ausmaß sie sich einbringen. Die Aktivitäten reichen von einem umfassenden Engagement, das auch den eigenen Lebensalltag durcheinanderwirbelt, über kontinuierliches Engagement in Form von Patenschaften für unbegleitete

Minderjährige oder ehrenamtliche Lehrtätigkeit für Flüchtlingskinder bis zu Hilfstätigkeiten am Bahnhof, wie Evelyn Rauter erzählt: *»Ich war ein paar Mal im von der Caritas organisierten Lager am Westbahnhof, wo die Spenden angenommen worden sind. Da habe ich ein paar Mal am Abend Sachen sortiert.«*

In dem sozialen Milieu, dem diese Befragten angehören, herrscht Übereinstimmung darüber, dass man angesichts einer *»humanitären Krisensituation«* wie im Sommer und Herbst 2015 dazu verpflichtet ist, sich zu engagieren. Diese Verpflichtung wird zum Teil auch aktiv an das eigene Umfeld herangetragen. Reinhard Hofstätter erzählt über den eigenen Freundeskreis: *»Sehr viele haben wirklich viel gemacht, weil sehr viel nicht funktioniert hat. Also gerade, wenn man die direkten Geschichten [...] kennt, da muss man etwas machen, und wenn man die Geschichten dann weitererzählt, dann haben wir natürlich auch im Freundeskreis viele dazu bewegt, auch was zu tun und nicht wegzuschauen.«* Oder, wie Karin Maler berichtet, eine ungarische Freundin, *»die hat dann einfach die Situation live gesehen in Budapest am Bahnhof«* und ihre österreichischen FreundInnen dazu aufgerufen, *»konkret«* etwas zu tun. *»Und da haben wir dann so eine Schnellaktion gestartet und haben unter Freunden Behältnisse gesammelt zum Weiterreisen, weil sie ja teilweise mit den Plastiksackerln am Bahnhof gestrandet waren.«* In einem anderen Fall beginnt sich als Folge des eigenen Engagements auch die Herkunftsfamilie aktiv zu engagieren. *»Meine Mutter hat es in ihrem Einfamilienhaus [...] nicht mehr ausgehalten, in ihrem Reichtum allein zu sein. Und dann haben wir bei ihr die ehemaligen Kinderzimmer umgebaut, hergerichtet und Familien einquartiert, und sie betreut auch immer noch ganz viele Leute«* (Reinhard Hofstätter).

Diese Verpflichtung bedeutet aber auch, dass das Ausbleiben von Engagement oder ein zu geringes Ausmaß an Hilfe einer Begründung bedarf, nicht nur vor sich selbst, sondern auch gegenüber dem sozialen Umfeld. So beschreibt Evelyn Rauter, dass sie aufgrund ihrer Arbeitsbelastung nur sehr sporadisch aktive Hilfe geleistet hat und deswegen *»ein schlechtes Gewissen«* gehabt hätte. *»Also ich hab' so das Bedürfnis gehabt, da irgendwie noch mehr zu machen und irgendwas Sinnvolles zu machen, und habe gleichzeitig das Gefühl* *gehabt, viel mehr als alle paar Wochen einmal [...] da hinzugehen, da habe ich gerade nicht die Energie.«* Auch Josef Klein hat sich gemeinsam mit der Familie überlegt, Flüchtlinge aufzunehmen. *»Ich habe es dann nicht gemacht aus eher organisatorischen Gründen, weil eben viel gearbeitet, auch meine Frau, nie zuhause und all diese Dinge. Ich bin bis heute nicht sicher, ob man es nicht hätte tun müssen und sollen.«*

Gleichzeitig tun sich aber in manchen Fällen auch Gräben im Freundeskreis auf, wodurch die eigene aktive Flüchtlingshilfe in Frage gestellt wird. So wie bei Inge Kramer, die kaum mehr mit ihrem Mann oder ihrer Familie über politische Themen sprechen kann. Aber auch Barbara Pollak berichtet davon, dass durch ihr Engagement Distanzen zu manchen Verwandten und FreundInnen entstanden sind, *»die das nicht verstanden und eher Angst gehabt haben, dass die dann auch zu ihnen kommen könnten«*. In dieser Zeit hätte sie gemerkt, wo es *»ideologisch tatsächlich auseinandergeht«*, *»es haben sich unsere Freundschaften und unsere privaten Kontakte verschoben«*.

2.3.4 Politische Konsequenzen?

Wie an diesen Schilderungen deutlich wird, nehmen die Befragten die soziale Ungleichheit zwischen privilegierten und nicht-privilegierten Bevölkerungsgruppen nicht nur als ungerecht wahr, sondern diese werden auch zum Anstoß für Kritik und eigenes Engagement. Allerdings wird im Gegensatz zu Typ 1 nicht grundsätzlich in Frage gestellt, dass es ein *Oben* und ein *Unten* in der Gesellschaft gibt. Die Bessergestellten sollten zwar mehr beitragen und sich engagieren, damit den weniger Privilegierten ein menschenwürdiges Leben ermöglicht werden kann und damit für »etwas« Ausgleich der Ungerechtigkeit gesorgt ist, ohne jedoch die eigene privilegierte Lage allzu sehr zu gefährden. Wir finden hier keine Forderung nach einer generellen Umgestaltung der sozialen Ordnung in Richtung einer Angleichung der sozialen Lagen, wie wir das im Typ zuvor hatten.

Daher verwundert auch nicht, dass aus dieser Solidaritätskonstruktion kaum Konsequenzen für die Politik gezogen werden. Das wird beispielsweise an den Parteipräferenzen der Befragten dieses Typs deutlich. Im Unterschied zu ihren recht homogenen sozialen Lagen, homogenen Lebenswelten und ihren gemeinsamen Grundorientierungen, weisen sie ein breites Spektrum an Parteipräferenzen auf. Zwar dominiert eine Grün-Nähe, aber es werden auch alle anderen Parteien mit Ausnahme der FPÖ und KPÖ gewählt. Überdies sind ihnen kollektive politische Organisationsformen (Parteien, Gewerkschaften, Bürgerinitiativen etc.) nicht zuletzt aufgrund ihrer sozialen Herkunft und ihrer beruflichen Stellungen (darunter Selbstständige und Führungskräfte) eher fremd. Allerdings finden sich bei Einzelnen, wie etwa Barbara Pollak, basierend auf ihren Kollektiverfahrungen in der Flüchtlingshilfe auch erstmalig Überlegungen, sich politisch zu engagieren.

Andere, wie Josef Klein und Dieter Reinhard, betonen hingegen ihre Beteiligung an Wahlen als (vorrangige und einzige) politische Verpflichtung. *»Erstens, weil ich ein politischer Mensch bin und mich ganz einfach für Politik auch alltäglich, aber auch im Grundsätzlichen interessiere. Und zweitens, weil ich das für die Pflicht eines Demokraten halte, wenn ich die Chance habe. Es haben die Menschen so lange gekämpft, vor meiner Zeit, die Möglichkeit zu haben.«* (Josef Klein) *»Nicht wählen, bedeutet auch zu sagen, mir ist das egal, von wem ich regiert werde. Und das ist es mir nicht«* (Dieter Reinhard). Evelyn Rauter wiederum begründet ihre Nicht-Beteiligung an politischen Organisationen mit ihren Ohnmachtsgefühlen. *»Ich habe schon auch irgendwie wieder das Bedürfnis, da muss man was machen, aber noch größere Ohnmächtigkeit, weil man eben nichts machen kann, wo man sieht, das hat jetzt was gebracht, auch wenn es irgendwie nichts Großartiges ist.«*

3.   Fördern und Fordern

3.1   »Wenn man einem ein Zuckerl gibt, kann man etwas einfordern« – Manfred Rabl

Manfred Rabl ist 46 Jahre alt, verheiratet und hat zwei Töchter im Alter von 7 und 12 Jahren. Er lebt mit seiner Frau und den Kindern in einem Reihenhaus in einer kleinen Gemeinde. Manfred Rabl ist als Informatiker in einem internationalen Konzern in Vollzeit beschäftigt. Seine Frau ist als Flugbegleiterin tätig. Er wuchs bei seinen Großeltern auf einem Bauernhof auf, da beide Elternteile berufstätig waren, um den Lebensunterhalt bestreiten zu können. Sein Vater arbeitete als Maurer, seine Mutter zuerst als Reinigungskraft, später als ungelernte Arbeiterin in einer Textilfabrik. Eine prägende Erfahrung war für ihn, erzählt er, als seine Mutter erst bei ihrem Pensionsantritt erfuhr, dass ihr Arbeitgeber sie über die Jahre nie ordnungsgemäß angemeldet hatte. »*Du vertraust dem Arbeitgeber halt, dass er sämtliche Dinge für dich im Hintergrund regelt, und sie hat dem vertraut, weil der der Rädelsführer von dem Dorf war. Das war die einzige Fabrik in dem Dorf, da sind die ganzen Frauen hin marschiert. […] Die Familie [des Fabrikseigentümers, Anm.] hat super gelebt von dem. […] Wie sich da herausgestellt hat, dass meine Mutter gar nicht angemeldet war und keine Ansprüche auf die Pension gehabt hat, das war ein Unding, ja. Mittlerweile war dann die Fabrik kaputt und du hast keine Rechte gehabt, diese Sozialleistungen einzufordern.*«

Schon in jungen Jahren sei ihm bewusst gewesen, erzählt er, dass eine gute Ausbildung die einzige Möglichkeit ist, »*diesen Verhältnissen*« zu entkommen. Er besuchte eine höhere Lehranstalt für technische Berufe. Die freie Schulfahrt in öffentlichen Verkehrsmitteln und die Gratis-Schulbücher erleichterten die Aufbringung der nötigen Mittel. Ideell unterstützt wurde er von seiner Großmutter. Seinem Vater wäre es lieber gewesen, er hätte eine Lehre absolviert. In den Schulferien arbeitete Manfred Rabl regelmäßig in einer Maschinenfabrik. Seine eigenen Arbeitserfahrungen bestärkten ihn immer wieder in seiner Entscheidung für einen höheren Bildungsabschluss. *»Ich habe mir gedacht, ich will alles machen, dass ich da ja nicht in diese Fabrik hineinkomme, dass ich dort nicht meinen Lebensunterhalt bestreiten muss, weil das so eine eintönige Arbeit war. Und ich habe alles gemacht, weil ich gesagt hab, ich muss da irgendwie aus diesem Umfeld heraus.«*

Nach der Matura studiert Manfred Rabl Maschinenbau und Betriebswirtschaft. Er erhält ein Stipendium und arbeitet neben dem Studium zeitweise als technischer Zeichner. Nach dem Studienabschluss beginnt er in einem IT-Unternehmen zu arbeiten, in dem er dann elf Jahre tätig ist. Er steigt in eine Führungsposition auf. Dann soll der von ihm geleitete Bereich nach Asien verlagert werden und man bietet ihm an, dort weiter tätig zu sein. Seine Frau verweigert jedoch einen Umzug dorthin. Manfred Rabl kündigt und sucht eine neue Arbeitsstelle. Nach zwei weiteren Wechseln und einer kurzen Phase der Selbstständigkeit ist er mittlerweile seit einigen Jahren in einem Konzern als Informatiker im Customer-Relationship-Management beschäftigt. An seiner Tätigkeit gefällt ihm vor allem deren *»Internationalität«*, *»dass du halt mit Leuten zu tun hast, die von unterschiedlichsten Ländern kommen, unterschiedlichste Kulturen haben und das ist total spannend, mit denen zu reden«*. Gleichzeitig erlebt er im Unternehmen in den letzten Jahren einschneidende Veränderungen wie etwa eine starke Arbeitsverdichtung durch Kündigungen sowie die Kürzung von flexiblen Lohnbestandteilen (Boni). In diesem Zusammenhang beschreibt er steigende Anforderungen an ihn selbst, die er mit Eigenmotivierung zu bewältigen sucht. Er selbst fühlt sich durch diese Veränderungen nicht bedroht und äußert auch keine Zukunftsängste. Im Notfall, formuliert Manfred Rabl, würde er auch eine andere spannende Arbeitsstelle finden.

Aus der Sicht von Manfred Rabl sollten Menschen in Notsituationen sozialstaatliche Leistungen und Unterstützung bekommen. Dabei macht er keine Unterscheidung zwischen österreichischen Staatsangehörigen und Geflüchteten. Allerdings, so führt Manfred Rabl aus, sollten klare Bedingungen für den Erhalt dieser Unterstützungsleistungen definiert werden. Den Bezug der Mindestsicherung vergleicht er mit dem Bild: *»Jemandem ein Zuckerl geben«*. *»Ich finde die Mindestsicherung gut, würde sie aber an* *gewisse Dinge binden. Dass ich sage, ich muss gewisse Fortbildungen machen, ich muss gewisse Themen abarbeiten. Ich würde sie nicht so hergeben, dass einer sich zurückziehen und sich darauf berufen kann. Ich würde kein Grundrecht draus machen. Wenn man einem ein Zuckerl gibt, kann man etwas einfordern. Aber du kannst nicht ein Zuckerl geben und dann nachher kommen und was einfordern, weil dann funktioniert der Deal nie.«* Für Manfred Rabl darf der Sozialstaat nicht verwechselt werden »*mit irgendeinem Polsterchen, wo man sich ausruhen kann, sondern eher in einer Art und Weise, dass halt eine Gesellschaft da ist, um für das Wohl aller zu arbeiten. Ja, und das bedarf halt, dass sich jeder anstrengen muss. Und nicht, dass sich halt sehr viele zurücklehnen*«. Gleichzeitig sieht er es jedoch als Aufgabe sozialstaatlicher Institutionen wie beispielsweise des Arbeitsmarktservice, Individuen so gut wie möglich darin zu unterstützen, diese geforderten Bedingungen erfüllen zu können. »*Dass man feststellt, wo hat diese Person gewisse Mankos, um einen Arbeitsplatz zu finden. Was sind ihre größten Schwachstellen, oder wo sind ihre größten Stärken, ja, wenn ich die weiterentwickle, dann hat sie die Möglichkeiten. Aber das macht jetzt momentan keiner.*«

Die Ankunft einer größeren Anzahl an geflüchteten Menschen im Sommer 2015 hat Manfred Rabl eher aus der Distanz erlebt, zeigt aber viel Verständnis für die Lage der Geflüchteten. »*Man verlässt eigentlich die Heimat nur entweder wegen der Liebe oder es ist wirtschaftlich oder das Leben ist bedroht. Andere Gründe gibt's nicht, dass man sein Heimatland verlässt und sich auf einen neuen Pfad macht und dort probiert, sein Glück zu suchen.*« Die staatlichen Behörden kritisiert er dafür, dass nicht ausreichend festgestellt wurde, über welche Kenntnisse und Fähigkeiten die Einreisenden verfügten, um ihre Integration in Österreich zu erleichtern. Die Ermöglichung von Integration ist für Manfred Rabl eine Verpflichtung des Aufnahmelandes, beispielweise in Form des Arbeitsmarktzugangs und der Unterstützung beim Erlernen der Landessprache. Allerdings findet er, dass durchaus auch Eigeninitiative der Leute gefragt ist. Er verweist hier auf seine eigenen Erfahrungen, als er ein Jahr in Skandinavien gelebt und gearbeitet hat. »*Wenn man sich integrieren möchte, dann macht man das selbstständig und schaut, welche Möglichkeiten man hat.*« Allerdings könne er seither auch nachvollziehen, wie man sich als

»*Ausländer*« fühlen muss. Manfred Rabl erwartet von den Zugewanderten eine Anpassung an bestimmte »*Werthaltungen*«. Als Beispiel nennt er die Gleichberechtigung zwischen Männern und Frauen. »*Ein wesentlicher Punkt ist, unsere Werte denen auch beizubringen. Einen Wertekurs oder zumindest sagen, für uns ist das wichtig, die Gleichberechtigung.*« Als Aufgabe des Aufnahmelandes sieht er, diese Werte zu vermitteln.

Manfred Rabl ist politisch interessiert und liest täglich nationale und auch internationale Tageszeitungen. Gemeinsam mit einem Freund hat er vor einigen Jahren überlegt, sich mit einer eigenen Liste in der Kommunalpolitik zu engagieren. Aufgrund des hohen Zeitaufwands hätten sie dieses Vorhaben aber bald wieder aufgegeben, erzählt er. »*Wir haben das aber abgebrochen, weil der Zeitaufwand irrsinnig ist. [...] Ich habe dann gesagt, aus vorbei, nein! Das tue ich mir jetzt nicht an.*« Die aktive Wahrnehmung des Wahlrechts hat für ihn eine große Bedeutung und ist für ihn eine wichtige Form der demokratischen Mitbestimmung. »*An Wahlen teilzunehmen ist halt ein Grundrecht, wo ich sage, das möchte ich auf jeden Fall immer wahrnehmen. Und ich will das nicht irgendwem überlassen. [...] Wenn halt eine geringere Wahlbeteiligung ist, dann bestimmen halt sehr wenige, wo's jetzt langgeht.*«

3.2 Im Herkunftsort verankert und Solidareinsätze in der Welt – Sabine Friedrich

Sabine Friedrich ist 28 Jahre alt und von Beruf AHS-Lehrerin. Sie ist auf einem Bauernhof in einem kleinen Dorf auf dem Land aufgewachsen, in dem sie nach wie vor in einer eigenen Wohnung lebt. Ihr Vater betreibt seit jeher den Bauernhof im Haupterwerb. Ihre Mutter war in Teilzeit in einem Büro beschäftigt und daneben auch am Bauernhof tätig. Der Vater erhoffte sich, dass Sabine Friedrich oder ihre Schwester den Bauernhof übernehmen, doch die Töchter hatten andere Interessen. In Sabine Friedrichs Herkunftsfamilie spielen Religion und Glauben eine wichtige Rolle. Als Kind wurde sie von den Eltern »*zum Ministrieren geschickt*«. Seit diesem Zeitpunkt ist sie in der Pfarre aktiv. Sie leitet eine MinistrantInnengruppe und führt Vorbereitungskurse für Firmlinge durch.

Nach der Matura an einer Handelsakademie begann Sabine Friedrich ein Studium der Betriebswirtschaftslehre, wechselte später dann aber zu Englisch und Geschichte. Während des Studiums blieb sie aber im Herkunftsdorf verhaftet, sie pendelte für die Vorlesungen in die Stadt. Nach dem Studium bewarb sie sich beim Landesschulrat um eine Stelle und wurde einer Schule in der Nähe ihres Wohnortes zugeteilt. Die Anerkennung des LehrerInnenberufs erlebt Sabine Friedrich widersprüchlich. Zum einen nimmt sie wahr, dass der Beruf vor allem in den Medien auf »*das Ferienthema*« und auf »*Halbtagsarbeit*« reduziert wird und dass LehrerInnen »*oft in der Kritik*« stehen, zum anderen fühlt sie sich in ihrem Umfeld ob ihres Berufs wertgeschätzt. Ihre Lehrtätigkeit gefällt Sabine Friedrich. Positiv an der Arbeit findet sie, dass »*jeder Tag irgendwie anders ist*«, »*man viel zurückbekommt*« und es sozialen Kontakt zu den Kindern gibt. Ihre Beziehung zu den SchülerInnen beschreibt sie als angenehm. Es gebe kaum Probleme im Unterschied zu einem Hort in Wien, in dem sie während ihres Studiums gearbeitet hatte. Dort hätten die »*Burschen die weiblichen Betreuerinnen nicht so ernst genommen*« und seien »*gegenseitig gewalttätig geworden*«. Sie erzählt, dass es ihr »*prinzipiell [...] auch sehr viel Spaß gemacht*« habe und sie auch viel gelernt hat. Ihr Wunsch nach einer LehrerInnenstelle am Land sei deshalb auch nicht auf dieser Erfahrung begründet, sondern die Folge ihres Wohnsitzes, den sie beibehalten wollte. Die Situation im Lehrkörper ihrer aktuellen Schule habe sich seit ihrem Einstieg eher negativ verändert. Die »*alte Direktorin*« trat ihre Pension an und deren Nachfolgerin zog durch »*Veränderungen*« den Widerstand einiger alteingesessenen KollegInnen auf sich. Beispielsweise solle ab dem kommenden Schuljahr eine Hortbetreuung angeboten werden. »*Viele ältere Kollegen sind sehr skeptisch, weil sie meinen, wir sind eine Schule und kein Hort.*« In diesem Konflikt »*ergreift*« Sabine Friedrich »*nicht Partei*«. Gerade »*als Jüngerer [...], man hat erst ab fünf Jahren einen Fixvertrag, also jetzt hab' ich immer einen einjährigen Vertrag, und allein deswegen möchte man da nicht irgendwie sich mit der Frau Direktor schlecht stellen, [...] weil man halt abhängig ist in gewisser Weise*«.

Schon während des Studiums war Sabine Friedrich immer wieder in Sozialprojekten der katholischen Kirche engagiert. Im Rahmen dieser »*Solidareinsätze*« arbeitete sie in einem Waisenhaus in Afrika und in Asien, später auch mit Straßenkindern. Durch ihre Auslandsaufenthalte, erzählt Sabine Friedrich, habe sie »*noch mal ganz neue Eindrücke gekriegt. [...] Ich find im Ausland, also grad eben in Ländern, in denen eben vielleicht der Lebensstandard geringer ist als in Österreich, wo man mit weniger auskommen muss, das eröffnet einem ganz neue Horizonte.*« Aber »*man verändert sich selber auch*«, meint sie, »*es verändern sich auch vielleicht die Prioritäten, wenn man sieht, wie's anderen geht oder mit wie viel weniger andere auskommen können auch, also ich find, es ist selbst einfach auch sehr bereichernd.*« Konkret habe sich beispielsweise ihr Umgang mit Nahrungsmitteln verändert. »*Ich will nicht sagen, dass ich verschwenderisch war, aber dann kommt halt mal etwas weg [...], dann läuft das ab und ich werfe es weg, also so Kleinigkeiten. Das versuch ich jetzt wirklich zu vermeiden.*«

Sabine Friedrich spricht sich dezidiert für einen »*ausgebauten Sozialstaat*« aus. Vor dem Hintergrund ihrer Auslandserfahrungen betont sie die hohe Bedeutung der sozialen Absicherung. Sie sieht den Staat, insbesondere einen »*wohlhabenden*« Staat wie Österreich, in der Pflicht, Menschen zu helfen »*denen es nicht so gut geht*«. »*Also prinzipiell, also auch im Vergleich jetzt mit anderen Ländern, wo ich schon war, finde ich, dass wir wirklich einen guten Sozialstaat haben, dass wir, gerade das Sozialversicherungssystem, das Pensionssystem, das nehmen wir für viel zu selbstverständlich [...] und ich glaube, das wird bei uns insgesamt von der Gesellschaft viel zu wenig geschätzt, weil man es einfach gewohnt ist.*« Neben der Verpflichtung des Staates ist für Sabine Friedrich in diesem Zusammenhang auch eine »*Form der Umverteilung*« wichtig, indem »*die mit einem höheren Einkommen auch die entsprechenden Abgaben leisten sollen*«. Allerdings sollten für Sabine Friedrich »*alle, die können, einen Beitrag leisten*«, um »*das bestehende Sozialsystem aufrechtzuerhalten*«. Das geschieht über Erwerbsarbeit. Alle, die »*arbeiten können*«, sollten auch einer Arbeit nachgehen, meint sie. »*Wenn ich körperlich in der Lage bin zu arbeiten, dann habe ich auch die Verpflichtung zu arbeiten, auch wenn es diese soziale Absicherung gibt. Weil das ist dann eben das, warum manche, die wirklich nicht mehr können oder wirklich keinen Job finden, auch in Kritik geraten, weil es* [Anm.: das Sozialsystem] *eben von anderen ausgenutzt wird.*«

Für Sabine Friedrich »*stehen Österreich und Europa in der Pflicht*«, Geflüchteten zu helfen. In Österreich gebe es »*durchaus Potenzial noch Leute aufzunehmen*«. Sie äußert auch Verständnis für »*sogenannte Wirtschaftsflüchtlinge*«. »*Also ich glaub', wir können uns das einfach nicht vorstellen, wie das ist, wenn man keine Perspektive hat und ich glaube auch nicht, dass es leicht ist, dass man sich in so eine andere Kultur aufmacht. Ich glaube, das ist immer eine schwierige Entscheidung, egal was die Motive sind. Und gerade, wenn noch Krieg dazukommt und wirklich Gefahren fürs Leben, dann find ich, ist es umso wichtiger, dass man Hilfe leistet als Staat Österreich und als Europa.*«

Wichtig war ihr auch, sich selbst zu engagieren. Sie hat Flüchtlinge aus Afghanistan ehrenamtlich in Deutsch unterrichtet. Zusätzlich ist sie für Fahrtendienste eingesprungen, wenn Bedarf war. Zwei Frauen waren schwanger, »*mit denen bin ich oft zum Arzt gefahren, Kontrolltermine.*« Gleichzeitig berichtet sie von »*irritierenden*« Erfahrungen. Sie hat oft den Eindruck, es besteht mangelndes Interesse in den Deutschkursen und das Engagement der Ehrenamtlichen in der Gemeinde würde »*nicht geschätzt*«. Beispielhaft führt sie an, dass Flüchtlinge oft verspätet zum Deutschunterricht gekommen seien oder dass die »*Frauen sowieso immer geglaubt haben, sie gehen eh nicht arbeiten*« und sich nicht bemüht haben, die Sprache zu lernen und »*immer die Kinder bei sich gehabt haben und das war halt dann schwierig*«. Ausgehend von diesem Eindruck überlegt sie, ob man hier nicht »*Kontrollmaßnahmen*« brauchen würde. »*Also ich find prinzipiell, ist es ganz wichtig, dass man Flüchtlinge unterstützt, […] nur es ist dann in diesem Fall schwierig gewesen. Da müsste es vielleicht auch wieder Kontrollmaßnahmen geben, dass man wirklich sieht, ist auch das Bemühen da, weil da finde ich, man kann jetzt nicht nur nehmen und fordern, man muss dann auch irgendwie selbst schon ein bisschen bereit sein zumindest sich da irgendwie auch zu integrieren oder zumindest den Willen zu zeigen.*« Das Dorf und auch ihre Herkunftsfamilie standen der Aufnahme und Unterstützung der Flüchtlinge negativ gegenüber: »*Sehr viel Kritik, sehr viel Skepsis, kein Verständnis*« und »*ganz wenig Akzeptanz.*« »*Es hat geheißen: Die sollen doch woanders hin. Die passen nicht zu uns.*«

Sabine Friedrich definiert sich selbst als politisch »*eigentlich gar nicht engagiert*«, aber als politisch interessiert. Die Beteiligung an Wahlen ist ihr allerdings sehr wichtig und für sie auch eine »*Bürgerpflicht, schließlich wurde lange für das Wahlrecht gekämpft.*« Sie wechselt bei den Wahlen zwischen verschiedenen Parteien, meist »*zwischen SPÖ und Grün*«. Allerdings ist ihr ein Anliegen, darauf hinzuweisen, dass die FPÖ für sie »*aufgrund ihrer sehr rechten Ansichten*« definitiv keine wählbare Option darstellt.

3.3   Ermöglichende leistungsorientierte Solidarität

In diesem Typ wird die Gesellschaft als Solidargemeinschaft gesehen, in der jede und jeder nach ihren bzw. seinen Möglichkeiten einen Beitrag zu leisten hat, auch die Befragten selbst. Zentral ist dabei die Verbindung von »Fordern und Fördern«. Bedürftigen muss geholfen werden, darin sind sich die Befragten dieses Typs, zu dem wir auch Hans Niedermoser, Ronja Ebner, Hans Weiss, Sascha Baumann, Caroline Kaiser und Ernst Kogler gezählt haben, einig. Ethnische Grenzziehungen erfolgen, wie auch in Typ 1 und 2, nicht. Allerdings werden hier erstmalig Bedingungen an die Hilfeleistungen für Bedürftige gestellt. Es soll eine Wechselseitigkeit von »*Geben und Nehmen*« (Sabine Friedrich) geben. Das heißt, dass auf der einen Seite Erwartungen an die Gemeinschaft bzw. Verpflichtungen der Gemeinschaft gegenüber Bedürftigen hervorgestrichen werden. Es ist Aufgabe der Gesellschaft, vor allem des Staates, die Bemühungen der Betroffenen – beispielsweise in Form von Förderprogrammen – zu unterstützen. Auf der anderen Seite werden Erwartungshaltungen gegenüber den EmpfängerInnen von Hilfe zum Ausdruck gebracht. Diese sollen durch eigene Anstrengungen ihre Situation zu verändern suchen. Wer Hilfe in Anspruch nimmt, muss dafür auch eine Gegenleistung erbringen, die zumindest in der Bemühung besteht, einen Beitrag für die Gemeinschaft zu leisten und sich einzubringen. Der Begriff »Integration«, der immer wieder fällt, wird dabei sowohl als Arbeitsmarktintegration als auch Einfügung in die geltenden gesellschaftlichen Normen und Werte verstanden.

Einen hohen Stellenwert in den Werthaltungen der Befragten dieses Typs nehmen Eigeninitiative und eigene Anstrengungen ein. Deren große Bedeutung entspringt zwei unterschiedlichen Wurzeln. Zum einen stammen einige aus eher »kleinen Verhältnissen«, wie an den Fallbeispielen von Manfred Rabl und Sabine Friedrich deutlich wurde. Sie haben über Bildung einen sozialen Aufstieg geschafft. Möglich war das aus ihrer Sicht nur durch hohe Eigeninitiative und große Anstrengungen. Auf der anderen Seite sind in diesem Typ auch einige Unternehmer bzw. Personen mit Unternehmer-erfahrungen vertreten, bei denen Eigeninitiative und Anstrengungen wichtige Bestandteile ihres unternehmerischen Selbstverständnisses sind. Insgesamt ist, was ihre sozialen Lagen betrifft, dieser Typ heterogener als der Typ 2. Es finden sich Unternehmer, höhere Angestellte (in der Privatwirtschaft und im öffentlichen Dienst) und weibliche Beschäftigte im Dienstleistungsbereich. Im Unterschied zu Typ 2, der eher ein urbanes Milieu repräsentiert, leben etliche Befragte dieser Gruppe in ländlichen Regionen, einige von ihnen in ihren Geburtsorten. Letztere sind eng mit ihren Heimatgemeinden verbunden und engagieren sich auch in den Gemeinden oder der Pfarre. Gemeinsam ist ihnen mit den Befragten von Typ 2, dass sie sich beruflich anerkannt fühlen und gut abgesichert sind, was sich auch darin ausdrückt, dass keine finanziellen Zukunftsängste formuliert werden.

3.3.1 Ein unterstützender Sozialstaat für alle

Die InterviewpartnerInnen dieses Typs sprechen sich für einen »*gut ausge-bauten*« Sozialstaat aus. Dabei nehmen sie im Unterschied zu Typ 2 Bezug auf die Bandbreite sozialstaatlicher Leistungen: allen voran die »klassischen Systeme« der Sozialversicherung (Pensions-, Kranken- und Unfallversiche-rung), Leistungen bei Arbeitslosigkeit (Arbeitslosengeld und Notstandshilfe), bedarfsorientierte Leistungen (Mindestsicherung) und soziale Dienste im Sinne der Betreuung und Versorgung von »Bedürftigen« (Obdachlosen, »armen« Familien etc.), aber auch die einkommensunabhängigen universellen Systeme wie Familienbeihilfen oder die Gesundheitsversorgung.

Eine sozialstaatliche Aufgabe ist für diesen Typ auch die Hilfeleistung gegenüber Geflüchteten. Dass Geflüchteten geholfen werden muss, darüber besteht in diesem Typ Einigkeit. Sabine Friedrich formuliert, sie findet »*es total wichtig, dass man solche Menschen unterstützt, gerade die, die so eine*

Geschichte hinter sich haben. Das ist sicher nicht einfach, in einem anderen Land, wo alles neu ist, neu Fuß zu fassen.« Vereinzelt wird auch in diesem Typ etwa von Hans Niedermoser, 65 Jahre alt und Unternehmer im Baunebengewerbe, auf eine Verpflichtung Europas gegenüber Afrika verwiesen. *»Also ich habe gerade jetzt eine Spitzenrede bei einer Preisverleihung gehört, wo der Redner meinte, Europa hat Afrika noch immer nicht seine Schulden zurückgezahlt. Europa wohlgemerkt.«* Dazu gehört auch, dass nicht nach Fluchtgründen unterschieden wird und Fluchtgründe nicht infrage gestellt werden. *»Ich habe mir überlegt: Was ist, wenn ich in so einer Situation wäre? Ich würde es genauso machen. Ich würde das wie ein Migrant aus Syrien machen oder aus Äthiopien: No na, ich will meine Lebenssituation und die meiner Familie verbessern. Jeder, der das nicht kapiert, ist entweder ein sich selbst belügender Depp, oder er kapiert die Situation nicht. [...] Das heißt, jeder, der weg will, hat mein vollstes Verständnis«* (Hans Weiss).

Die Befragten dieses Typs lehnen eine Kürzung sozialstaatlicher Leistungen ab. In diesem Zusammenhang werden auch durchaus rationale, eigennützige Argumente ins Spiel gebracht: Wenn der soziale Friede bedroht ist, dann wären alle davon betroffen. Sascha Baumann, in einer Blaulichtorganisation beschäftigt, rekurriert in diesem Zusammenhang auf Kürzungen bei der Mindestsicherung. Sein Blick ist dabei sowohl auf InländerInnen als auch auf Asylberechtigte gerichtet. Sein Bezugspunkt ist dabei die Gefährdung der Sicherheit und damit auch seiner eigenen Sicherheit. Mit gekürzten bedarfsorientierten Leistungen sei die Gewährleistung des Existenzminimums für die Betroffenen nicht mehr gegeben, so seine Argumentation. Die Folge wäre eine Zunahme der Kriminalität. *»Und ich finde, man soll diese Leute auffangen und lieber Geld geben. Mich regt irrsinnig auf, wenn jetzt Leute sagen: ›Die fliegen in die soziale Hängematte rein‹. Mich persönlich regt es nicht auf aus zwei Gründen: Grund eins, ich bin zu egoistisch, ich möchte meinen sozialen Frieden haben. Und auch, ich möchte nicht mit 800 Euro oder was weiß ich leben. [...] Ich will aber nicht, dass man dich jetzt kürzt auf 400 Euro und du bist verzweifelt und gehst einbrechen.«* Ronja Ebner argumentiert in die gleiche Richtung. *»Das Problem ist halt, ich weiß nicht, wie man von 563 Euro im Monat überleben soll. [...] Also ich sehe das sehr kritisch, weil man*

zwingt ja dann die Leute dazu, dass sie sich anders irgendwie Geld beschaffen,
und dann sind sie wahrscheinlich wieder irgendwie im illegalen Bereich.«

Hans Niedermoser erlebt die Umverteilung von unten nach oben ebenfalls als Bedrohung des sozialen Friedens in der Gesellschaft. Er nennt insbesondere eine Schwächung der ArbeitnehmerInnenrechte, die Einführung des 12-Stundenarbeitstages und den 2018 in Österreich eingeführten Familienbonus[28], der primär besserverdienende Familien entlastet. »*Also was mich am meisten stört und was ich auch für eine eminente Gefahr halte [...], dass man nicht immer weiter nach oben verteilen kann, weil das einfach brandgefährlich ist, wenn die im unteren Bereich dann schon drei Jobs haben und es geht sich noch immer nicht aus mit Miete und Essen, also das ist völlig unerträglich und das sieht man ja jetzt mit dem neuen Familienbonus. Die Reichen kriegen es, für die ist es ein Steuerabsatzposten und kein Zuschuss.*« (Hans Niedermoser)

Neben der Ablehnung sozialstaatlicher Kürzungen werden von einigen Befragten dieses Typs auch Vorschläge zur Veränderung der Ausrichtung des Sozialstaates in Richtung aktivierende Sozialpolitik eingebracht. Hans Weiss, 45 Jahre und ebenfalls Unternehmer, meint, dass es wichtig wäre, das Humankapital von am Arbeitsmarkt »*benachteiligten Menschen*« durch Bildungsinvestitionen oder Qualifizierungsmaßnahmen zu erhöhen, um sie »fit« für den Arbeitsmarkt zu machen.[29] »*Das heißt, mein Ziel wäre, egal ob das jetzt Migranten oder sozial benachteiligte Menschen sind, sie zu ermächtigen, ihnen Selbstvertrauen zu geben durch Bildung, durch Zuwendung zu sagen: ›Komm dir nicht wie ein Würsterl vor. Ich sehe dich nicht so. Ich sehe dein Potenzial. Mach deine – keine Ahnung – Firma auf. [...] Und wenn du es nicht kannst, wir versuchen, dich zu unterstützen‹.*« In die gleiche Richtung zielen die Äußerungen von Ronja Ebner (38 Jahre, Rezeptionistin) und Caroline Kaiser (32 Jahre, Anwältin). »*Ich glaube, dass es auch hier eine viel engmaschigere Betreuung geben müsste, also da wär' ich fast dafür, mehr in*

---

28   Mit dem Familienbonus erhalten Familien bis zu 1500 Euro pro Jahr und Kind von der Steuer zurück. Allerdings müssen Eltern mehr als 1750 Euro brutto monatlich verdienen, um den Steuerbonus in voller Höhe in Anspruch nehmen zu können. Alleinverdienende oder Alleinerziehende mit geringem Einkommen, die gar keine oder nur geringe Steuern zahlen, bekommen maximal 250 Euro. Eltern, die gar kein Einkommen beziehen, sind vom Familienbonus ausgenommen.

29   Ullrich 2004.

die Institutionen zu investieren und zu sagen, wir [...] schauen, dass es eine
bessere Betreuung gibt und Ausbildung und dass sich auch, ich glaub schon,
dass es Leute gibt, die einfach überfordert damit sind, einen Job zu finden«
(Caroline Kaiser).

3.3.2 Verpflichtung zur Beitragsleistung – Erwerbsarbeit und Werthaltungen

Den Verpflichtungen der Gemeinschaft bzw. des Staates zur Unterstützung
von Bedürftigen stehen in diesem Typ Verpflichtungen der EmpfängerInnen
von Hilfe gegenüber. Wer Hilfe in Anspruch nimmt, muss dafür auch eine
Gegenleistung erbringen. *»Alle, die können, müssen einen Beitrag leisten«*, um
»das bestehende Sozialsystem aufrechtzuerhalten« (Sabine Friedrich). Oder
wie es Manfred Rabl formuliert: *»Sozialstaat ist kein Polster, auf dem man*
sich ausruhen darf.«

Wichtigste Verpflichtung der EmpfängerInnen staatlicher Unterstützung
ist für die Befragten dieses Typs die Verpflichtung zur Erwerbsarbeit, die
für alle gilt, die *»arbeiten können«* (Sabine Friedrich). Haben allerdings
Arbeitsuchende Schwierigkeiten, am Arbeitsmarkt Fuß zu fassen, plädiert diese
Gruppe für eine zusätzliche Unterstützung des Staates beispielsweise in Form
von Förderprogrammen. Gegenüber AsylwerberInnen und Asylberechtigten
werden neben einem möglichst schnellen Eintritt in den Arbeitsmarkt aber
auch Anforderungen an eine *»Anpassung an unsere Werthaltungen«* (Manfred
Rabl) verlangt. Er nennt als Beispiel die Gleichberechtigung der Geschlechter.
Auch Hans Weiss betont die Verpflichtung zur Anerkennung der gesellschaftlichen Regeln, Normen und Werte durch Flüchtlinge: *»Gewisse Dinge sind*
einfach Regeln, an die musst du dich halten.« (Hans Weiss).

Einigkeit herrscht unter den Befragten dieses Typs auch darin, dass hinsichtlich der sozialstaatlichen Finanzierung auch eine Verpflichtung der Vermögen-
den besteht, Verantwortung für die Gesellschaft zu übernehmen und ihren
Beitrag zu leisten. *»Ich finde, wichtig ist, dass man seine Verantwortung weiß.*
Und wenn jemand sehr reich ist, hat er Verantwortung« (Hans Weiss). Auch
die Befragten selbst sehen sich gefordert, ihren Teil zur Aufrechterhaltung
eines funktionierenden Sozialstaates beizutragen. Ihre Beiträge bestehen für

sie in der eigenen Erwerbstätigkeit und in ihren Steuerabgaben. Vereinzelt wird dies ergänzt durch ehrenamtliches Engagement in Vereinen.

Sanktionen bei Nichterfüllung dieser Forderungen nach Beitragsleistungen aber auch Bemühen sind in dieser Gruppe nur ein Randthema. Zwar werden in den Gesprächen immer wieder auch die Notwendigkeit bzw. Sinnhaftigkeit von staatlichen Kontrollen angesprochen, um dieses Bemühen sicherzustellen, aber wie der Staat nun auf Verweigerung dieser Anforderungen reagieren sollte, bleibt letztendlich offen. Für Ronja Ebner sollten dies keinesfalls Sanktionen sein. Sie präferiert ein Belohnungssystem: »*Das ist die Sache, wo ich sehr ambivalent bin. Also das ist schwierig, da hab ich noch keine Lösung gefunden, wie man das am besten macht. Ich würde keine Sanktionen machen, ich würde nicht sagen, okay, wenn das nicht passt, dann gibt's weniger. Ich würde es eher umgekehrt machen und würde sagen, wenn's passt, oder wenn das cool ist, dann würd' ich's eher belohnen als sanktionieren. Ich glaub, das würde mehr bringen.*«

3.3.3 Flüchtlingshilfe: Erwartungshaltungen und Irritationen

Die Ankunft vieler Geflüchteter im Sommer 2015 wird im Vergleich zu Typ 1 und 2 weniger stark als Staatsversagen wahrgenommen. Geteilt wird allerdings die Einschätzung, dass es sich jedenfalls um eine Ausnahmesituation gehandelt hat. Die Befragten sehen den Staat als zentralen Akteur in der Verantwortung, sie engagieren sich aber auch selbst in der Flüchtlingshilfe. In dieser aktiven Hilfe teilen sie viele der Erfahrungen der Befragten der bisherigen Typen. Das Engagement reichte von Patenschaften für unbegleitete Minderjährige (Ronja Ebner) und Unterstützung von Lehrlingen im eigenen Unternehmen (Hans Niedermoser), über Deutschunterricht (Sabine Friedrich, Hans Weiss) bis hin zur Bereitstellung von Wohnraum für Geflüchtete (Hans Niedermosser). Die Gleichzeitigkeit von Fördern und Fordern wird in diesem Engagement ebenfalls deutlich. Die Anforderungen basieren auf der Erwartungshaltung, dass jeder und jede sich im Gegenzug zur angebotenen Hilfe auch bemühen muss, sich aus der Notlage zu befreien. Geflüchtete, welche diesen Vorstellungen eher entsprechen, rufen damit weniger Irritationen hervor, als jene, die diese Erwartungen nicht entsprechend erfüllen. So erzählt Hans Niedermoser über den afghanischen Lehrling bei ihm im Betrieb: »*Er hat Deutsch gelernt, […], alles auf Anhieb gemacht, hat in der Berufsschule Vorzug. Hilft noch den Kollegen, die sich schwerer tun, am Abend sitzt er bis um zehn mit denen und lernt nur. Und gleichzeitig kriegt er den Abschiebebescheid. Asyl in erster Instanz abgewiesen. Natürlich helfe ich dem, ist ja gar keine Frage. Da gehe ich mit ihm zum Rechtsanwalt, den zahle ich auch. Und dann gehen wir zum Verwaltungsgericht und das schauen wir uns einmal an, ob wir da nicht durchkommen. […] Ich kann ja den nicht in den Tod schicken.*«

Im Vergleich zu den vorherigen Typen nehmen in den Erzählungen der Befragten dieses Typs enttäuschte Erwartungshaltungen bzw. irritierende Erfahrung während des ehrenamtlichen Engagements oder im Kontext des beruflichen Alltags mit Geflüchteten einen wichtigen Platz ein. Von Sascha Baumann, 42 Jahre und in einer Blaulichtorganisation tätig, wird etwa die Gefahr von Parallelgesellschaften thematisiert, »*die ein hohes Aggressionspotenzial aufweisen und staatliche Autoritäten nicht akzeptieren*«. Hans Weiss verweist hingegen darauf, dass in der Öffentlichkeit nie darüber diskutiert wurde, welche »*Konflikte*« mit den Geflüchteten »*hereingeholt*« würden, »*dass wir uns da eine sehr, sehr komplexe Gesellschaft hergeholt haben mit komplexesten, jahrtausendelange zurückgehenden Auseinandersetzungen.*« Allerdings instrumentalisieren die InterviewpartnerInnen dieses Typs diese Probleme nicht dafür, die Nichtaufnahme oder den Ausschluss von Geflüchteten zu argumentieren. Ihre Zielrichtung ist vielmehr, auf Probleme aufmerksam zu machen, um Lösungen dafür zu finden, die ein gutes gesellschaftliches Zusammenleben ermöglichen.

3.3.4 Politisches Engagement

Gleich dem Typ zwei – Hilfe für andere – zeigen sich auch in diesem Typ unterschiedliche parteipolitische Ausrichtungen und damit auch ein breites Spektrum an Parteipräferenzen. Es werden alle Parteien mit Ausnahme der FPÖ und der KPÖ gewählt. Im Unterschied zu Typ 2 finden sich in diesem Typ allerdings InterviewpartnerInnen, die sich bereits in kollektiven

Organisationsformen (ob parteipolitisch in Gemeinden, in Interessensvertretungen oder in Bürgerinitiativen) aktiv eingebracht haben, derzeit engagieren oder es planen. Sascha Baumann ist beispielsweise seit einiger Zeit als Personalvertreter tätig. Herr Niedermoser startete sein politisches Engagement in der Gemeinde vor vielen Jahren mit der Gründung einer Bürgerliste gegen eine Mülldeponie, trat dann mit der Bürgerliste bei den Gemeinderatswahlen an und ist seither Gemeinderatsmitglied. Und auch Manfred Rabl plante mit einem Freund, sich mit einer eigenen Liste kommunalpolitisch zu engagieren. Aufgrund des hohen Zeitaufwands haben sie dieses Vorhaben aber wieder aufgegeben. Die Wahrnehmung des Wahlrechts hat für alle Befragten dieses Typs eine hohe Bedeutung, ob als erkämpftes Bürgerrecht oder als Möglichkeit demokratischer Mitbestimmung.

4. Leistung muss belohnt werden

4.1 »Es gibt dort und dort schwarze Schafe« – Lukas Aichinger

Wir treffen Lukas Aichinger zum Interview auf seinem Hof. Der 37-jährige Vollzeitlandwirt betreut gemeinsam mit seinem Bruder und seinen Eltern über 100 Stück Rinder, das Einkommen stammt aus der Milchproduktion und dem Verkauf von Tieren. Der Vater ist nach der Pflichtschule in der Landwirtschaft geblieben, die Mutter hat eine berufliche Ausbildung, später aber ebenfalls immer in der Landwirtschaft gearbeitet. Vor der Übernahme arbeitete Lukas Aichinger dreizehn Jahre als Schlosser. Obwohl er sich sicher war, dass er später einmal in die Landwirtschaft wechseln wird, war es ihm wichtig *»einen anderen Beruf auch zu lernen, dass man auch etwas anderes sieht«*. Darüber hinaus wollte er sich *»einmal was erarbeiten, einmal Geld sparen«*, damit er sich später auch etwas *»schaffen«* könne. Den Hof übernahm er vor einigen Jahren gemeinsam mit dem jüngeren Bruder von den Eltern. Die beiden modernisierten den Betrieb, stellten viele manuelle Abläufe auf automatische Prozesse um und verdoppelten den Tierbestand. Im Gespräch ist die Leidenschaft für den Beruf deutlich zu spüren, *»das Vieh, der Stall, also Natur, das war immer Meines«*. Deshalb empfindet er es auch nicht als Belastung, dass der Arbeitstag oft lange und mühsam ist, dass es eigentlich nicht wirklich eine Trennung von Freizeit und Arbeit gibt. Für Urlaub bleibt da auch keine Zeit. Die Familie bewirtschaftet den Hof gemeinsam, die Arbeiten sind untereinander aufgeteilt, auch das gemeinsam erwirtschaftete Einkommen steht allen gleichermaßen zur Verfügung. Der Erfolg gibt ihm Recht, er ist sehr zufrieden mit der Leistung seines Betriebs. Trotzdem zeigt sich Lukas Aichinger unzufrieden, was die allgemeine Lage der Landwirte in Österreich angeht. Es kränkt ihn, dass er ohne staatliche Subventionen mit dem Verkauf seiner Produkte den Betrieb nicht wirtschaftlich führen könne, *»und du musst dir halt das Geld dann holen, was dir beim Produkt praktisch abgeht«*. Für ihn wäre es wichtig, dass man für die Milch und das Fleisch einen angemessenen Preis bekäme und nicht ständig um Förderungen beim Staat oder der EU ansuchen muss, was mit erheblichem

Aufwand verbunden ist und auch viel fachliches Wissen erfordert. *»Und wenn du es gleich über das Produkt kriegen würdest, dann bräuchtest du das nicht«*. Die Politik, aber auch die Landwirtschaftskammer, würden sich nicht um die BäuerInnen kümmern. *»Zu wenig vertreten kommt man sich vor«*, meint er. In der Metallbranche, wo er vorher war, sei das anders gewesen. *»Und bei uns, wenn der Milchpreis hinunter geht, was willst du tun? Da sagt keiner etwas. Erst, wenn's wirklich einmal richtig brennt, dann, aber das dauert relativ lang«*. Sein Eindruck ist, dass die Botschaften der *»Kleinen«* vom Land nicht bei denen *»oben«* in Wien ankommen. Er hält politisch *»den Schwarzen«* die Treue, von denen er noch am ehesten erwartet, dass sie sich für LandwirtInnen engagieren. *»Bei den anderen bist du ja gar nicht vorgekommen im Programm«*[30], meint er. Ihm gefiel, dass mit Sebastian Kurz ein *»frischer Wind«* in die Politik gekommen ist, auch wenn dieser *»ein wenig auf die FPÖ-Schiene übergeschwappt ist«*. Ein Problem sei dabei auch, dass die LandwirtInnen gesellschaftlich nur mehr eine sehr kleine Gruppe darstellen und damit auch politisch immer weniger Gewicht hätten. Lukas Aichinger spürt das auch in seiner Umgebung. Früher waren im Dorf sechs Bauernhöfe, zwei davon gibt es noch, alle anderen haben aufgehört. *»Mit der Landwirtschaft, da sind wir schon hübsch alleine«*. Der Nachbar habe zwar noch den Grund, aber den Viehbestand verkauft. *»Ist schon ein wenig fad auch, wenn jemand anderer auch noch ist, dann ist es halt besser.«* Den Austausch unter Gleichgesinnten sucht er bei Tierversteigerungen in der nahegelegenen Stadt.

Mit der Arbeitslosenversicherung oder Mindestsicherung habe er sich bislang weniger beschäftigt. Das sind Themen, die ihn nur am Rande betreffen würden. Was er nicht in Ordnung findet ist, wenn Leute *»eigentlich nur einen Stempel wollen, dass sie wieder die Arbeitslose kriegen«*, aber eigentlich gar keine Arbeit suchten. *»Weil nur, dass ich daheim sitze und ein Geld kriege, das find ich nicht gerecht. Weil zahlen tun's ja wir alle, der ganze Staat. Also das ist unser Steuergeld«*. Da würde er durchaus auch eine Verschärfung der bestehenden Sanktionen befürworten. Er fügt jedoch schnell hinzu, dass sich diese nicht allein gegen *»Ausländer«* richten sollten, *»es gibt Österreicher genauso, die das ausnutzen. Es gibt dort und dort schwarze Schafe«*.

---

30 Er verweist hier auf die Wahlprogramme der Parteien während des Wahlkampfes für die National-
    ratswahlen 2017.

Die Ankunft einer großen Anzahl geflüchteter Menschen im Jahr 2015 hat er nur am Rande erlebt, er kann sich noch an die »*Menschenschlangen an den Grenzen*« aus dem Fernsehen erinnern. Er hätte sich damals mehr Solidarität von den anderen europäischen Ländern erwartet, es ginge nicht, dass nur Österreich, Deutschland und die skandinavischen Länder Geflüchtete aufnehmen, »*das gehört auch auf ganz Europa verteilt*«. Er findet es in Ordnung, dass man den Menschen hilft, allerdings wäre er eher für »*Sachspenden*« und verstehe nicht, »*warum man jetzt so auf's Geld ist, das weiß ich nicht. Wenn es eh überall fehlt anscheinend. Versteh' ich nicht*«. Die Grundbedürfnisse – Wohnen, Essen, Kleidung – müssten sichergestellt werden, und dann wäre es seiner Meinung nach wichtig, den Menschen zu helfen, dass sie eine Arbeit fänden. Flüchtlinge, die sich hier »*integrieren und arbeiten*«, könnten auch gerne dableiben. Auch in seiner Heimatgemeinde wohnt seit einiger Zeit eine syrische Flüchtlingsfamilie, mit der das sehr gut funktioniere. »*Könnte man nix sagen, freundliche Leute, gibt's nix*«. Vor diesem Hintergrund findet er es auch nicht sinnvoll, dass Geflüchtete, die »*eine Lehre machen und die Berufsschule und das alles schaffen und dann kriegen sie auf einmal einen negativen Asylbescheid, das find' ich eigentlich deppert. Weil die Firmen stecken einen Haufen Geld in die Ausbildung hinein und dann kommen die Leute weg*«. Deshalb müssten auch die »*Verfahren schneller gehen*«. Menschen, die sich nicht integrieren wollten, die nur »*herumsitzen, die nur lästig sind*«, sollten allerdings wieder zurück in ihre Herkunftsländer müssen.

Für Lukas Aichinger ist es wichtig, dass sich harte Arbeit auch lohnt. Vor diesem Hintergrund erscheinen ihm die Zahlungen an geflüchtete Menschen auch ein wenig ungerecht, weil dahinter ja keine Gegenleistung stehe. Im Gegensatz dazu hätten seine Eltern immer hart gearbeitet und Steuern bezahlt, bekämen aber nur eine sehr kleine Pension. »*Wenn einer vierzig Jahre eingezahlt hat, in das System und dann kriegt er so wenig Pension. Und der kommt daher und leistet für das System nichts und das finde ich ungerecht*«. Gleichzeitig findet er, dass die »*Oberen*« auch »*zu viel*« bekommen würden und eigentlich auch die Politiker »*nach Leistung bezahlt werden*« sollten. Generell zeigt er sich der Politik gegenüber skeptisch, »*das sind eigentlich nur Hampelmänner*«. Man sehe an den Jobs, die PolitikerInnen nach ihrer

Karriere übernehmen, wie Politik und Wirtschaft verflochten seien. »*Da sieht man dann, von wo's gesteuert ist. Das ist nicht richtig, finde ich. Weil sie für die kleinen Leute dann eigentlich nix übrig haben. Weil sie einfach in einer anderen Welt schon leben. Die wissen gar nicht, was ein Kleiner verdient. Oder wie schwer er es hat, dass er eine Familie ernährt oder dass er ein Haus baut. Ein Facharbeiter verdient eigentlich auch viel zu wenig.*«

4.2 »Wenn man sich anstrengt, kriegt man halt mehr« – Philip Brunner

Philip Brunner ist 20 Jahre alt und wohnt mit seiner Freundin, die eine Lehre im Einzelhandel macht, seit einiger Zeit in der ehemaligen Wohnung der Großeltern, die auch Teil seines Elternhauses ist. Zum Interview in seiner Wohnung sind wir eigentlich mit seiner Lebensgefährtin verabredet, sie musste allerdings kurzfristig in der Arbeit einspringen und Philip ist im Krankenstand und nimmt sich spontan Zeit. Seit einem Jahr arbeitet er als Regelungstechniker in einem großen Elektronikkonzern. Zuvor besuchte er eine HTL. Den Job fand er schnell, er hatte schon während des Präsenzdienstes begonnen, sich bei Firmen zu bewerben, »*weil ich nicht lang im Prinzip arbeitslos sein wollte. Und darum hab' ich dann eine Woche Pause gehabt zwischen Bundesheer und Arbeit*«. Das sei auch den Eltern wichtig gewesen, erzählt Philip Brunner, dass der Sohn nicht »*auf der faulen Haut liegt*«. Dem Vater schien es ein Anliegen gewesen zu sein, dass der Sohn den Bildungsaufstieg – die Eltern haben beide einen Lehrabschluss – auch beruflich umsetzen könne, »*dass ich aus der Matura etwas mache, dass ich nicht nur sozusagen jetzt in der Werkstatt steh' und was tu', sondern auch wirklich Verantwortung übernimm und Projekte mach' und so*«. Philip Brunner behält sich allerdings eine Vorliebe für »*praktisches*« Arbeiten. Er will eben nicht nur vor dem Computer sitzen, »*ich muss was werken können und herumpfuschen sozusagen (lacht)*«.[31] Vor diesem Hintergrund ist seine aktuelle Arbeit auch perfekt für ihn. Die Aufgaben sind vielseitig, er betreut »*Kleinprojekte*«, deren »*Projektmanager*« er ist. Er ist für

---

31   Zur klassenspezifischen Prägung der Vorliebe für praktische Tätigkeiten siehe Altreiter (2019).

die Programmierung und Inbetriebnahme von Schaltanlagen, für das Service und die Beauftragung von Subfirmen zuständig. Mit der »*eigenen Anlage*« sei es ein bisschen so wie mit einem »*Kind*«, meint er, dessen Entwicklung man beobachten und begleiten müsse. Er versteht sich sehr gut mit seinen Arbeitskollegen, »*wir tun genauso Witz reißen wie in der Schule*«, und auch den Firmenchef beschreibt er als zugänglichen Menschen, mit dem man auch »*ganz normal*« reden könne. Momentan befindet er sich in der Firma noch in einer Aufnahmephase, er ist in einem firmeninternen Leiharbeitspool, wodurch Abteilungswechsel leichter möglich sind. Allerdings ist er dadurch auch weniger vor einer Kündigung geschützt. Eine Übernahme in das Stammpersonal hat die Firma angekündigt, sobald er eineinhalb Jahre dort sei. Viel Arbeit findet bei Kunden auf Montage statt und die Arbeitstage sind oft lange. Von der Firmenleitung ist allerdings informell vorgeschrieben, dass die Beschäftigten aus arbeitsrechtlichen Gründen täglich nicht mehr als zehn Arbeitsstunden verbuchen dürfen. »*Du musst dann halt die Stunden an einem anderen Tag schreiben, sonst hast du umsonst gearbeitet*«. Philip Brunner verspürt sowohl Druck von der Firma als auch von den Kunden. Wenn zum Beispiel eine Heizung in einer Schule nicht läuft, da könne er auch nicht sagen, er hört jetzt auf, während die SchülerInnen am nächsten Tag frieren und die Firma vielleicht auch noch eine schlechte »*Nachrede*« hat. »*Und das willst nicht, und drum bleibst halt da, bis das rennt.*« Außerdem hat er das Gefühl, dass er länger braucht, weil er sich noch nicht überall auskennt, und das möchte er dann nicht auf Kosten der Firma machen, »*deshalb schreib' ich wirklich viele Stunden nicht*«.

In Bezug auf die Arbeitslosenunterstützung ist er der Meinung, dass es »*strenger kontrolliert werden*« sollte. Eine Kürzung dürfe es aber nicht geben, weil »*man kriegt das, was man verdient hat*«. Die Höhe werde »*ja trotzdem danach berechnet, glaub ich, was du bis jetzt geleistet hast an Arbeit*«. Sinnvoller erscheint es ihm, dass man stattdessen Anstrengungen und Bemühungen der Leute belohnt. »*Das ist ja bei uns genauso, wenn du g'scheit arbeitest, kriegst du vielleicht einmal eine Gehaltserhöhung und steigst auf. Wenn du nix tust, dann bleibst du halt dort oder wenn's dir reicht, dann passt das eh.*« Wenn man sich bemüht, solle man mehr bekommen, das gälte für die »*Arbeitslosen*«

ebenso wie für Geflüchtete – weil Leute, die sich nicht bemühen, gäbe es überall. »*Es gibt immer solche und solche, auch bei uns. Das ist einfach so. Nur auf die Flüchtlinge wird es halt leichter geschoben.*« Er erzählt von seinem Freund, dessen Familie im Sommer 2015 einen geflüchteten jungen Burschen aufgenommen habe, mit dem er sich recht gut verstünde. »*Das war einer, der hat sich Deutschkurse genommen, wo er sie gekriegt hat.*« Was er nicht vom Staat bezahlt bekommen habe, hätte dieser selber finanziert. Das wäre möglich gewesen, weil er bei der Familie nichts für die Unterbringung bezahlen musste. »*Und meiner Meinung nach gehören die Leute, die bereit sind etwas zu machen, mehr unterstützt als Leute, die jetzt, sag ich einmal, nichts tun. Weil ich weiß, es gibt Leute, die gehen halt zu den Kursen, sitzen drinnen, tun am Handy spielen, und passen ned auf oder die interessiert das einfach nicht.*« Gleichzeitig ist ihm wichtig zu betonen, dass man den anderen nicht alles nehmen könne, »*das würd' ich auf keinen Fall machen, weil umsonst kommt der ja nicht herauf. Ich würde das so machen, es gibt ein gewisses Grunddings, und wenn man sich anstrengt, kriegt man halt mehr*«. Allerdings räumt er auch ein, dass es vielleicht auch schwer festzustellen sei, wer sich bemüht und wer nicht. Wichtig wäre, dass man Geflüchtete in Österreich unterstützt, dass sie ihren Beruf ausüben können. Über den geflüchteten Freund weiß er auch, dass viele Probleme mit der Anrechnung ihrer Qualifikationen haben. Was ihm allerdings wichtig ist, dass das »*Verhältnis*« gerecht ist. Dabei ginge es ihm nicht darum, den Geflüchteten etwas wegzunehmen, »*ich vergönn' es denen voll*«, aber es ist »*unfair*«, wenn jemand in Österreich »*dann die letzten zehn Jahre zur Pension hat und nichts mehr kriegt, weil ihn, einfach so alt wie er ist, keiner mehr nimmt*«, dieser dann weniger Geld zur Verfügung hat als Geflüchtete, die gerade gekommen sind. Da müsse es einen Unterschied geben.

Im Hinblick auf die Bewältigung der Ankunft vieler Flüchtlinge im Herbst 2015 hat er das Gefühl, dass viel falsch gelaufen sei. Wie auch Lukas Aichinger hätte er sich mehr Zusammenhalt der Länder in Europa und eine bessere Verteilung der Geflüchteten gewünscht, aber »*es hat sich im Prinzip jeder nur um seinen eigenen Dreck geschert*«. Dann hätte auch Österreich weniger geflüchtete Menschen aufnehmen müssen und es wäre vielleicht auch leichter gewesen, sie gut unterzubringen und zu versorgen. Im Freundeskreis werden politische Themen meistens ausgespart. Es gibt zwei Personen, meint Philip Brunner, die sehr gegensätzliche Ansichten hätten, »*die einfach auf ihrer Meinung picken und nicht runtersteigen*« und »*wenn man mit denen zum Diskutieren anfängt, das hat einfach keinen Sinn mehr*«. In der Familie wird insbesondere vor den Wahlen viel gemeinsam über die Programme der Parteien diskutiert, die Wahlentscheidungen bleiben dann aber doch geheim: »*Wer wen wählt haben wir auch nicht geredet, also das haben wir gesagt, das lassen wir jedem das Seine sein*«. Er ist ein »*Fan*« des früheren Parteivorsitzenden der NEOS, Matthias Strolz, setzte aber auch große Hoffnungen in Sebastian Kurz, findet aber, dass dieser sich seine »*Themen*« von der FPÖ »*verdrehen*« lassen habe.

4.3 Solidarität der fleißig Arbeitenden – Beitragsorientierte Solidarität

Die Arbeit ist sowohl für Philip Brunner als auch Lukas Aichinger ein zentraler Bestandteil ihres Lebens. Arbeit ist mühselig und anstrengend, aber auch erfüllend und befriedigend. Man strengt sich an und ist stolz darauf, gute Arbeit zu machen, sich damit vielleicht auch etwas schaffen zu können. Wir können an diesen beiden Beispielen bereits zentrale Elemente eines Typus erkennen, bei dem Leistung in Form von Erwerbsarbeit das zentrale Kriterium ist, anhand dessen Fragen von Solidarität behandelt werden. Auch die anderen Befragten, die wir diesem Typus zugeordnet haben – Marina Mucovic, Lina Wagner, Michael Fuchs, Gabriel Drechsler, Jan Wieninger und Anna Nowak – identifizieren sich mit den fleißig Arbeitenden, die durch ihre Erwerbstätigkeit einen wichtigen Beitrag für die Gesellschaft leisten. Im Gegenzug erwartet man dafür eine angemessene finanzielle aber auch symbolische Anerkennung. In verschiedenen Studien wird diese Haltung als charakteristisch für ein traditionelles ArbeiterInnen- und Handwerksmilieu beschrieben und auch in unserer Studie stammt ein überwiegender Teil der Befragten dieses Typs aus einem ländlichen, handwerklichen und bäuerlichen Milieu.[32] Es handelt sich dabei nicht um eine ältere, sondern eher um eine

---

32   Vgl. dazu Sennett und Cobb (1993) sowie Lamont (2000).

jüngere Generation. Die hohe Bedeutung von Erwerbstätigkeit hat nicht nur damit zu tun, dass sie grundlegend für die materielle Sicherung der eigenen Existenz ist – andere Vermögenswerte, auf die man zurückgreifen könnte, sind nicht vorhanden. Sondern auch damit, dass sie für die Befragten eine wesentliche Quelle gesellschaftlicher Anerkennung darstellt.

Diese Orientierung am Leistungsprinzip, das die Befragten dieser Gruppe verbindet, prägt die Gerechtigkeitsvorstellungen, die Reichweite der Solidarität, aber auch die Bedingungen, die an andere gestellt werden. Wer einen Beitrag zur Gesellschaft leistet – also wer durch Erwerbsarbeit etwas beiträgt – kann mit Unterstützung rechnen, er hat sie sich verdient und erwirbt als Neuankömmling auch ein Anrecht, in die Gruppe aufgenommen zu werden. Das Leistungsprinzip erweist sich wichtiger als ethnische oder nationale Grenzziehungen. Letztere sind aber nicht gänzlich unbedeutend, was sich daran zeigt, dass nur solche Leistungen als Beitrag zur Solidargemeinschaft anerkannt werden, die in Österreich erbracht wurden. Die Frage, ob jemand in einem anderen Land durch Erwerbsarbeit Leistungen erbracht hat, stellt sich einfach nicht.

4.3.1 Fehlende Anerkennung für erbrachte Leistungen

Wenn es um Leistung, und hier also um Erwerbsarbeit geht, wird bei diesem Typ vor allem das Bemühen und die Anstrengung in den Vordergrund gerückt, weniger die Ergebnisse der Arbeit und der Erfolg. Zentral ist also der Aufwand, die Zeit oder auch die Belastungen, die dahinter stecken: körperlich anstrengende Arbeit, Schichtarbeit, wenig Freizeit oder Arbeitsplatzunsicherheit aufgrund firmeninterner Umstrukturierungen. Wie Lukas Aichinger meint, würden alle immer nur das schöne neue Stallgebäude sehen, aber nicht die Arbeit, die damit verbunden ist, »die Arbeit will eh niemand haben«. Auch die 22-jährige Anna Nowak ist ein Beispiel dafür. Sie hat nach ihrer Lehre in einer Druckerei keinen Job im Lehrberuf gefunden, wechselt zwischen verschiedenen Anstellungen und Arbeitslosigkeit und ist froh, nun eine Arbeit als Leiharbeiterin in der Produktion gefunden zu haben. Die Arbeit und die Nachtschicht sind körperlich belastend, aber »ich muss es eh akzeptieren, so *wie es ist, gell?«*, auch weil das Gehalt gut ist, und Arbeitsplätze in der Region ohnehin rar sind. Sie strengt sich an und hofft bald übernommen zu werden. *»Ich bemüh mich auch, dass ich mein Bestes gebe, weil es ist mein Arbeitsplatz und um den kämpft man vom Anfang bis zum Ende«.* Für den aufgewendeten Einsatz verlangt man eine angemessene Gegenleistung, sowohl in Form von materieller Vergütung als auch gesellschaftlicher Wertschätzung.[33] Leistung muss sich lohnen bzw. muss belohnt werden. Eine Verletzung dieser Logik wird als Ungerechtigkeit und von manchen sogar als Kränkung erlebt, weil die eigenen Leistungen und Bemühungen dadurch abgewertet erscheinen.

Ein Beispiel dafür sind zu niedrige Löhne, die in den Gesprächen mit den Befragten dieses Typs immer wieder thematisiert wurden. Lukas Aichinger verweist auf die geringen Gehälter der Facharbeiter, die kaum reichen würden, eine Familie zu erhalten. Vielfach wird das Beispiel von Friseurinnen genannt, eine Berufsgruppe mit traditionell sehr niedrigen Einkommen. *»Es kann ned sein, dass zum Beispiel eine Friseurin, die, weiß ich nicht, 1.100 Euro oder so kriegt für 40 Stunden, die arbeitet 40 Stunden und kann sich in Wahrheit keine 50-Quadradmeter-Wohnung leisten, den ganz normalen Standard, eine Wohnung, ein Auto, ein Handy, und ein bissl ein Leben. Das geht nicht. Es kann nicht sein, dass einer, der 40 Stunden arbeitet, sich sein Leben nicht finanzieren kann«* (Lina Wagner). Gabriel Drechsler, 23 Jahre und Assistent der Fertigungsleitung in der Holzindustrie, kritisiert, dass bei ihm im Betrieb die Beschäftigten eigentlich die ganze Arbeit machten, während die Geschäftsführung davon profitiere. *»Ja, ich denke mir einfach, für was ich eigentlich arbeite. Eigentlich eh für nix, für irgendeinen, der viel Geld kriegt, und ich kriege das bissel.«* Die Kritik an der mangelnden finanziellen Anerkennung von Leistungen wird dabei durch eigene Erfahrungen oder durch Beispiele von FreundInnen und Bekannten illustriert. Gefordert wird nicht viel: die Löhne sollten ausreichen, um mit dem Lebens- und Konsumstandard unserer Gesellschaft mithalten zu können, sich vielleicht kleine Annehmlichkeiten leisten zu können.

33   Stephan Voswinkel hat die unterschiedlichen Dimensionen des Leistungsbegriffes herausgearbeitet und dabei zwischen einer Input-Seite und einer Output-Seite unterschieden. Während erstes auf die aufgewendeten Ressourcen einer Leistung verweist, geht es bei zweitem um die Ergebnisse und Erfolge, die durch eine Leistung erzielt werden. (Voswinkel 2000).

Die Einhaltung des Leistungsprinzips verlangt nicht nur eine angemessene Gegenleistung für eine Leistung, sondern auch, dass es einen Unterschied geben muss, zwischen denen, die einen Beitrag leisten, und denen, von welchen zumindest angenommen wird, dass sie das nicht im gleichen Ausmaß tun bzw. getan haben.[34] An dieser Stelle kommt dann auch die Arbeitslosenunterstützung ins Spiel. »*Ich kann nicht für's Nixtun mehr kriegen als für's Arbeitengehen. Und es kann auch nicht sein, dass eben so gewisse Branchen so schlecht bezahlt sind, dass du in Wahrheit deinen Lebensunterhalt nicht bestreiten kannst*« (Lina Wagner). Während der Friseurin »*nix geschenkt*« werde (Michael Fuchs), erscheint das Arbeitslosengeld als ein »*Geschenk*« fürs »*Nichtstun*«, das die Anstrengungen und Bemühungen der Erwerbstätigen entwerte. Im Zentrum steht das Verhältnis von Tätigkeit (Erwerbsarbeit) zu Untätigkeit (Erwerbslosigkeit), das vor allem dann zum Problem wird, wenn angenommen wird, dass das Arbeitslosengeld höher als das Erwerbseinkommen ausfällt. Gänzlich unberücksichtigt bleibt dabei die Tatsache, dass die Höhe des Arbeitslosengeldes unmittelbar von dem zuvor erzielten Einkommen abhängt und sich daher Ungleichheiten auf dem Arbeitsmarkt auch im Arbeitslosenbezug fortsetzen.[35]

Vom Staat wird erwartet, dass er für Gerechtigkeit sorgt, indem er einen Abstand zwischen den Einkommen der Erwerbstätigen einerseits und der Erwerbslosen andererseits herstellt. Das solle über Sanktionen und Kontrollen (oder über Belohnungssysteme, wie von Philip Brunner vorgeschlagen) geschehen. »*Es gibt viele, was man auch hört, die das System halt ausnutzen. Das halte ich schon für richtig, dass da jetzt einmal eine Linie hineingehört*«, meint Michael Fuchs, 32 Jahre und Werkzeugmacher, im Hinblick auf Erwerbslose. Auch Marina Mucovic, 58 Jahre und langjährige Reinigungskraft, meint, es gäbe viele »*Schummler*«, da wären Kürzungen auch legitim.

---

34 Vgl. dazu auch die »Leipziger Mitte-Studien« (Decker und Brähler 2018).
35 Nur von wenigen Befragten wird der Arbeitslosengeldbezug als rechtlicher Anspruch beschrieben, den man durch Erwerbsarbeit erwirbt. Wir finden dieses Motiv bei Philipp Brunner aber auch bei einem anderen Befragten, der im Interview Verständnis für seinen arbeitslosen Freund zeigt, »*und ich finde, der hat jetzt eh 15 Jahre gearbeitet eigentlich. Warum soll er das nicht kriegen? Warum soll er jetzt nicht irgendwie was tun und erst in der Pension herumreisen?*«

Vor dem Hintergrund der Kritik an der mangelnden finanziellen Anerkennung von Arbeitsleistungen aufgrund der niedrigen Löhne wird von einigen Befragten aber auch Verständnis geäußert, sich arbeitslos zu melden, wenn es kaum einen Unterschied zum Einkommen bei Erwerbstätigkeit gäbe. Drechsler erzählt über einen arbeitslosen Freund, der als EDV-Techniker nur 1300 Euro netto verdient habe. »*Da frage ich mich auch: für was gehe ich arbeiten 40 Stunden in der Woche, wenn ich das als Arbeitslosengeld auch kriege*«. Ein anderer Befragter aus der Gastronomie erzählt über ähnliche Probleme. Ein Koch bekomme 1200 Euro »*dafür, dass man 50 Stunden die Woche steht und echt hacklt. Ich verstehe das vollkommen, dass das unattraktiv ist, dann quasi einen Koch zu machen, wenn man für einen Hunderter weniger daheimsitzen kann und vielleicht im Pfusch irgendwas tun kann, nicht?*« In diesen Erzählungen kommt vor allem die Forderung nach einer angemessenen Entlohnung und Anerkennung der Arbeit zum Ausdruck. Zugleich wird Kritik an einem »*Ausnutzen*« der Arbeitslosenunterstützung geäußert und gefordert, dass in diese Angelegenheit eine »*Linie hingebracht*« (Michael Fuchs) wird.

Insgesamt geht es jedoch mehr um das Einfordern von Rechten für sich als um die Abwertung von anderen. Diese Forderung nach Anerkennung können wir auch vor dem Hintergrund einer größeren Verortung der sozialen Gruppe verstehen. Das ländliche bäuerliche und handwerkliche Milieu ist in den letzten Jahren sowohl ökonomisch als auch kulturell stark unter Druck gekommen. Auch wenn sich manche der Befragten in der Gruppe individuell beruflich gut etabliert und auch einen kleinen Aufstieg im Vergleich zu den Eltern geschafft haben, so zeigen sich Erfahrungen einer Entwertung, die weniger die Person als einzelne (wie zum Beispiel in Typ 1), sondern die Gruppe als gesamte treffen. Wir erkennen zum Beispiel den Bedeutungsverlust der Landwirtschaft, aber auch Strukturverschiebungen innerhalb des landwirtschaftlichen Sektors, wenn Lukas Aichinger davon spricht, dass seine Arbeit nicht wertgeschätzt und angemessen bezahlt werde. Oder auch die generell seit Ende der 1990er-Jahre im Unterschied zu Angestellten und Beamten sinkenden Reallöhne der ArbeiterInnen oder die Veränderungen im Bildungssystem, die als fehlende Wertschätzung von Lehrabschlüssen thematisiert wird.[36]

4.3.2 Helfen in Not und Anpassung an Leistungserwartungen

In der Gruppe gibt es einen Konsens, dass man Menschen in Notlagen helfen muss. Anna Nowak meint: »*Die wirklich alles verloren haben, die sind eh arm. Da brauchen wir nicht reden drüber, die können das ruhig kriegen, weil die fangen bei null an.*« Notlagen werden vor allem dann als besonders schwerwiegend eingestuft, wenn Menschen von kriegerischen Auseinandersetzungen betroffen sind. Im Vergleich zu den anderen Typen erleben die Befragten dieser Gruppe den Sommer 2015 eher aus der Distanz und vor allem über die mediale Auseinandersetzung. Der Eindruck einer Krisensituation ist auch hier in den Erinnerungen verankert. Die Ansicht überwiegt, dass die Gesellschaft in solchen Situationen gefordert ist, zu handeln und zu helfen. »*Jeder wünscht sich, wenn etwas ist, dass er eine Hilfe kriegt*«, meint Michael Fuchs. Die Hilfe in der Not wird vor allem als Verpflichtung verstanden, die existentiellen Bedürfnisse des Lebens zu decken: ein Dach über dem Kopf, etwas zu essen, vielleicht auch eine »*Beschäftigung*« (Lukas Aichinger), aber keine »*Luxusartikel*«, wie teure Mobiltelefone. Vor diesem Hintergrund sprechen sich die Befragten dieses Typs dafür aus, Sachleistungen gegenüber Geldleistungen zu bevorzugen. »*Nur das Geld geben, das finde ich auch nicht richtig*«, meint Lukas Aichinger. Sachleistungen sollen die Grundbedürfnisse decken, ansonsten solle der Staat eher dafür sorgen, die Menschen schnell in den Arbeitsmarkt zu integrieren, damit sie keine staatliche Unterstützung mehr benötigen.

Wir können hier bereits erkennen, dass sich dieser Typ – trotz einer gewissen Skepsis gegenüber Zugewanderten – offen für die Aufnahme neuer Mitglieder in die Solidargemeinschaft zeigt, solange sie sich den Leistungsnormen anpassen. Das bedeutet, sich durch Arbeit selbstständig erhalten zu können und damit auch einen Beitrag zum Sozialsystem zu leisten. Dieses

---

36   Vgl. dazu den Einkommensbericht des Rechnungshofs von 2016.

Motiv finden wir bei Lukas Aichinger im Zusammenhang mit Geflüchteten, die eine Lehre beginnen, da müssten auch die rechtlichen Verfahren schneller gehen, und auch Anna Nowak formuliert ähnliche Bedingungen für das Dableiben-Dürfen. »*Die, die ich wieder voll super finde, die herkommen, sagen: ›Passt, ich bin jetzt da. Ich mache einen Deutschkurs. Ich gehe zum AMS, will eine Arbeit und fange zu arbeiten an.‹ Die sind für mich wirklich top. Also die können gerne dableiben.*« Eine andere Befragte meint, »*Flüchtlinge müssen ihre Solidarität zeigen, indem sie arbeiten*« (Marina Mucovic).

Die meritokratische Leistungslogik erlaubt also eine Offenheit gegenüber nationalen und ethnischen Grenzziehungen, bleibt aber als Prinzip der Inklusion prekär. Das liegt daran, dass sie erstens eine vollständige Unterordnung unter das Leistungsprinzip und an das Arbeitsethos der Eigengruppe verlangt. Dadurch werden Leistungen, die abseits von Erwerbsarbeit erbracht werden (ehrenamtliches Engagement, Betreuungsarbeiten usw.) nicht als solche gesehen. Zweitens kann das Leistungsprinzip auch die normativen (legitimen) Grundlagen für Ausgrenzung liefern, indem zwischen den »Würdigen« (leistungsbereit, bereits Leistung erbracht) und »Unwürdigen« (nicht leistungsbereit, noch keine Leistung erbracht) unterschieden wird.[37] Es geht also einerseits um das Verhalten – oder angenommene Verhalten – der neuen Mitglieder, aber andererseits auch darum, welche Gegenleistungen der Unterstützung durch die Gemeinschaft gegenüberstehen. Die (angenommene) fehlende Leistungsbereitschaft neuer Mitglieder wird als Verletzung des Leistungsprinzips erfahren und dürfe nicht belohnt werden. Nur »*daheimhocken*« und sich auf die Versorgung durch den Staat zu verlassen, widerspricht dem Arbeitsethos und Selbstverständnis der Gruppe. »*Wie gesagt, für mich sind das die Schlimmen, die einfach herkommen, nix arbeiten wollen, sich nicht integrieren, gar nix*«, meint Anna Nowak. »*Weil für was sind die da?*«, fragt sie im Gespräch sehr emotional und gibt gleich selbst die Antwort darauf: »*Für gar nix. Dass sie unsere Steuergelder nehmen und weiß ich nicht, jeden Monat ein neues Handy oder sonst irgendwas kaufen. Für was? Und wir rackern uns ab, bis wir umfallen.*« Auch in diesem Kontext taucht wieder der Begriff der

---

37   Vgl. dazu die Ausführungen von Oorschot (2000) zur Konstruktion von »würdigen« und »unwürdigen« Gruppen im Kontext sozialstaatlicher Hilfe.

unrechtmäßigen »*Geschenke*« auf. Man habe sich sein Leben lang bemüht, gearbeitet, seine Leistungen gebracht, sich nicht beklagt, keine Unterstützung vom Staat gebraucht, alles selber geschafft, und plötzlich kommen neue Menschen ins Land, die einfach etwas »*geschenkt*« bekämen.[38] So lassen sich die Stimmungslagen der Befragten zusammenfassen. Ähnlich wie im Fall von Arbeitslosen entsteht ein Gefühl der Ungerechtigkeit dort, wo vermutet wird, dass Untätigkeit durch Unterstützungsleistungen »*belohnt*« werde und vielleicht sogar finanziell besser gestellt sei als Erwerbstätigkeit. Zugewanderte, die nicht bereit seien, durch Arbeit einen Beitrag für die Gemeinschaft zu leisten, könnten nicht mit Solidarität rechnen. Während die einen unter der Bedingung, dass die Unterstützung auf ein Minimum reduziert werde, das Bleiben in Österreich akzeptieren würden, sind andere der Meinung, dass für TrittbrettfahrerInnen kein Platz in Österreich sei.

Auch wenn das Leistungsprinzip eine Öffnung über nationale Grenzen erlaubt, so ist es dennoch nicht gänzlich unabhängig davon. Von mehreren Befragten wird betont, dass eine Differenz zwischen denen, die schon im Land etwas durch Erwerbsarbeit beigetragen haben, und denen, die gerade erst gekommen sind, gewahrt bleiben müsse. Deshalb fände es Gabriel Drechsler beispielsweise ungerecht, wenn die Mindestsicherung und die Notstandshilfe – so wie von der ÖVP-FPÖ Regierung im Jahr 2018 geplant – zusammengelegt werden würden. »*Das finde ich halt dann nicht so fair. Weil warum soll dann einer, der gearbeitet hat, dann vom Notstand gleich auf die Mindestsicherung kommen?*« Auch Philipp Brunner meint, es sei »*unfair*«, wenn jemand, der in Österreich lange gearbeitet habe und keine Arbeit mehr finde, in Summe weniger zur Verfügung habe, als jemand, der gerade zu uns gekommen sei. »*Auf das sollte meiner Meinung nachgeschaut werden, im Verhältnis, dass das gerecht ist*«. Diese Verschränkung von leistungsorientierter und nationaler Logik hat auch damit zu tun, dass das Sozialsystem nationalstaatlich organisiert ist und in vielen Bereichen darauf basiert, dass man durch Erwerbsarbeit nur in einem jeweils spezifischen Land Ansprüche

---

38   Die Befragten sehen daher auch oft nicht, dass die Sozialhilfe dazu dient, die Existenz von Menschen bis zu einem gewissen Minimum zu sichern. Die Angehörigen dieses Typs bekommen staatliche Hilfe oft deshalb nicht, weil sie über der Einkommensgrenze liegen. Das wird dann aber als Ungerechtigkeit empfunden (da braucht man einmal etwas, und dann bekommt man nichts).

erwirbt. Beiträge, die man zuvor in einem anderen Land – insbesondere außerhalb der Europäischen Union – erbracht hat, zählen nicht, wenn es um Ansprüche auf Unterstützung in Österreich geht.

4.3.3 Enttäuschte Erwartungen an mehr Gerechtigkeit

Verletzungen des Leistungsprinzips werden aber nicht nur im Zusammenhang mit Arbeitslosen und Zugewanderten festgestellt, wir finden in dieser Gruppe auch eine klare Kritik an Privilegierten, die zu wenig solidarisch mit der Gesellschaft sind: *»Die Geld haben, die kriegen dann wieder mehr. Reichensteuer gibt's eh keine wirklich [...] Ja, des stimmt alles nicht, da passt das ganze System eigentlich nicht«* (Michael Fuchs). Jan Wieninger, 26 Jahre und im Servicebereich eines Hotels beschäftigt, sieht Bedarf bei sehr hohen Pensionen. Wozu brauche man eine Pension über 100.000 Euro im Jahr, fragt er sich. *»Das Einzige, was das bewirkt, ist, dass die Reichen immer reicher werden, weil der vererbt das dann wieder weiter. Und irgendwer startet quasi mit 2 Millionen Kapital ins Leben und hat überhaupt noch nix geleistet, nicht?«* Gabriel Drechsler richtet seine Kritik an die Geschäftsführung im eigenen Betrieb, *»denen eigentlich alles gehört«*, für die man schuftet und die, *»wenn sie meinen, sie freut es nicht arbeiten, tun sie halt nix«.* Gleichzeitig hätte man selbst keine Chance, da jemals dazuzugehören: *»Da musst du in einer Familie geboren sein«,* wo der *»Papa«* schon *»Geschäftsführer«* ist, *»dann kannst du das als Nachfolger werden«.* Zu denen da *»oben«* werden auch PolitikerInnen gezählt, die sich kaum für die Lage der arbeitenden Menschen interessieren würden.

Politische Resignation und Ohnmacht lassen sich deshalb in vielen Gesprächen feststellen. Ähnlich wie auch Lukas Aichinger meint Michael Fuchs: *»Im Endeffekt, was bringt es denn? Ausrichten können wir eh nix, aber man kann halt diskutieren drüber. Weil wir sind eh zu klein, dass wir was tun können«.* Der Idee, Politiker auch an ihrer Leistung zu messen, die Lukas Aichinger aufgeworfen hat, kann auch Michael Fuchs etwas abgewinnen. Wenn im Fernsehen die Parlamentsreden übertragen werden, sehe man ja, dass viele gar nicht bei der Sache seien. Die *»horchen gar nicht zu, was da vorne geredet wird, gewisse Leute. [...] Wenn du das in der Arbeit machst, dann sagt der Chef,*

›Danke!‹ und ›Wiederschaun‹!« Von den politischen Parteien zeigen sich die meisten Befragten in diesem Typ daher auch eher enttäuscht. Anna Nowak hätte sich von der FPÖ einiges erhofft, spürt aber in ihrem eigenen Leben keine Verbesserungen. »*Politik hat mich eigentlich nie wirklich interessiert. Das ist für mich einfach nur ein Kasperltheater. Weil es wird sich nie irgendwas daran ändern, dass die irgendwann einmal auf Österreich schauen, auf die Österreicher.*« Auch Michael Fuchs findet, die Politik wirke oft wie ein »*Kasperltheater*«, aber »*so richtig befassen tue ich mich nicht damit*«. Wenn er Zeit hat, schaut er sich »*Reportagen*« oder die »*Elefantenrunden*« der Spitzenkandidaten im Fernsehen an. Weil er in einer »*roten Firma*« arbeitet, tendiert er zur SPÖ, sei aber auch schon öfter »*umgeschwenkt*«, »*zwischen zwei und drei Parteien, meistens finde ich etwas.*«

5.   Die moralische Ordnung erhalten

5.1   »Die Leute kriegen zu viel Geld, wenn sie daheimsitzen und nix tun« – Petra Beer

»Kann ich reden, wie mir der Schnabel gewachsen ist?«, fragt uns Petra Beer zum Gesprächseinstieg und beginnt dann von ihrer beruflichen Laufbahn zu erzählen. Sie ist 43 Jahre alt und arbeitet seit acht Jahren als Sachbearbeiterin im Einkauf einer Firma in der Holzindustrie. Nach der Matura war sie 15 Jahre lang in einem globalen Industriekonzern beschäftigt. Vor dem Hintergrund der Weltwirtschaftskrise wurde der Standort allerdings geschlossen, er würde sich nicht mehr *»rentieren«*, hätte man der Belegschaft gesagt, meint Petra Beer. Für sie war weniger schlimm, dass sie nun arbeitslos war und einen zweijährigen Sohn zu Hause hatte – ihr Mann hatte als Facharbeiter ein stabiles Einkommen –, sondern, dass es *»meine Firma, für die ich gelebt habe«*, plötzlich nicht mehr gab. Im Gegensatz zu vielen ihrer KollegInnen hätte sie aber versucht, optimistisch zu bleiben. *»Na ja, was hilft es? Ich muss jetzt aus der Situation das Beste machen.«* Daraufhin wechselte sie ein Jahr lang zwischen verschiedenen Jobs. Zuerst arbeitete sie als Teilzeitkraft im Einzelhandel, war dort aber nicht zufrieden, das wäre nicht ihre *»Lebenserfüllung«* gewesen. *»Für das habe ich nicht maturiert, für das habe ich meine Schulausbildung nicht gemacht, habe ich nicht 15 Jahre im Büro gearbeitet«*, dass sie jetzt *»Regale schlichtet«*, erzählt sie. Danach arbeitete sie für kurze Zeit geringfügig in einer Apotheke und wechselte dann mithilfe der Vermittlung einer Bekannten in ein Autohaus als Disponentin. Aber auch dort war sie nur wenige Monate, nachdem die Arbeitszeiten mit den Kinderbetreuungsverpflichtungen kaum vereinbar waren. Zwischendurch war sie kurze Zeit auch beim Arbeitsmarktservice als arbeitslos registriert, *»aber ich glaube, das war kein Monat«*. Die hätten ihre Daten erfasst, sonst aber keine Bedingungen gestellt, *»ich habe vom AMS nie eine Zuschrift gekriegt: Du musst dich dort vorstellen!«* Auf die Frage, ob sie sich damals vorstellen hätte können, auch einmal eine Zeit lang eine *»Pause«* von der Erwerbsarbeit

einzulegen, wehrt sie schnell ab und entgegnet: »*Nein, der Typ bin ich nicht. Das ist nicht meins.*«

Mit der aktuellen Stelle als Sachbearbeiterin im Einkauf einer Produktionsfirma ist sie sehr zufrieden; sie arbeitet 32 Stunden in der Woche. Es sei ihr wichtig, für die Firma »*gute Arbeit zu machen, dass man sich eben überlegt, wo kaufe ich Schrauben ein, nicht x-beliebig irgendwo*«, sondern »*kostengünstig*«. Man sei nicht nur gegenüber der Familie, sondern auch gegenüber dem Betrieb »*solidarisch*«. »*Arbeitsmäßig*«, meint sie, habe sie das »*Manko, ich will nix liegenlassen, gell? Ich bin dann immer so eine, ich mache [alles] fertig*«. Dieses Gefühl der Verpflichtung gegenüber der Firma lässt sich oft nicht mit dem Arbeitsumfang und ihren Arbeitszeiten vereinbaren. Sie versucht eigentlich eine 4-Tage-Woche einzuhalten, hat aber schon mehrere Monate lang keinen freien Freitag mehr gehabt. Petra Beer betont im Gespräch, dass dieses Entgegenkommen auf Gegenseitigkeit beruhen würde. Wenn ihr Kind krank sei, könne sie auch kurzfristig zu Hause bleiben. »*Oder wenn der Hut brennt, ich kann jederzeit weg. Einfach das Flexible, gell? Ich meine, sie wissen aber, glaube ich, auch, dass sie sich 100 Prozent auf mich verlassen können, dass ich halt dann auch da bin, wenn der Hut brennt und sie mich brauchen*«. Aufstiegsambitionen habe sie nicht, sie könnte vielleicht »*Abteilungsleiter*« werden, aber »*nein, ich möchte das ganze Geld nicht und die Verantwortung dahinter*«, meint sie. Der Zukunft blickt sie entspannt entgegen, ihr Mann habe einen sicheren Job, das Kind sei »*rechtschaffen*« und »*bodenständig*«, und sie glaube auch nicht, dass ihr Arbeitsplatz von Automatisierung bedroht sei. Selbst wenn sie ihren Job verlieren würde, »*wird sich wieder was auftun. Ich denke mir, ich habe in der damaligen Situation so viele Sachen innerhalb von einem Jahr ohne viel Bemühungen eigentlich zusammengebracht*«. Es sind zwar noch einige Schulden für das Haus abzuzahlen, aber sie kann sich, da sie und ihr Mann über regelmäßige Einkommen verfügen, die Annehmlichkeit einer privaten Kranken-Zusatzversicherung leisten, was sie als großes Privileg empfindet.

Arbeitslosigkeit ist auch in ihrem erweiterten Freundes- und Bekanntenkreis kein Thema. In der Firma werden oft neue Stellen ausgeschrieben, aber es sei schwierig, geeignete Leute zu finden, meint Petra Beer. »*Wobei* ich glaube, dass das einfach daran liegt, dass die Leute zu viel Geld kriegen, wenn sie daheimsitzen und nix tun«. Sie findet es nicht in Ordnung, dass die Unterstützungsleistungen so hoch sind, dass man sich davon »Luxus« wie Alkohol und Zigaretten leisten könne. »Ich meine, du kannst keinen verhungern lassen«, aber sie sieht nicht ein, warum Leute vom Staat unterstützt werden, die »einfach nur zu faul sind, dass sie arbeiten gehen, zu bequem sind? Ich meine, ich verstehe das nicht, ich könnte das nicht.« Die würden das System »ausnutzen«. Die soziale Absicherung sollte nur für jene Menschen reserviert sein, die »wirklich nix dafür können«, für »Härtefälle«, die sich selbst nicht aus einer misslichen Lage befreien können. In den meisten Fällen würde es aber am Arbeitswillen fehlen, meint sie. »Ich glaube, dass sehr viele einfach halt schauen, dass sie mit dem auskommen, was sie kriegen, statt dass sie sagen: Okay, jetzt stelle ich mich da 8 Stunden in die Bude und tue Brettl schlichten – glaube ich persönlich.« Im Gegensatz dazu fühlte sie sich von staatlichen Stellen ungerecht behandelt, als sie Teile des Kinderbetreuungsgeldes zurückzahlen musste, weil sie bei den Einkommensgrenzen nicht aufgepasst und sie überschritten hatte. Sie kontaktierte die betreffende Behörde: »Da habe ich dann angerufen und gefragt, ob sie eigentlich wissen, dass ich arbeiten gegangen bin.« Da habe sie sich »maßlos aufgeregt«, sie war bemüht einen Job zu haben und hatte das Gefühl, genau dafür »bestraft« worden zu sein.

Die Gemeinde, in der Petra Beer lebt, ist wie viele andere Orte in der Umgebung von Abwanderung betroffen, wodurch auch die lokal vorhandene Infrastruktur zunehmend weniger wird. Wenn man kein Auto hat, werde es schwierig, die alltäglichen Besorgungen erledigen zu können und auch mit der gesundheitlichen Versorgung werde es »immer, immer schlimmer«. »Es hat die Trafik zugesperrt, es hat die Bank zugesperrt«, gerade für ältere Menschen werde das ein Problem. »Ich meine, wir haben unseren Spar im Ort, aber dann sind wir fertig«. Sogar den Bankomaten habe man ihnen »weggenommen«.

Seit vielen Jahren schon gibt es Erfahrung mit Zuwanderung von AusländerInnen in der Region. Wichtig ist für Petra Beer in dem Zusammenhang, dass man die herrschenden kulturellen Unterschiede und Gepflogenheiten respektiert. Als positives Beispiel erzählt sie von einer befreundeten Familie, die muslimischen Glauben hat, und bei welcher sie manchmal zum Essen eingeladen sind, weil die Söhne befreundet sind. »*Der [Vater des Schulfreundes, Anm.] sagt: ›Du kannst dir dein Bier gerne selber mitnehmen, ich kaufe es dir nicht, aber du kannst es trinken bei mir. Du kriegst auch kein Schwein von mir zum Essen‹*«. Das sei für sie ein »*Miteinander*«. Es stört sie allerdings, wenn jemand kommt und »*zum Dirigieren anfängt*«. Vor einigen Jahren war ein muslimischer Arzt neu in der Gemeinde, der sich dagegen aussprach, dass bei Veranstaltungen des Elternvereins Schweinefleisch und Alkohol angeboten werden. »*Das ist was, was nicht geht. Weil, er kann kommen, aber muss sich integrieren*«. Im Hinblick auf geflüchtete Menschen ist sie ebenfalls gespalten. Einerseits »*ist es schlimm, was ihnen widerfährt, was ihnen passiert dort vor Ort*«, andererseits hätte sie aber das Gefühl, dass auch Menschen nach Österreich kommen, die »*eine Gefahr sind, oder die halt einfach kommen: Na ja, weil dort lassen wir es uns gut gehen*«. In der Praxis sei das aber schwer zu unterscheiden, räumt sie ein, »*weil du weißt ja nicht einmal, was dann tatsächlich wahrscheinlich bei jedem stimmt oder auch nicht, kannst du ja nicht*«. Sie findet es wichtig, dass »*Österreicher*«, die schon »*immer da waren*«, auch am Arbeitsmarkt bevorzugt werden. Wenn sich aber für einen Job keine ÖsterreicherInnen fänden, sollten die ausländischen Arbeitskräfte gleich viel bezahlt bekommen und gleich behandelt werden.

5.2   Grundwerte erhalten – Gerald Hofer

Gerald Hofer ist 50 Jahre alt und hat seit eineinhalb Jahren die operative Leitung eines großen Hotels inne. Über seine Zeit nach der Matura verrät er uns im Gespräch kaum etwas, er beginnt seine Erzählung zur beruflichen Laufbahn erst nach dem Abschluss eines 4-semestrigen Kollegs für Tourismus und Management mit Ende 20. Nach dem Lehrgang arbeitete er einige Zeit auf einem Kreuzfahrtschiff, danach in unterschiedlichen Hotels in Österreich. Er begann im Verkauf von Zimmern und arbeitete sich später in eine Führungsposition hoch. Zwischen den verschiedenen Jobs in der Hotellerie war er auch für kürzere Zeit mit einem eigenen Lokal selbstständig tätig. Er erklärt, dass er viele Jobwechsel sehr »*strategisch gemacht*« habe, um »*größere Aufgabengebiete kennenzulernen*«, allerdings habe er erst gewechselt, wenn er sich »*ganz sicher war, dass ich bereit bin, eine größere Aufgabe zu übernehmen*«. Er sieht die Hotellerie als Berufsfeld, in dem man »*wahnsinnig viel erreichen*« kann, wenn man sich anstrengt und auch bereit ist, »*zu lernen*«. Er zählt sich selbst zu einer Generation, »*wo man einfach gesagt hat: Uns ist Karriere wichtig, wir wollen Gas geben, wir wollen raufkommen. Jetzt habe ich sehr oft den Eindruck, dass eigentlich die Einstellung ist: Ich will 90 % leben und 10 % will ich arbeiten, damit ich leben kann.*«

Die Führung des Hotels macht ihm große Freude. Es ist ihm wichtig, viele MitarbeiterInnen aus der Region zu haben, die den Gästen auch passende Aktivitäten empfehlen können und im Idealfall selbst Erfahrung damit haben. Insgesamt sei das Verhältnis von Einheimischen zu ausländischen Arbeitskräften aber bei rund »*50:50*«. Am schwierigsten sei es, gute Köch-Innen zu finden, meint Gerald Hofer. Vor diesem Hintergrund sei er sehr darum bemüht, durch unterschiedliche Angebote für die Beschäftigten die Bindung an den Betrieb zu erhöhen, um gutes Personal halten zu können. Insgesamt habe sich der Druck auf die Branche in den letzten Jahren weiter erhöht. Die Planbarkeit sei durch die gestiegene Flexibilität der Gäste stark gesunken, meint Gerald Hofer, was auch den Beschäftigten viel abverlange. Die Einführung des 12-Stundenarbeitstages durch die ÖVP-FPÖ-Regierung im Jahr 2019 sieht er vor diesem Hintergrund eher als »*Legalisierung*« von Praktiken, die in der Branche immer schon verbreitet waren. Wenn sie einen »*Spitzentag*« haben, würde »*kein Mensch mir glauben, wenn ich um 8 Uhr ins Büro komme, dass ich um 16:30 Uhr nach Hause gehe*«.

Im Hinblick auf die Arbeitslosenunterstützung meint Gerald Hofer, dass wir in Österreich »*viel zu übersozial sind, was das Ganze betrifft*«. »*Also ich glaube, dass man da ganz generell ansetzen muss, dass man nicht jedem gleich eine Grundversorgung zusichert.*« Er betont, dass Beschäftigte die »*lange genug einbezahlt*«, ihren »*Anteil geleistet haben*« und dann schwer erkranken oder einen Unfall haben, unbedingt unterstützt werden müssen. Es stört ihn aber, wenn Menschen nicht arbeiten wollen – das sehe er bei den Bewerbungs-gesprächen immer gleich, ob sich jemand nur den »*Stempel*« hole. Natürlich müsse jeder »*ein Dach über den Kopf haben*« und niemand solle »*Hunger leiden*«, aber »*ich finde es einfach ein unfaires System, dass ich mich auf die faule*

Haut legen kann, wenn ich mit wenig zufrieden bin, und es wird mir nie was passieren«. Das geht nicht, meint er, »da gehörten härtere Regulative hin«. Er beobachte auch, dass »bei vielen Menschen ein relativ großer Wurschtigkeitsgrad da ist. ›Ist mir eh wurscht, ich gehe eh stempeln‹.« Kritik übt er vor allem an jenen, die sich in der Arbeitslosigkeit eingerichtet hätten und es mithilfe von Arbeitslosenunterstützung und zusätzlicher Schwarzarbeit zu einem passablen Einkommen brächten. »Ich kenne Leute, die sind arbeitslos und der hat 4.000 Euro netto zur Verfügung.[39] Ich glaube, dass man da einfach einen Hebel ansetzen muss zu schauen: »Wie kommt der zu dem Geld? Was macht er dafür?« Ungerecht empfindet er es deshalb, weil hier gesellschaftliche Spielregeln verletzt würden. Er könne es sich schließlich nicht »erlauben«, einen Mitarbeiter »schwarz« anzustellen ohne entsprechende Konsequenzen. Schwarzarbeit sei ein Betrug am Staat und an der Gesellschaft und gehöre bekämpft.

Es ist ihm wichtig zu betonen, dass er die MitarbeiterInnen im Hotel, die aus sehr verschiedenen Ländern kommen, gleich behandle. »Ob du jetzt aus dem Land A, B, C oder D kommst, das macht keinen Unterschied, ob du männlich oder weiblich bist, es kommt auf die Leistung drauf an«. Was ihn jedoch stört, ist, wenn Menschen nach Österreich kommen und sofort Ansprüche an das Sozialsystem stellen. »Ja, Beispiel genug ist, dass ein Nicht-Österreicher, ein seit kurzem in Österreich Lebender genau aufzählen kann, was er für Rechte hat und was er alles bekommt. Ja, da fängt es für mich an: Woher weiß er denn das? Und der geht nachher hin und sagt: ›Das steht mir zu‹. Auf was hin?« Gerald Hofer versteht diese Haltung nicht, weil er auch nicht in ein anderes Land gehen und dort kostenlose Versorgung erwarten könne. »Das ist für mich eine soziale Umverteilung und Ungerechtigkeit, die ich nicht nachvollziehen kann«.

Wenn es um Geflüchtete geht, ist Gerald Hofer ein wenig gespalten. Auf der einen Seite findet er es wichtig, dass Menschen in Österreich Verständnis für Geflüchtete aufbringen, dass es eine gewisse Offenheit gibt, damit Menschen auch die Chance bekommen, sich in Österreich zu »integrieren«. Man sollte ihnen die »Möglichkeit geben, etwas zu tun«. Andererseits ist ihm auch wichtig,

---

39 Laut AMS beträgt das höchste Arbeitslosengeld, das nach einem monatlichen Erwerbseinkommen von mehr als 4.000 Euro brutto gewährt wird, im Jahr 2019 etwa 1.720 Euro netto im Monat. Besteht Anspruch auf einen Familienzuschlag für vier Personen, so erhöht sich dieses Arbeitslosengeld auf 1.850 Euro netto monatlich.

dass Zugewanderte sich an die Gepflogenheiten im Land anpassen, »*und da muss man auch ganz deutlich unterscheiden zwischen integrationswilligen Leuten und einfach Leuten, die sagen: ›Ich lebe zwar da, aber das ist meine Kultur‹. Und ich glaube halt einfach, dass Mobilität, offene Grenzen, das ist ganz normal, dass Kulturen verschwimmen, ja, aber im Prinzip sollen schon die Werte oder die Grundwerte von dem Land, wo man hingeht, erhalten bleiben, ja?*« In dieser Hinsicht habe man sich in Österreich auch »*viel zu lange zu wenig auf die Füße gestellt*«. Für die Integration sei es wichtig, dass die Menschen »*aufgeteilt*« werden. Wichtig ist Hofer, dass die Menschen die Sprache lernen, einer Arbeit nachgehen und zum Sozialstaat beitragen, dann haben sie auch Anspruch darauf, etwas »*herauszunehmen*«. Aber es sei nicht richtig, »*dass jeder, der hier herkommt – bis auf die Grundversorgung, über die wir eh gesprochen haben – gleich einen Anspruch auf Sozialleistungen haben soll*«.

5.3   Solidarität der Anständigen und Tüchtigen – moralisierend autoritäre Solidarität

In vielen Punkten erinnern uns die Erzählungen von Petra Beer und Gerald Hofer an die Geschichten, die wir zuvor beim Typ »Leistung muss belohnt werden« gehört haben: Erwerbsarbeit hat einen wichtigen Stellenwert, Arbeitslosigkeit darf nicht belohnt werden, es soll einen Unterschied zwischen Zugewanderten und Etablierten geben, auch wenn man prinzipiell offen dafür ist, neue Mitglieder in die Gemeinschaft aufzunehmen. Es gibt jedoch einen wichtigen Unterschied: Während zuvor vor allem die fehlende Anerkennung der eigenen Leistungen im Mittelpunkt stand, ist die moralische Ordnung der Gesellschaft das zentrale Anliegen dieses Typs. Bestehende Werte und Konventionen sollen eingehalten und bewahrt werden. Fragen von Zugehörigkeit, von Solidarität, von Offenheit und Unterstützung werden hier unter dem Vorzeichen der Moral diskutiert.

Die Befragten des Typs – neben Petra Beer und Gerald Hofer sind das noch Sandra Vordermeier, Josef Alp, Andrea Danner und Erwin Staudinger – zählen sich selbst nicht nur zur Gruppe der »LeistungsträgerInnen«, sondern auch zu den anständigen BürgerInnen. Wichtige Bestandteile sind neben der

Erwerbsarbeit auch Rechtschaffenheit und Tugendhaftigkeit. Wenn es um Erwerbslosigkeit, aber auch um Zuwanderung geht, dann kommt immer wieder eine Sorge um die Aufrechterhaltung der für die Befragten wichtigen Normen und Werte zum Ausdruck. Es gibt eine moralische Verpflichtung zur Erwerbsarbeit, Erwerbslosigkeit wird als Folge von »*Unwilligkeit*« gesehen, durch Sanktionen und Kürzungen müssten die Leute zur Arbeit gebracht werden. Aus diesem Grund reagieren die Befragten dieses Typs mit deutlich größerer Härte und Strenge auf Arbeitslose, als das die Befragten des Typs 4 (»Leistung muss belohnt werden«) tun. Ähnlich ist es im Hinblick auf Migration. Obwohl man Zugewanderten und Geflüchteten prinzipiell offen gegenüber steht, werden im Gegensatz zu Typ 3 »Fördern und Fordern« in den Gesprächen in stärkerem Ausmaß Sorgen über die Veränderung der kulturellen Werte in Österreich geäußert.

5.3.1 *Pflichterfüllung und Aufrechterhaltung der Arbeitsmoral*

Ähnlich wie in den Typen 3 und 4 zuvor hat auch in diesem Typus Erwerbsarbeit einen wichtigen Stellenwert. Die Befragten investieren viel in die eigene Arbeit und zeigen sich äußerst loyal zu dem Betrieb. Es gibt eine hohe Identifikation mit dem Arbeitsplatz und man ist durchaus bereit, die eigene Freizeit für die Erwerbsarbeit zu opfern, wie das bei Petra Beer oder auch Gerald Hofer der Fall ist. Im Gegensatz zum Typ »Leistung muss belohnt werden«, in der Erwerbsarbeit vor allem eine Existenz und Anerkennung sichernde Funktion hat und dem Typus »Fördern und Fordern«, bei dem Erwerbsarbeit eher der individuellen Selbstverwirklichung dient, ist hier die Leistungsorientierung vor allem mit Pflichterfüllung verbunden.[40] Dieser Typ schreibt sich selbst einen hohen Arbeitsethos zu, akzeptiert keine Ausnahme von der Pflicht zur Erwerbsarbeit und grenzt sich damit von anderen ab, denen dieser »*Wille*« (Josef Alp) zur Arbeit abgesprochen wird. Dieser fehlende Wille wird von einigen der Befragten in der jüngeren Generation identifiziert. Die Jüngeren

---

40 Michael Vester et al (2001, S. 519) verweisen in ihrer Studie über soziale Milieus in Deutschland darauf, dass die »Mentalität der Pflichterfüllung« ein zentrales Element des auf Statuserhalt orientierten kleinbürgerlichen ArbeitnehmerInnen-Milieus darstellt.

wollen »*90 % leben und 10 % arbeiten*«, wie Gerald Hofer meint. Eine andere Befragte sieht auch eine abnehmende Loyalität mit der Firma, die »*Jungen*«, würden sich nicht mehr so »*verbunden*« fühlen (Andrea Danner). Andererseits wird der fehlende »*Wille*« auch für Erwerbslosigkeit verantwortlich gemacht.

Vor dem Hintergrund des eigenen Arbeitsethos wird Erwerbslosigkeit als Verstoß gegen die geltenden Normen gesehen. Eine Arbeit zu haben, ist eine Frage des Anstandes und der Pflicht gegenüber der Gemeinschaft. Damit ist es selbstverständlich – ja, notwendig – eine Arbeit anzunehmen, auch wenn die Arbeit nicht der »*Traumjob*« (Andrea Danner) ist, nicht den eigenen Qualifikationen entspricht oder schlecht bezahlt ist. »*Man darf sich halt einfach nicht zu stolz dafür sein – und wenn ich beim Billa einschlichten geh. Ist ja ganz egal, Hauptsache, ich hab' einmal irgendeine Tätigkeit und kann mir dann weiterhin etwas suchen, was mir mehr entspricht oder mir mehr zusagt*«, meint Sandra Vordermeier (27 Jahre), eine andere Befragte, die im Sozialbereich in der Verwaltung beschäftigt ist. Wenngleich auch diese Gruppe befürwortet, dass Menschen, die unverschuldet ihren Arbeitsplatz verlieren, in jedem Fall Unterstützung verdienen, wird Erwerbslosigkeit in erster Linie als Folge von Unwilligkeit gesehen, die in einer Charakterschwäche der Personen begründet sei. Man ist sich einig, »*wer arbeiten will, kriegt eine Arbeit*« (Josef Alp), andernfalls seien die Leute eben zu »*faul*« (Gerald Hofer, Petra Beer, Erwin Staudinger) oder zu »*stolz*« (Sandra Vordermeier), um arbeiten zu gehen. Sandra Vordermeier erklärt zum Beispiel, dass sie eine »*Abneigung*« gegen jene habe, »*die halt einfach nicht wollen, aber könnten, und vielleicht einfach aufgrund von Faulheit oder so zu Hause sind*«, während sie Verständnis dafür hat, wenn jemand aufgrund einer Krankheit, des Alters oder einer Behinderung keine Arbeit aufnehmen könne. Ähnlich sieht es auch Erwin Staudinger, 40 Jahre und IT-Techniker in der Lebensmittelindustrie: »*Hat jemand eine schwere Krankheit und kann nicht mehr arbeiten, das ist dann okay. Aber einfach nur aus Faulheit sozusagen, dass einer jahrelang Geld kriegt fürs Nichtstun, das finde ich nicht gut*«. Gleichzeitig wird betont, dass man sich selbst auf keinen Fall so verhalten würde. Wie Petra Beer meint, könnte sie nicht »*faul*« zu Hause liegen, das könnte sie nicht »*genießen*«. Selbst keiner Arbeit nachzugehen ist für die Angehörigen dieser Gruppe undenkbar und nur in Ausnahmesituationen zum Beispiel aufgrund von Jobwechsel vorstellbar.

Vor dem Hintergrund der hohen (Arbeits-)Ansprüche an sich selbst, ist die empfundene Untätigkeit anderer etwas, das man schwer tolerieren kann. Weniger, weil es wie in Typ 4 die eigenen Anstrengungen entwertet, sondern weil es von den Befragten als moralische Pflicht der Mitglieder einer Gesellschaft gesehen wird, erwerbstätig zu ein. Der Verlust einer entsprechenden Arbeitsmoral wäre daher in der Wahrnehmung dieses Typs mit negativen Auswirkungen für die Gesellschaft verbunden. Sandra Vordermeier, die ihren Vater in seiner Aufgabe als Sachwalter unterstützt, meint im Hinblick auf seine Klienten, dass ein »*geregeltes Leben*« sehr wichtig sei, weil es dadurch »*weniger Spielraum für Blödsinn gibt*«, den man anstellen könne.

Um die Aufrechterhaltung der moralischen Ordnung sicherzustellen, wird insbesondere der Staat – im konkreten Fall das Arbeitsmarktservice – in der Pflicht gesehen. Allerdings wird der Eindruck geteilt, dass es Veränderungen bedarf, und mehr Strenge eingefordert. So werden beispielsweise die aktuellen Arbeitslosenunterstützungsleistungen als zu hoch eingeschätzt. Petra Beer meint, das erkenne man auch daran, dass die Leute ausreichend Geld für Zigaretten und Alkohol hätten, weshalb sie dann auch keine Notwendigkeit sehen würden, Arbeit zu suchen. Auch Andrea Danner, eine andere Befragte, argumentiert in dieser Form, »*das liegt einfach an den Leuten, es wird viel zu viel Unterstützung angeboten, dass die Leute gar nicht die Notwendigkeit sehen, eine Arbeit zu suchen*«. Auch Gerald Hofer kann nicht verstehen, dass es möglich ist, untätig zu Hause zu sein, wenn man sich mit dem Arbeitslosengeld zufriedengeben würde, ohne dass das ernsthafte Konsequenzen habe. Deshalb werden von den Befragten auch strengere Maßnahmen gefordert, um die Menschen zur Arbeit zu bewegen. »*Härter durchgreifen*« müsse man deshalb dort, wo jemand »*von sich aus nicht arbeiten will*«, »*wenn einer jetzt z. B. Jobs einfach von sich aus ablehnt, weil er nicht mag, finde ich. Arbeiten muss man für die Gemeinschaft!*« (Josef Alp). Sandra Vordermeier aber auch Erwin Staudinger würden die Unterstützungsleistungen von Geldauszahlungen auf Sachleistungen umstellen. Die »*Fixkosten*« wären gedeckt, zusätzlich sollte es »*Gutscheine*« geben, mit denen man nur »*halt Lebensnotwendiges, aber auf jeden Fall keinen Alkohol, keine Zigaretten, kein Glücksspiel, keine Luxusgüter*« sich leisten kann, »*dann würden viel mehr Leute vielleicht den Drang verspüren, arbeiten zu gehen und nicht Sozialleistungen zu empfangen*« (Sandra Vordermeier).

5.3.2 Offen für Neues und Sorge um das Alte

Im Hinblick auf Zugewanderte und Geflüchtete wird in Typ 5 die Forderung nach »*Integration*« stark gemacht. Integration bedeutet für diese Gruppe zunächst, dass Zugewanderte durch die Aufnahme einer Erwerbsarbeit einen Beitrag zur Gemeinschaft leisten. Ähnlich wie in Typ 4, aber auch in Typ 3, wird hier aus der Perspektive der Gemeinschaft argumentiert, die Bedingungen an neue Mitglieder stellt. Nach dem Motto »*wer hier nimmt, kann auch geben*«, meint Sandra Vordermeier, dass die Menschen auch ohne Deutsch-Kenntnisse bereits früh in den Gemeinden etwas beitragen können, »*Straßen kehren, das kann eigentlich jeder, der körperlich halbwegs gut beisammen ist*«. »*Nur da leben und nichts tun*« (Josef Alp), das gehe nicht. Schnelle Arbeitsmarktintegration findet auch Gerald Hofer zentral. Dabei wird von einigen Befragten ähnlich wie in Typ 3 durchaus auch die Gesellschaft in die Pflicht genommen, Unterstützungsangebote für die Zugewanderten bereitzustellen. Sandra Vordermeier hält es für wichtig, dass man gleich alle Informationen bekommt, »*wie find ich mich zurecht, wie komm ich zu einer Wohnung, zu einem Job, Deutschkurse, Vermittlung von Werten, die hier üblich sind*«.

Trotz der prinzipiellen Offenheit gegenüber Zugewanderten werden von den Befragten dieses Typs immer wieder Sorgen geäußert, dass durch die Zuwanderung die Gepflogenheiten in Österreich in Gefahr sein könnten. Unmut und Kritik entzündet sich deshalb im Gegensatz zum Typ 4 hier weniger entlang der Linie Tätigkeit/Untätigkeit, sondern stärker an dem Gefühl, dass die Werte und Rechte der einheimischen Bevölkerung verändert werden könnten. Gerald Hofer fordert durchaus auch von den Menschen in Österreich mehr Offenheit gegenüber Neuen ein, betont aber gleichzeitig auch, dass die hier geltenden Werte eingehalten werden müssten. Er zeigt sich besorgt, dass man sich in Österreich in den letzten Jahren zu wenig auf die »*Füße*« gestellt habe, und sich jetzt zum Beispiel im Zusammenhang mit der Schließung von Moscheen »*rechtfertigen*« müsse. »*Was die kulturelle, vor allem religiöse Walze oder Welle betrifft, die sehe ich schon eher mit Skepsis*« (Gerald Hofer). Das ist auch bei Petra Beer der Fall, wenn sie von dem Arzt erzählt, der nicht wollte, dass bei Veranstaltungen des Elternvereins Alkohol ausgeschenkt wird oder wenn sie von Sorgen berichtet, dass durch die Ankunft von Geflüchteten die Gewalt in Österreich steigen könnte. Deshalb ist für Sandra Vordermeier auch die »*Vermittlung von Werten*« für Geflüchtete ganz zentral, wie ein »*Reiseführer*« müsse man eben auch vermitteln, »*was man hier darf, was ich nicht darf, wie benimmt man sich*«. Hier werden vor allem kulturell-religiöse Spannungslinien thematisiert, die – wenn auch nicht explizit ausgesprochen – vor allem mit dem Islam verbunden werden.

Die Befragten dieses Typus haben Ähnlichkeiten mit einer traditionellen, älteren Mittelschicht, die Andreas Reckwitz für Deutschland beschreibt, aber auch mit etwas weiter zurückliegenden Charakterisierungen eines kleinbürgerlichen ArbeitnehmerInnen-Milieus von Michael Vester.[41] Auch in unserem Fall versammeln sich in dieser Gruppe insbesondere Angehörige eines älteren, qualifizierten Kleinbürgertums, das überwiegend in Bürojobs (einfache Angestellte) und im Dienstleistungsbereich tätig ist. Die Leistungsorientierung ist – mit Ausnahme von Gerald Hofer – auf Statuserhalt und Absicherung gerichtet. Zentrale Werte sind Disziplin und Ordnung, Pflichterfüllung und Verläßlichkeit.[42] Die Solidarität verlangt in diesem Typus eine Unterordnung unter die moralischen Standards der Gruppe. Dazu zählt neben der Erwerbstätigkeit auch ein als tugendhaft wahrgenommenes Verhalten. Man sollte fleißig und anspruchslos sein (sich nicht zu stolz sein für einen Job), man sollte *geben* (Erwerbstätigkeit) und

41 Im Unterschied zu den Analysen von Reckwitz (2017) geht es in unserem Fall allerdings nicht um eine gefühlte Bedrohung durch die aufsteigende neue Mittelschicht bzw. eine expandierende Unterklasse. Allerdings bieten die Beschreibungen von Reckwitz eine interessante Interpretationsfolie für die Stimmungslage eines Klassensegments, das weniger von einem ökonomischen kollektiven Abstiegsgefühl geprägt ist – was eher auf den Typ 4 passen würde – sondern stärker am Dominanzverlust seines Lebensstils, seiner Werte und Normen als Repräsentation einer gesellschaftlichen Normalität zu leiden scheint. Das könnte Teil der Erklärung dafür sein, weshalb die Gruppe sehr stark aus einer Defensive heraus zu agieren scheint und auf den Erhalt dieser Ordnung fokussiert ist.

42 Reckwitz 2017; Michael Vester et al. 2001, S. 518.

nicht nur von der staatlichen Solidargemeinschaft *nehmen*. Das bedeutet auch, dass die Gemeinschaft nicht durch Schwarzarbeit, Unwilligkeit oder Darstellung falscher Tatsachen betrogen und »*ausgenutzt*« werden dürfe. Die Gruppe vertritt traditionelle Werte und ist darum besorgt, dass gesellschaftliche Veränderungen zu einem Zurückdrängen ihrer Werteordnung führen könnten. Daraus speisen sich auch autoritäre Dynamiken, die neben einer Unterwerfung unter die Anforderungen des Marktes auch das Festhalten an traditionellen Werten betont. Menschen, die nicht diesen Standards entsprechen oder entsprechen wollen, werden abgewertet, und gegen sie richten sich zum Teil autoritäre Aggressionen. Insbesondere gegenüber Arbeitslosen ist das Aggressionspotenzial bei diesem Typus deutlich höher als im Typ 4.

6. Mehr für die Unsrigen tun

6.1 »Es gibt in Österreich auch genug Leute, denen geholfen gehört« – Tobias Heller

Tobias Heller ist 26 Jahre alt und hat seine Kfz-Werkstätte in einer kleinen ländlichen Gemeinde. Über Bekannte seiner Freundin bekam er die Möglichkeit, sich in einer Lagerhalle einzumieten, wo er nun mit seinem besten Freund seit gut einem Jahr die Werkstatt betreibt. Tobias Heller bittet uns für das Gespräch in das kleine Büro neben der Montagehalle, in der es angenehm nach Benzin und Schmiermittel riecht. »*Autos sind halt irgendwie mein Leben*«, meint er. Seit er sich erinnern kann, hätte er sich für Autos interessiert. Und auch in seinem Freundeskreis war das immer so. Da war es nur naheliegend, sich nach der Hauptschule für eine Lehrstelle als Kfz-Mechaniker zu bewerben. Die Lehre machte ihm Spaß, er hatte immer gute Noten und war auch bei den Gesellen beliebt, es wurde ihm vieles gezeigt und zusammengeholfen. Mit dem Chef wäre er allerdings nicht gut zurechtgekommen, erzählt er, an den Arbeitsbedingungen in der Werkstatt lässt Tobias Heller kein gutes Haar: Es sei »*halt eine Arschlochfirma*« gewesen. Urlaub anmelden war immer ein Problem, das Werkzeug war aus dem »*Mittelalter*«, der Chef weigerte sich auf neue Entwicklungen einzugehen und ständig sei »*herumgeschrien*« worden.

Tobias Heller war darum bemüht, nach dem Lehrabschluss schnell von dort wegzukommen. Ein Abbruch der Lehre wäre aber undenkbar gewesen. Der Vater hätte das nicht gutgeheißen, und in seinem Freundeskreis wäre er auch der einzige Lehrabbrecher gewesen. Heute sei das ja anders, meint er, die jüngeren Leute würden sofort die Lehrstelle wechseln, wenn ihnen etwas nicht »*taugt*«. »*Heut scheißt sich eigentlich keiner mehr was*«, während man zu seiner Zeit noch »*Respekt*« gehabt hätte. Er meint, dass man mit Problemen in der Arbeit umgehen lernen müsse. Er bekomme auch Ausschlag von der Bremsflüssigkeit, aber »*wenn einem die Arbeit taugt, dann kann ich mit einem Leid halt irgendwo leben, ja, muss ich halt ein wenig aufpassen, und dann sollte das funktionieren«.* In der Werkstatt, in der er nach der Lehre arbeitete, war er sehr zufrieden, *»da hab ich gleich eine neue Werkzeugkiste kriegt«.* Was ihn allerdings störte, war das Gefühl, immer der Spielball der Chefs zu sein. Die Leistungen der Beschäftigten wurden vom Büro aus ständig überwacht. Rauchen oder Kaffee trinken während der Arbeitszeit war nicht erlaubt. Auch wenn man *»fünf Minuten beieinander gestanden ist«,* kam sofort der Chef und schimpfte. Im Vordergrund stand die Leistungssteigerung, die Anstrengungen der Handwerker wurden kaum gewürdigt. *»Im Endeffekt hast halt auch nie ein Dankeschön gekriegt für irgendwas«.* Der Wunsch, sich selbstständig zu machen, den Tobias Heller schon während der Lehrzeit gehegt hatte, wurde durch die Arbeitsverhältnisse noch unterstützt. Er möchte *»etwas Eigenes«* haben, *»wo du dir halt von niemandem anschaffen lassen«* musst, *»wo du auch deine eigene Meinung durchsetzen kannst«.* Gemeinsam mit seinem Arbeitskollegen, den er schon aus Kindheitstagen kennt und mit dem er am Abend nach der Arbeit noch an Autos *»werkt«* bis *»in die Nacht«,* begann er die Realisierung dieses Traums. Die Werkstatt ist nun seit gut einem Jahr in Betrieb und Tobias Heller ist mit dem bisherigen Verlauf sehr zufrieden. Der Start war auch möglich, weil er das Haus der Eltern erben wird und ohne Schulden mit relativ geringen Fixkosten leben kann. Sonst wäre die finanzielle *»Belastung«* zu groß gewesen. Für seinen Freund war das schwieriger, er ist nicht so gut abgesichert. Es war wichtig für die beiden, *»zusammenzuhalten«,* und Tobias Heller meint, er hätte auch auf Geld verzichtet, wenn es am Anfang schlecht gelaufen wäre. Sein Vater war zu Beginn skeptisch, dass sein Sohn den sicheren Arbeitsplatz für die Selbstständigkeit aufgibt. Mittlerweile ist er aber sehr stolz darauf, was Tobias Heller sich aufgebaut hat.

Obwohl Tobias Heller zufrieden damit ist, wie gut die Geschäfte laufen – er verdient monatlich zwischen 2500 und 3000 Euro –, fühlt er sich dennoch als Handwerker in der Gesellschaft wenig anerkannt. *»Ja, die Handwerker, das sind so ein wenig – auch wenn du selber eine Firma hast – aber ich glaube halt, dass ein jeder ein wenig so, ja, weißt eh, Handwerker – also es wird schon ein bissl abgschasselt im Gegensatz dazu, wenn du halt irgendeinen besseren*

Bürojob oder so hast«.[43] Viele glauben, ein Handwerksberuf sei ein »*Scheiß*«, »*da wirst du nie Geld verdienen*«. Die Komplexität des Berufs werde nicht gesehen – man müsste nicht nur im Umgang mit Werkzeugen begabt sein, sondern sich eben auch mit Computern und Software auskennen. Das geringe Ansehen merke man aber auch daran, dass es in der Region viele offene Lehrstellen für Kfz-MechanikerInnen gäbe. Für viele der Jungen sei das eher »*wäh, Arsch-Arbeit, wirst dreckig*«. Schuld daran sei seiner Meinung aber auch ein öffentlicher Diskurs, in dem suggeriert werde, »*wenn man Matura macht und studiert, dann bist halt gleich wo Chef und verdienst 5000 Euro*«. Das sei der »*falsche Weg*«, wie er meint. Besser wäre es, wenn jeder einmal etwas arbeiten würde, »*klein anfangen*« und dann könne man später die Matura oder eine weiterführende Ausbildung machen. Die fehlende Wertschätzung für handwerkliche Berufe spüre er aber auch in der Debatte um die Gleichstellung von Bachelorabschlüssen und Meistertiteln. Tobias Heller ist der Meinung, dass man mit erfolgreichem Meisterabschluss auch schon sehr viel geleistet habe, »*also find ich schon, dass du dann da ziemlich das gleiche Ansehen verdient hast, als wenn du irgendeine höhere Schule gemacht hast*«.

Gegen Ende des Gesprächs kommen wir auf seine Erinnerungen an den Sommer 2015, in dem eine größere Anzahl geflüchteter Menschen nach Österreich gekommen ist, zu sprechen. Erinnern könne er sich schon, im Radio wurde viel davon gesprochen, aber »*generell muss ich auch sagen, ich bin eigentlich sehr ein Gegner davon*«, meint er und es klingt fast wie eine Entschuldigung. Es scheint ihm nicht ganz leicht zu fallen, offen darüber zu sprechen. Er erklärt dann: »*Ich meine, ohne dass das jetzt rassistisch oder irgendwas klingt, aber ich bin halt eigentlich eher dafür, dass es in Österreich auch genug Leute gibt, denen geholfen gehört und dass man sich halt eigentlich um die eigenen Leute vielleicht ein wenig mehr umschauen sollte.*« Es geht ihm hier vor allem um Jungfamilien mit Kindern, weil er selbst als Vater einer einjährigen Tochter davon auch gerade am meisten betroffen ist; er verweist aber auch auf Menschen mit Behinderung. Er räumt ein, dass es selbstverständlich

---

43 Der Begriff »abschasseln« bedeutet in der österreichischen Umgangssprache, jemand schnell und unhöflich abwimmeln oder abfertigen.

ist, dass man Menschen, die von Krieg betroffen sind, helfen muss. »*Ich bin für das offen, dass, wenn Krieg ist, dass die Frauen und Kinder kommen und weißt eh, so in die Richtung, und dass sie natürlich auch unterstützt werden, ist eh klar.*« Er versteht allerdings nicht, weshalb so viele junge Männer nach Österreich kommen, nach seinem Verständnis müssten die doch ihr »*Land verteidigen*«. Wenn der Krieg vorbei ist, sollten die Menschen aber wieder in ihre Heimatländer zurückkehren. Nicht alle Menschen, die zu uns kommen, seien aber von Krieg bedroht, meint er. Viele Menschen aus Afrika würden auch aus anderen Gründen nach Europa kommen. Die finanziellen Unterstützungen für Geflüchtete findet er zu hoch. Er meint, »*dass das eine gewaltige Frechheit ist*«, dass jemand so viel Geld bekäme, obwohl er erst »*ein Neichtl*«[44] in Österreich sei, »*und noch nie etwas in dem Staat gearbeitet hat*«. Denn im Vergleich dazu würde beispielsweise seine Lebensgefährtin viel weniger an Kinderbetreuungsgeld und Familienbeihilfe bekommen. Seine Tochter bräuchte darüber hinaus spezielle Medikamente, für die es kaum Unterstützung durch die Krankenkasse gäbe. Er hat das Gefühl, dass das Wohl seines Kindes »*dem Staat*« egal sei. Er könne sich die Zusatzausgaben und Therapien leisten, aber andere nicht und dann stünde man »*deppert da*«. Er sieht es auch in der Werkstatt, bei anderen jungen Familien, die sich die Ausgaben für eine Autoreparatur nicht auf einmal leisten können. Er hat das Gefühl, dass den Menschen, die neu nach Österreich kommen, mehr geholfen werde als den Menschen in Österreich, die ebenfalls mit Problemen und Sorgen zu kämpfen hätten. Das findet er »*traurig*«. Am Ende des Gesprächs meint er aber, dass man sich im »*Großen und Ganzen*« nicht beschweren dürfe, weil es in Österreich im Vergleich zu anderen Ländern – »*wo du fast jeden Tag um dein Leben fürchten musst*« – »*trotzdem super*« sei. Von PolitikerInnen hält er generell wenig. »*Ich glaube, das ist alles eine geschobene Partie*«. Als Beispiel nennt er den beruflichen Werdegang der ehemaligen Vorsitzenden der Grünen, Eva Glawischnig. Zuerst schimpft sie auf den Konzern, bei dem sie dann später zu arbeiten beginnt, »*die werden ihr einfach genug zahlen*«. Das verdeutliche, »*dass man die hohen Leute alle kaufen kann*«. Trotzdem empfindet er es als

---

44 Umgangssprachlicher Ausdruck für eine Weile, seit kurzem.

seine Pflicht, wählen zu gehen. Die zum Zeitpunkt des Interviews bestehende ÖVP-FPÖ-Regierung unter Sebastian Kurz findet er nicht schlecht, er hat den Eindruck, dass hier »*einmal ein wenig was umgedreht wird*« und durch die geänderte Flüchtlingspolitik auch Geld gespart werden könne.

6.2 »Seitdem die Flüchtlinge da sind, weiß man ja, was es alles gibt« – Martina Erdinger

Martina Erdinger ist 53 Jahre alt und seit dem Abschluss einer berufsbildenden, höheren Schule als Kundenberaterin bei einer Bank beschäftigt. Sie hatte keine einfache Kindheit. Der Vater – Bediensteter beim österreichischen Bundesheer – verstarb früh, Martina Erdinger war noch ein kleines Kind. Die Mutter war mit der Situation überfordert – plötzlich musste sie allein für sieben Kinder sorgen. Im sozialen Umfeld aber auch von staatlicher Seite hätte es keine Unterstützung gegeben, erzählt Martina Erdinger. »*Es interessiert sich niemand dafür. Ja, du wirst geschimpft, wenn du deine Hausübung nicht hast. Du wirst geschimpft, wenn du schlampig angezogen bist, aber warum das so ist, fragt keiner. Und selbst die, die es wissen*«, unternehmen nichts. Im Gespräch wird sehr deutlich, dass Martina Erdinger sich rückblickend ein Einschreiten der Behörden gewünscht hätte. »*Ich wäre froh gewesen, ja, weil dann hätten Gespräche stattgefunden, meinetwegen wie die Mama mit uns besser klarkommt, wie auch immer.*« Wichtig sei gewesen, dass die Kinder »*brav*« und nicht »*aufsässig*« gegenüber der Mutter waren. Rückblickend meint sie, sie wäre »*hundertmal lieber in einem Heim aufgewachsen*«.

Sie macht ihre Arbeit als Bankberaterin sehr gerne, berufliche Ambitionen hat sie nur wenige. In Bezug auf die technologische Entwicklung in ihrem Bereich meint sie zum Beispiel: »*Ich könnte da schon mehr tun, dass ich es noch besser kann. Aber soweit es eben jetzt reicht, lasse ich es dabei.*« Dennoch ist sie davon überzeugt, dass sie, wenn sie gefordert ist, sich auch entsprechend anstrengen kann und hat deshalb auch keine Sorgen um ihren Arbeitsplatz. In der Schilderung ihrer Arbeitssituation sind vor allem ihre Erfahrungen mit den KundInnen Thema. Dabei ist es ihr ein Anliegen, auf große Ungerechtigkeiten in der Gesellschaft hinzuweisen, gegen die nichts unternommen werde. »*Aber ich sehe diese enormen Ungleichheiten, ja, wo Leute Gelder kriegen, denen meiner Meinung nach nichts zusteht, und andere keine einzige Art von Support kriegen.*« Sie erzählt von einer Kundin, die von häuslicher Gewalt betroffen sei und völlig mittellos dastehe, weil »*der* [ihr Mann, Anm.] *ist abgehauen. Die kriegt natürlich keine Alimente, weil er nicht zu finden ist*«. Nicht einmal eine Chance auf eine geförderte Wohnung hätte sie. »*Da hilft kein Mensch, keiner*«. Sie betreut auch viele ältere KundInnen mit einer Mindestpension. »*Die sagen nix, die jammern nicht. Die sind still und heimlich und schauen, dass sie mit ihren Sachen auskommen.*« Die überfordert seien mit der Stromrechnung, aber auch hier helfe ihnen niemand.

Sie fordert daher sehr vehement ein, dass sich der Staat mehr um Menschen, die am »*Rand*« der Gesellschaft stünden, kümmern müsste. Für Menschen mit Suchtproblemen solle es eine ordentliche Therapie geben, die von der Krankenkasse bezahlt wird. Für ältere Arbeitslose brauche es Zuschüsse, dass sie wieder Arbeit bekommen. In Familien mit schwierigen sozialen und wirtschaftlichen Verhältnissen soll der Staat einschreiten, »*die meisten Kinder sind wieder dazu verurteilt, in dasselbe System*« zu geraten. Ihr Vorschlag ist es, Kinder in staatliche Obsorge zu geben, auch wenn es »*verpönt ist, dass man Kinder ins Heim steckt*«. Ihrem Gefühl nach macht der Staat momentan aber nur »*Alibi-Handlungen*«, die Leute werden vielleicht kurzfristig mit Geld versorgt, dann sollen sie aber schauen, wie sie alleine zurechtkommen. »*Du kriegst jetzt Sozialhilfe und gib Ruhe*«. Stattdessen müsste man Menschen in der Sozialhilfe an »*der Hand*« nehmen. »*Man muss ihnen eine Aufgabe geben, aber eine, mit der sie auch was anfangen können.*« Der Staat hätte auch dafür zu sorgen, Angebote zu schaffen, damit sich alle an der Gemeinschaft beteiligen und einen »*Beitrag*« leisten können, wenn jemand »*jetzt nicht die Intelligenz hat*«, muss es trotzdem einen Platz geben, »*es kann einfach nicht sein, dass es nur Positionen gibt für irgendwelche Studierten*«.

Diese fehlende staatliche Hilfe für Menschen am »*Rand*« der Gesellschaft findet Martina Erdinger sehr ungerecht, vor allem auch deshalb, weil sie den Eindruck hat, dass es ja eigentlich Möglichkeiten für Unterstützung gäbe. »*Seitdem die Flüchtlinge da sind, weiß man ja, was es alles gibt, was für Supports und Unterstützung auf einmal von einem Tag auf den anderen da waren.*« Sie kritisiert darüber hinaus auch, dass Flüchtlinge im Verhältnis zu anderen von ihr genannten bedürftigen Gruppen mehr Unterstützung bekämen. »*Meines Erachtens kriegen die zu viel bezahlt*«. »*Ein Pensionist, der kriegt ein Taschengeld, warum kriegen die mehr? Die Miete ist bezahlt, das Essen ist bezahlt, die Unterhaltung ist bezahlt, das Telefon ist bezahlt. Es reicht ein Taschengeld. Ich meine, es kann nicht sein, dass denen mehr bleibt als unsereins.*« Diese Ungerechtigkeit würde das »*System krank*« machen, weil »*diejenigen, die in Österreich sowieso in diesen Ecken schon stehen, die werden irgendwann einmal einen Hass auf die entwickeln*«. Sie kann nicht verstehen, warum 2015 die Südost-Grenzen nach Österreich geöffnet wurden, »*ohne Passkontrolle, ohne Kontrolle auf gesundheitliche Bedenken*«. Sie war im Herbst 2015 einige Male am Bahnhof, um sich ein eigenes Bild von der Situation zu machen. Später habe sie sich dann aber nicht mehr »*reingetraut*«, weil »*ich Angst hatte, dass ich mir einen heftigen Virus einfange*«. Ähnlich wie auch Tobias Heller war sie davon irritiert, dass in den Medien Frauen und Kinder gezeigt wurden, dort aber »*95 % Männer*« waren. Österreich sieht sie nicht in der Verantwortung zu helfen, sie ist der Meinung, dass diejenigen, »*die diese Kriege schüren*«, oft weil es um Geld und Bodenschätze geht, »*die haben die Verantwortung*«. Ihrer Ansicht nach seien viele der Menschen, die zu uns gekommen sind, »*keine Flüchtlinge, nicht in dem Sinn*«. Die kommen aus »*Tunesien, Marokko und Algerien. Und da fahren wir auf Urlaub hin. Das sind keine Kriegsländer*«.

6.3   National ausgrenzende Solidarität

Die Befragten dieses Typs, zu denen neben Tobias Heller und Martina Erdinger auch Wolfgang Schober zählt, sprechen als Österreicher und Österreicherinnen. In dieser Selbstverortung ist zum einen eine Zuordnung als österreichischer Staatsbürger bzw. österreichische Staatsbürgerin mit entsprechenden Rechten und Pflichten enthalten, zum anderen steckt darin aber auch eine Vorstellung von einer kulturellen Gemeinschaft, die eine gemeinsame Herkunft und gemeinsame Werte teile. Es wird ein grundlegender Unterschied zwischen den Einheimischen und »Anderen« angenommen, der sich aus der unterschiedlichen geographischen und kulturellen Herkunft ergeben würde. Sprachlich deutlich wird das in Formulierungen, welche die »*eigenen Leute*« oder »*unsereins*« den Fremden oder »*solchen Leuten*« gegenüberstellt.[45] Dieses Zugehörigkeitsgefühl wird in den Gesprächen vor allem dann aktiviert, wenn die Fluchtbewegungen im Jahr 2015 zur Sprache kommen. Die Befragten haben davor in unterschiedlicher Weise die Erfahrung gemacht – entweder am eigenen Leib oder durch die Erzählungen anderer –, dass der Staat sich nicht ausreichend um Menschen in Österreich kümmert, die es schwer haben. Man hat sich in der Vergangenheit in der Situation eingerichtet, akzeptiert, dass der Staat nur über begrenzte Mittel verfügt und geht damit – so gut es geht – um. Dieses Abfinden wird durch die Ankunft der Flüchtlinge gestört. In der Gruppe entsteht der Eindruck, dass geflüchtete Menschen mehr Aufmerksamkeit, finanzielle Zuwendung und Unterstützung durch die Gesellschaft bekommen als Menschen in Österreich, die ebenfalls Hilfe brauchen könnten.[46] Mehr noch: Für die Befragten scheint es so, als gebe es auf einmal Unterstützung, die ihnen bzw. Menschen »*am Rand*« (Martina Erdinger) der Gesellschaft zuvor versagt wurde. »*Das, find ich halt, ist eigentlich schon traurig in Österreich. Dass solchen Leuten so extrem geholfen wird, obwohl noch nie was wo getan worden ist […] und ja, dass halt da den eigenen Leute nicht geholfen wird, ist ein wenig traurig.*« (Tobias Heller) Plötzlich werde Geld verteilt, aber eben nicht für sie selbst und nicht für die Bedürftigen, die schon immer da waren. Weil davon ausgegangen wird, dass es in einem Sozialstaat nur begrenzte finanzielle Ressourcen gibt, wird das Mehr an Hilfe für Andere zwangsläufig zu einem Weniger für »*uns*«. Es gibt zwar einen Konsens darüber, dass man Leuten, die von Krieg betroffen sind, helfen solle. Aber dadurch dürften ÖsterreicherInnen nicht schlechter gestellt werden, diese haben vielmehr Anspruch auf mehr. »*Ich meine, es kann*

45 Diese doppelte Bedeutung verweist auch darauf, dass der Nationalstaat ein zentrales Ordnungsprinzip gegenwärtiger Gesellschaften ist. In dieser Konstruktion der Nation sind zwei wesentliche Aspekte miteinander verbunden. Darin enthalten ist zunächst einmal ein staatsbürgerliches Verständnis, dass die Gemeinschaft als Folge von geteilten Normen und Gesetzen sieht (Rosegger und Haller 2003). Andererseits aber auch die Vorstellung einer gemeinsamen Abstammung, geteilter Sprache, Sitten und Gebräuche, die implizit von einem intern sehr homogenen Kollektiv ausgeht (Scherr 2013).

46 Und auch hier sind wieder beide Aspekte des Österreich-Seins gemeint: schon immer hier gewesen zu sein, meint sowohl immer hier gearbeitet und eingezahlt zu haben, als auch kulturell eine lange Abstammungslinie vorweisen zu können – also gerade keinen Migrationshintergrund zu haben.

nicht sein, dass denen mehr bleibt als unsereins« (Martina Erdinger). Vor diesem Hintergrund werden Begrenzungen der Aufnahme von Geflüchteten aber auch eine Reservierung von Leistungen für die einheimische Bevölkerung gefordert. In der Literatur wird diese Haltung auch als Wohlfahrtschauvinismus bezeichnet.[47] Soziale Sicherungsleistungen sollen vor allem den Angehörigen der nationalen Gemeinschaft zu Gute kommen.

6.3.1 Wer Unterstützung bekommen soll

Der Sozialstaat hat für den Typ 6 eine wichtige Bedeutung. Stark gemacht wird dabei – so könnte man sagen – ein national begrenztes Bedarfsprinzip[48], das heißt, dass für die Begründung staatlicher Unterstützung die Bedürftigkeit der Menschen (Obdachlosigkeit, Armutsbetroffenheit etc.) aber auch die nationale Zugehörigkeit in den Vordergrund gerückt wird.[49]

Die Befragten richten Unterstützungserwartungen an den Staat, die aber mehrmals enttäuscht wurden. Tobias Heller berichtet dazu von seiner Lebensgefährtin, die als arbeitslos gemeldet war, während sie die Ausbildung zur »*Masseurin*« machte. »*Da kriegst natürlich auch überhaupt keine Unterstützung vom Staat, obwohl du dich ja weiterbildest.*« Ähnliche Erfahrungen hat auch ein anderer Befragter, Wolfgang Schober (27 Jahre und als Lkw-Fahrer beschäftigt), gemacht. Seine Freundin wurde nach Ende der Pflichtschule schwanger und hatte auch keine Arbeit. Weil sie bei ihm gewohnt hat, habe sie kein Geld bekommen, weil das Einkommen des gesamten Haushaltes zusammengezählt wurde. »*Mir war es eh wurscht, ist eh meine Freundin, die war von mir schwanger, passt eh, aber im Endeffekt, wenn du wen im Haus hast, musst du ihn mitreißen*«. Darüber hinaus wird die ungenügende Unterstützung für Familien beklagt, die vor allem bei speziellen Bedürfnissen des Nachwuchses

---

47 Kymlicka 2015.
48 Bedarfsprinzip heißt, dass sich Unterstützungsleistungen aus den persönlichen Bedürfnissen ergeben und nicht unmittelbar von zuvor erbrachten Leistungen – z. B. durch Erwerbsarbeit – abhängig sind (Döring et al. 1994).
49 Neben dem Bedarfsprinzip finden wir in den Gesprächen aber auch Hinweise auf das Leistungsprinzip, wie wir ihm im Typ 4 bei Lukas Aichinger oder Philip Brunner begegnet sind. Die Forderung, einen Beitrag zur Gesellschaft in Form von Erwerbsarbeit zu leisten, ist insbesondere bei Tobias Heller und bei Wolfgang Schober präsent.

nicht ausreichen würde – sowohl Heller als auch Schober haben kleine Kinder. Martina Erdinger ist vor allem in ihrer Arbeit als Kundenberaterin in einer Bank ständig in Kontakt mit Menschen, die im Leben viel zu kämpfen haben. Alleinerziehende Mütter, Frauen in Gewaltbeziehungen, ältere Arbeitslose, Menschen mit Suchtproblemen oder PensionistInnen mit Mindestpension. Sie findet, dass der Staat sich zu wenig um diese Menschen kümmere: es gäbe zu wenig Kinderbetreuungseinrichtungen, keine Therapiemöglichkeiten, zu wenig Förderungen für ältere Arbeitslose – da müsste viel mehr gemacht werden. Kritik wird also an bestehenden sozialstaatlichen Regeln geübt, die als ungerecht bzw. ungenügend erfahren werden. Übrig bleibt das Gefühl, dass man letztendlich auf sich gestellt sei, man sich in der Familie helfen oder alleine zurechtkommen müsse.

6.3.2 Ungleichbehandlung und »nationales Leid«

Im Zuge der Ankunft einer größeren Anzahl geflüchteter Menschen im Sommer 2015 entsteht bei den Befragten dieses Typs der Eindruck, es gebe auf einmal Geld, das verteilt werde, sie selbst bzw. die Bedürftigen im Land haben davon aber nichts. Auch Wolfgang Schober zeigt sich sehr emotional, als er meint: »*Wenn du die Ausländer anschaust, jeden ziehen wir rein und wenn du angewiesen wärst, die Freundin war angewiesen, die hat nichts dann*«. Auch Tobias Heller meint, »*andere Leute schieben wir's Geld in den Arsch, selbst kriegst eigentlich so gesehen keine Unterstützung*«. Martina Erdinger hat auch Geschichten gehört, dass Obdachlose in Österreich Geflüchteten Platz machen müssten. »*Anscheinend ist es so, dass die auf der Straße schlafen müssen, weil gerade einmal diese Nachtlager überfüllt sind.*« Auch Wolfgang Schober bringt Obdachlose ins Spiel und äußert Unverständnis darüber, dass diese auf der Straße hätten leben müssen und den Geflüchteten die »*12-Bett Zimmer*« in der Kaserne nicht genügt hätten. »*Das war alles zu schlecht, […] da haben wir alles neu machen müssen*«. Vor allem bei Martina Erdinger ist das Gefühl sehr stark, dass eine Umverteilung zum Nachteil der einheimischen Bedürftigen stattfindet. Alles, was den Bedürftigen »*nie gegeben wurde*«, meint Martina Erdinger, das bekämen jetzt Zugewanderte.

Sie glaubt auch, dass sich das *»diejenigen, die in Österreich sowieso in diesen Ecken schon stehen«* nicht mehr lange gefallen lassen würden, *»die werden irgendwann einmal einen Hass auf die entwickeln. Wer weiß, was dann passiert«.*

Wir können in diesem Typus einerseits einen Wunsch nach einem großzügigeren, nach einem fürsorgenden Sozialstaat oder zumindest nach einer weniger rigiden Sozialbürokratie erkennen. Das hat zum Teil auch mit der sozialen Lage der Befragten des Typus zu tun. Sie sprechen aus der Perspektive der unteren Mitte und den unteren *»Rändern«* der Gesellschaft, die sich immer bemüht haben, die sich trotz einer geringen Pension und niedrigen Löhnen nie beklagt haben und versucht haben, ihr Leben auch ohne staatliche Hilfe zu meistern. Andererseits ist dieser Wunsch auch von einer nationalen Abgrenzung unterfüttert. Es werden auch Anliegen geäußert, den Zugang zu Leistungen auf Menschen einer bestimmten (nationalen) Herkunft (die *»eigenen Leute«*) – und damit die Angehörigen der eigenen Solidargemeinschaft – zu beschränken oder diese zumindest zu bevorzugen. Hier werden ökonomische Argumente ins Spiel gebracht – es gäbe eben nur begrenzte Ressourcen in einem national organisierten Sozialstaat. Bei der Vergabe von Leistungen sollten vor allem nationale Zugehörigkeit und Bedürftigkeit berücksichtigt werden. Martina Erdinger argumentiert die Ausgrenzung darüber hinaus auch mit Vorurteilen gegenüber Geflüchteten. Sie befürchtet einen Anstieg von sexueller Gewalt gegenüber Frauen und die Verbreitung von Krankheiten (*»einen heftigen Virus«*, *»Lepra«*).

Die Befragten dieses Typs sehen in der Regierungsarbeit von ÖVP und FPÖ ab Anfang 2018 ihre Anliegen relativ gut vertreten, sie zeigen insgesamt aber ein eher distanziertes Verhältnis zu den Parteien. Sie haben den Eindruck, dass keine Partei wirklich Änderungen bringen wird. Bei Wahlen seine Stimme abzugeben wird dennoch als wichtig gesehen. *»Wählen gehört irgendwo, finde ich, schon dazu«*, meint Tobias Heller. Martina Erdinger informiert sich intensiv über Social-Media-Kanäle und hat vor der Nationalratswahl 2017 auch Informationsveranstaltungen von verschiedenen Parteien besucht. Sie äußert Misstrauen gegenüber allen Regierungsparteien, weil *»Macht macht gierig«*, aber bei der letzten Nationalratswahl habe sie die FPÖ gewählt, *»das waren die Einzigen, die gesagt haben, dass Österreich den Österreichern gehört«*.

# 7.	Unter sich bleiben

## 7.1	»Ich bin sicher keiner, der ›Refugees welcome‹ propagiert« – Konrad Schweighofer

Konrad Schweighofer wird bald 57 Jahre, er arbeitet als Anwalt und hat seine Kanzlei in einer kleinen Stadt. Die Laufbahn als Anwalt war keinesfalls vorgezeichnet. »*Ich komme aus einer Arbeiterfamilie*« und es war »*nicht leicht, aus dem familiären Bereich her ein Studium [zu] ergreifen und dann sich beruflich zu etablieren*«. Der Vater absolvierte eine Lehre als Friseur und arbeitete später in der Textilindustrie. Die Mutter war Hausfrau. Konrad Schweighofer schreibt seinen Bildungsaufstieg der allgemeinen Aufbruchsstimmung während der Kreisky-Jahre zu, da hätte sich auch seine Mutter anstecken lassen. Die Eltern der »*g'scheiteren*« Kinder hätten sich zusammengeschlossen und ihre Kinder auf ein Gymnasium geschickt. Eine US-amerikanische TV-Anwaltsserie motivierte Konrad Schweighofer, nach der Schule ein Jus-Studium zu beginnen, auch wenn er nicht so genau gewusst hätte, was ihn da erwartet.

Nach Abschluss des Studiums hatte er allerdings den Eindruck, dass es ihm durch seine soziale Herkunft an wichtigen »*Connections*« fehlte, die man in der Branche braucht, um als Anwalt Fuß zu fassen. Er bewarb sich deshalb auf Anraten eines Bekannten beim Finanzamt und war dort später sechs Jahre lang beschäftigt. Er schaffte es bis zum Abteilungsleiter, richtig glücklich war er dort aber nicht, »*die Begeisterung hat sich in Grenzen gehalten*«. In die Privatwirtschaft zu wechseln traute er sich zu diesem Zeitpunkt jedoch nicht zu. Konrad Schweighofer meint, er hätte es vorgezogen, im »*geschützten*« Bereich zu bleiben und wechselte in eine Sozialpartnerorganisation. Nach einigen Jahren wurde er dort aber »*abgesägt*«, der Posten sei »*für jemand anderen*« gebraucht worden. Konrad Schweighofer war tief gekränkt, er habe sich »*nichts zuschulden kommen lassen*« und sich gefühlt »*wie ein getretener Hund*«. Er rechnete damit, dass er für diese Kränkung zumindest Unterstützung bei der Vermittlung eines anderen Jobs durch seinen Chef bekommen würde, diese Erwartungen wurden aber bitter enttäuscht. Ernüchtert »*bin ich mit*

40 dagestanden ohne Job und ohne Beziehungen«. Nach einigen Monaten, in denen er sich Zeit dafür nahm, darüber nachzudenken, wie es weitergehen soll, beschloss er die nach dem Studium nicht begonnene Ausbildung zum Anwalt nachzuholen. Emotionalen Rückhalt bekam er dafür auch von seiner Lebensgefährtin. *»Mir ist da nix geschenkt worden«*, meint er. Es gab keine Rücksicht auf sein Alter und seine Erfahrungen, aber er habe es *»bewältigt«* und ist *»glücklich und froh«*, dass er das durchgezogen hat. Seit acht Jahren hat er nun seine eigene Kanzlei. Mit seiner beruflichen Situation ist er sehr zufrieden – auch wenn es in dem Geschäft viel *»Brotneid«* gäbe, wie er meint.

Konrad Schweighofer ist in seiner Heimatgemeinde gut verankert: Er ist in der Pfarre und im Musikverein tätig, aber auch politisch engagiert. Er beschreibt sich selbst als *»bunten Hund«*, was Politik angeht. Ende der 1980er-Jahre gründete er in seiner Heimatgemeinde eine FPÖ-Gruppe, Anfang der 1990er-Jahre trat er allerdings wieder aus der Partei aus, weil es Differenzen mit der Landesorganisation gab. Zwischendurch dockte er auch einmal vorübergehend beim Team Stronach an. Später engagierte er sich im Ort in einer Bürgerliste, dort fühlte er sich sehr wohl. *»Eine Gruppe der besten Köpfe; ich will nicht sagen, dass nur Akademiker etwas bringen im Gemeinderat, aber es ist doch ein anderes Arbeiten«*. Wichtig ist ihm aber zu betonen, dass sein Freundeskreis quer über politische Grenzen geht: *»Ich suche meinen Freundeskreis jetzt sicher nicht nach der Ideologie aus.«* *»Manchmal tun wir uns vielleicht ein bisschen necken«*, aber man komme gut miteinander aus, auch wenn es unterschiedliche Meinungen zum Beispiel bei der *»Ausländer-frage«* gebe. Was er nicht mag, ist, wenn jemand *»verbohrt und borniert«* ist. Momentan lässt die Arbeit weniger Raum für politisches Engagement, in der Pension könnte er sich aber gut vorstellen, dieser Leidenschaft wieder stärker zu frönen.

Konrad Schweighofer findet das österreichische Sozialsystem sehr wichtig, äußert aber Sorgen, dass man sich das aktuelle Niveau nicht mehr leisten könne. *»Es kommen jetzt dann die geburtenstarken Jahrgänge [...], also irgendwann schlagen die pensionsmäßig zu und dann schau ich mir an, was der Staat da macht«*, wenn jetzt die Mindestsicherung so *»uneingeschränkt«* an Zugewanderte und schon in Österreich lebende MigrantInnen ausbezahlt werde. Hier sieht er die Probleme vor allem bei MigrantInnen aus der Türkei, die *»eigentlich keinen Job mehr finden«*, weil ihnen die Ausbildung und die Sprachkenntnisse fehlen und die schließlich über *»Generationen«* hinweg von staatlichen Zuwendungen lebten. *»Die können nicht mehr ins System integriert werden oder wollen auch gar nicht integriert werden«.* Weniger Probleme sieht er hier bei den Zugewanderten aus dem ehemaligen Jugoslawien, die sich *»viel leichter integrieren«.* Mindestsicherung sollten seiner Ansicht nach nur Leute bekommen, die schon einmal *»ins System eingezahlt haben.«*

Vor diesem Hintergrund äußert er sich auch skeptisch gegenüber der Aufnahme von Geflüchteten, diese würden eher zu einer Verschärfung der Lage beitragen, weil er nicht erwartet, dass sie einmal etwas zur Gesellschaft beitragen werden. *»Ich bin sicher keiner, der ›refugees welcome‹ propagiert.«* *»Die anerkannten Flüchtlinge, das wird so sein wie bei den Türken, da finden 95 Prozent keinen Job. Die werden immer von der Sozialhilfe oder von der Mindestsicherung leben. Und das ist das große Problem, das wird sich Österreich einmal zusätzlich mit der Pensionsbelastung nicht leisten können.«* Verantwortung für geflüchtete Menschen sieht er nur bei den unmittelbaren Nachbarländern Österreichs, wie in den 1950er-Jahren in Ungarn. Flüchtling sei man eben nur im angrenzenden Nachbarstaat, *»aber wenn die dann weiterreisen, weil es dort nicht so schön ist, dann wage ich darüber zu diskutieren, ob der noch ein Flüchtling ist«.* Für ihn ist es wichtig, dass die Politik Vorkehrungen trifft, Flüchtlinge ohne *»Aufenthaltsberechtigung rückzuführen«* und dafür zu sorgen, dass nicht noch mehr Menschen nach Europa und Österreich kommen. Aber er kann auch nachvollziehen, dass Menschen aus ihren Ländern wegwollen. *»Das sind arme Leute. Ich bin froh, dass ich nicht in Afrika auf die Welt gekommen bin«.* Er hält es aber für sinnvoller, dass Europa in Afrika – notfalls auch mit militärischen Mitteln – *»Landflächen«* schafft, wo die Menschen vorübergehend *»sicher leben können, und wenn die Situation besser wird, dass die zurückgehen können«.* Da sei auch das Engagement von Europa gefragt, *»und natürlich kostet das auch Europa Geld, und da bin ich dafür, dass man das unter dem Titel Entwicklungshilfe auch forciert«.*

Politisch hält er von der ÖVP-FPÖ-Regierung im Jahr 2018 viel, er war auch schon ein *»Verfechter«* der ersten schwarz-blauen Koalition. Auch wenn viel »*Schindluder*« dann von den Vertretern der Parteien betrieben worden war, habe es Österreich »*wirtschaftlich*« weitergebracht. Allerdings ärgert er sich, dass die ÖVP unter Sebastian Kurz mit den Programmpunkten der Freiheitlichen erfolgreicher ist, »*und die FPÖ halt ein bissel rechts liegen lässt*«.

7.2 »Ich habe Angst, nicht um mich, aber um mein Kind« – Maria Eisner

Maria Eisner ist 51 Jahre alt. Sie ist geschieden und lebt mit ihrer erwachsenen Tochter und einer Freundin in einer Wohnung in einer Kleinstadt. Seit einigen Jahren ist sie in Vollzeit als Pflegeassistentin in einem Pflegeheim beschäftigt. Maria Eisners Vater war Lehrer, ihre Mutter Bürokauffrau. Nach der Hauptschule besuchte Maria Eisner auf Wunsch ihres Vaters eine mittlere technische Schule. Der technische Bereich interessierte sie jedoch »*nicht wirklich*«, wie sie erzählt. Nach Schulabschluss begann sie daher, ausbildungsfremd im Gastgewerbe zu arbeiten. Mit ihrem Einkommen und den Arbeitszeiten unzufrieden, absolvierte sie eine Ausbildung zur Nageldesignerin und arbeitete anschließend in diesem Beruf in einem Kosmetikstudio. Dann lernte sie ihren zukünftigen Mann kennen und eröffnete mit ihm einen Autohandel. Sie war die »*offizielle*« Eigentümerin. Das Unternehmen ging jedoch in Konkurs, ihr Mann trennte sich von ihr und Maria Eisner haftete für die Schulden. Maria Eisner blieb als »*Alleinerzieherin mit den Schulden zurück*«. Jahre prekärer Beschäftigung folgten, immer wieder durch Arbeitslosigkeit unterbrochen. Maria Eisner erlebte öfters, dass ihre Situation von Arbeitgebern »*ausgenutzt*« wurde. »*Dann war ich oft auch zur Überbrückung einmal arbeitslos gemeldet, weil die gesagt haben: ›Na ja, bleibst jetzt einmal drei Monat arbeitslos, und dann melde ich dich an.‹ Also, es ist […] ich bin da schon ziemlich benutzt auch worden. Ja. Das war halt, ich habe den Job gebraucht. Das ist immer so, man macht das Geld mit der Not der Menschen, nicht?*«

Vor etwas mehr als zehn Jahren entschloss sich Maria Eisner zu einer Ausbildung zur Heimhelferin. Als Heimhelferin begann sie dann in einem Pflegeheim zu arbeiten, in dem sie nach wie vor beschäftigt ist. Mittlerweile hat sie sich zur Pflegeassistentin weiterqualifiziert. Mit ihrer Entscheidung für den Pflegeberuf, aber auch für eine große Pflegeorganisation, ist sie rückblickend sehr zufrieden. *»Ja, und da habe ich immer mehr das Gefühl, dass ich da wirklich sicher aufgehoben bin, egal was für Sparmaßnahmen die da machen und wie da delegiert wird, es ist ein sicheres Arbeitsfeld.«* Mit dem Pflegeberuf, erzählt Maria Eisner, hat sie ihren *»Traumberuf«* gefunden. In diesem Beruf fühlt sie sich *»zu Hause«*. Sie betont, wie sehr sie die Nähe zu alten Menschen liebt. *»Und was ich liebe an dem Job, ist, dass ich die Menschen in den Arm nehmen kann, dass sie das zulassen, und dass ich merke: Es tut ihnen gut.«* Auch Anerkennung erlebt sie hauptsächlich durch die BewohnerInnen. *»Für mich ist die Anerkennung die Reaktion von den Bewohnern, wenn sie mich sehen, wie sie sich bei mir fühlen. Wenn ich nach zwei Wochen Urlaub zurückkomme und auf einmal fangen die zahnlos zum Lächeln an, ja, es kommt eine Reaktion zurück. Und wenn man merkt, sie nehmen mich so, wie ich bin, und sie fühlen sich wohl. Also, das ist die Anerkennung, die mir guttut, die ehrlich ist.«* Frustrierend an ihrer Arbeit erlebt Maria Eisner jedoch die sich verschlechternden Arbeitsbedingungen in der Pflege. Konkret nennt sie *»zunehmenden Zeitdruck«*. Der Arbeitgeber *»spare auf der falschen Seite«*, indem weniger qualifiziertes Personal beschäftigt werde. Es gebe weniger Zeit für Besprechungen und Kommunikation mit KollegInnen und was sie *»sehr aufregt«*, *»viele neue Projekte, wo immer nur schön gesprochen wird, aber die nichts bringen«*. Sie meint damit *»Menschen von außen«*, die Projekte für BewohnerInnen entwickeln, die aber selbst *»nie an der Basis sind, die sich mit dem nie auseinandersetzen müssen, die, die keinen halben Tag überstehen würden mit einer Gruppe, dass die zufrieden und ausgeglichen ist und, die sich wohlfühlen«*.

Die Phasen ihrer Arbeitslosigkeit schildert Maria Eisner als Erfahrung von Abwertung und Benachteiligung im Vergleich zu *»ausländischen«* Arbeitslosen. *»Man wird von den Beamten im Amt herablassend behandelt.«* Sie hat das Gefühl, die Beamten hätten Möglichkeiten ihr zu helfen, wollen ihr aber nicht weiterhelfen. Weil sie nicht in *»Jogging-Hose zerlumpt«* am Amt erschienen ist, hätte man ihr die Bedürftigkeit nicht geglaubt. Die *»Ausländer«* hingegen, wüssten über Unterstützungsmöglichkeiten Bescheid, *»du brauchst nur einen Ausländer fragen, was dir zusteht, dann kriegst du alles.*

Ja, also da finde ich dieses System absolut ungerecht und nicht wertfrei.« Im Sozialsystem gäbe es »*offensichtliche Missstände*«: AslywerberInnen würden »*betrügen*«, erhielten »*höhere Geldzuwendungen als die ÖsterreicherInnen, obwohl sie nie etwas einbezahlt haben*«, »*dürfen sich alles erlauben*«, weil »*ihnen aufgrund fehlender Gesetze nichts passiert*« und sie »*verachten Frauen und sind Vergewaltiger*«. Die Politik würde diese »*offensichtlichen Missstände*« einfach ignorieren, meint Maria Eisner. Verantwortlich dafür sieht sie vor allem die politischen Akteure, die vor der türkis-blauen Koalition von 2018 und 2019 das Sagen hatten. Aufgrund der Flüchtlinge würden »*Gewalttätigkeit und Brutalität in Österreich stark zunehmen.*« Vor allem Mütter müssten Angst um ihre Töchter haben. »*Ich bin insofern betroffen, weil mein Kind jeden Tag nach Wien fährt mit dem Zug. Ja, und dann hört man immer wieder: vom Gehsteig, also vor den Zug gestoßen usw. Also, ich habe Angst, nicht um mich, aber um mein Kind. Bei der Entwicklung, bei dieser Brutalität, die da stattfindet, bei dieser Ignoranz, die von der Politik her stattfindet, ja, habe ich Angst um mein Kind. Und wenn ich dann lese: misshandelt, vergewaltigt, niedergestochen. Also, das sind so Nachrichten, bei denen mir richtig, da wird mir übel fast, ja?*«

»*Wirklichen*« Kriegsflüchtlingen könnte kurzfristig geholfen werden. Diese Hilfe sollte sich aber auf Sachleistungen beschränken: »*Wenn ich wirklich um mein Leben Angst haben muss, ja, dann bin ich froh, wenn ich wo unterkomme, ich zu essen und zu trinken bekomme und wenn ich dort schlafen darf.*« »*Wenn das [Kriegsgeschehen, Anm.] vorbei ist, wieder zurück in die Heimat. Die haben hier keine Wurzeln.*« Mindestsicherung für Asylberechtige kommt für Maria Eisner nicht infrage, auch eine gekürzte Mindestsicherung lehnt sie ab. Dieses Geld solle österreichischen PensionistInnen ausbezahlt werden. »*Aber bevor ich einem Asylanten 700 Euro oder 800 Euro gebe, ja, oder jetzt auch die 360 Euro oder 340 Euro, ja, warum kann ich diese 350 Euro nicht einem Pensionisten geben, der wirklich hart gearbeitet hat, der das Land aufgebaut hat, ja, die wirklich am Minimum leben. Warum gönne ich denen das nicht?*« Gleichzeitig gibt es für Maria Eisner kaum »*wirkliche Kriegsflüchtlinge*«. Echte Kriegsflüchtlinge, so ihr Bild, ließen nicht ihre Familien im Kriegsgebiet zurück, daher könne es sich aus ihrer Sicht bei den männlichen Geflüchteten nicht um Kriegsflüchtlinge handeln.

Über Politik informiert sich Frau Eisner fast ausschließlich über Facebook. *»Wählen zu gehen«* ist ihr erst seit Sommer 2015, der Ankunft vieler Geflüchteter, sehr wichtig. *»Durch die Angst wird man heute eigentlich zur Wahl gezwungen. Wenn es einem gut geht, warum soll man es verändern? Nur, wenn es anfängt schlechter zu werden, dann ist es eine Pflicht.«* Maria Eisner ist sehr zufrieden mit der zum Zeitpunkt des Interviews bestehenden Regierung von ÖVP und FPÖ, da aus ihrer Sicht viele positive Veränderungen in Richtung mehr Sicherheit durchgesetzt wurden. *»Mein persönliches Sicherheitsgefühl hat sich insofern einmal schon gebessert, dass da jetzt durch den Kickl[50] schon sehr viele Aktionen durchgeführt worden sind, wenn die Grenzen einmal mehr geschützt sind, wenn schon Kürzungen stattgefunden haben, finanzielle Unterstützungen gekürzt werden, ja, wo die Leute nicht mehr so eingeladen werden in unser Paradies, ja, dass mehr Polizeipräsenz stattfindet [...]. Ja, also das macht mich schon wieder ein bisschen sicherer. Also, es wird wirklich was für unser Land getan und es wird nicht ignoriert.«*

7.3   Ethno-nationale Ausgrenzung

Während beim vorigen Typ 6 »Mehr für die Unsrigen tun« stärker die nationalstaatliche Abgrenzung im Vordergrund steht, wird in diesem Typus – dem neben Konrad Schweighofer und Maria Eisner auch Gerhard Meier zugeordnet werden kann – vor allem eine national-kulturelle Abgrenzung in den Vordergrund gerückt, die davon ausgeht, dass die nationale Solidargemeinschaft nicht nur eine gemeinsame Herkunft, sondern auch gemeinsame Werte teile. Wer in Österreich keine *»Wurzeln«* (Maria Eisner) habe, könne nicht Teil der Solidargemeinschaft sein. Im Unterschied zu Typ 6, bei dem Ungerechtigkeitsgefühle erst mit den Fluchtbewegungen 2015 ausgelöst wurden und eine grundsätzliche Ablehnung der in Österreich lebenden MigrantInnen kein Thema ist, haben die Befragten dieses Typs den Eindruck, dass bereits in den vergangenen Jahrzehnten zu viele »fremde« Menschen nach Österreich gekommen seien. Die eigenen Werte, Leistungen,

---

50   Herbert Kickl, Österreichischer Innenminister 2017-2019.

Ressourcen seien nicht nur potenziell in Gefahr, sondern drohen verloren zu gehen.

Die Befragten sprechen sich grundsätzlich für den Sozialstaat aus, gleichzeitig haben sie den Eindruck, dass schon seit längerer Zeit eine Umverteilung stattfinde –, und zwar von den versicherungsbasierten Leistungen – wie der Arbeitslosenhilfe – zu bedarfsorientieren Leistungen (Mindestsicherung), wodurch es gleichzeitig zu einer Umverteilung von ÖsterreicherInnen zu MigrantInnen gekommen sei. Diese Einschätzung ist charakteristisch für den Typ 7 »Unter uns bleiben«. Im Gegensatz zum Typ 6 wird der Sozialstaat von Typ 7 überwiegend als System gesehen, das durch die bedarfsorientierte Mindestsicherung Zugewanderten und MigrantInnen zu Gute komme und wodurch leistungsbasierte Sozialleistungen (Arbeitslosengeld, Pensionen) für die »autochthone« Bevölkerung unter Druck gerieten und abgebaut würden. Im Gegensatz zu Befragten in Typ 4 oder 5, die neuen Mitgliedern offen gegenüber stehen, wenn sie durch Erwerbsarbeit etwas zur Gemeinschaft beitragen, wird in diesem Typus davon ausgegangen, dass MigrantInnen aufgrund grundlegender Unterschiede, die in ihrer kulturellen oder religiösen Herkunft begründet liegen, nicht in der Lage seien, der Gemeinschaft etwas zurückzugeben bzw. sie auch nicht daran interessiert seien, etwas zum allgemeinen Wohl beizutragen.

7.3.1 Fremd im eigenen Land

Die Befragten des vorliegenden Typs haben den Eindruck, dass bereits bisher sehr viele Zugewanderte in Österreich leben und durch die Fluchtbewegungen der letzten Jahre sich die Lage verschärft habe. Konrad Schweighofer meint, »*so viele Kopftuchträgerinnen wie heutzutage, also Sie brauchen ja nur, Sie wissen es ja selber, durch den 10. Bezirk in Wien fahren, das ist, da war man fremd.*« Gerhard Meier, 44 Jahre alt und seit seinem Masterabschluss in Wirtschaftsingenieurwesen vor einem Jahr auf Arbeitssuche, erzählt, dass er nicht mehr mit öffentlichen Verkehrsmitteln fahren würde, weil hier »*so viele Ausländer*« seien, »*da hört man kein Deutsch mehr*«. »*Die sind so laut beim Reden, telefonieren auch die ganze Zeit [...], glauben, alles gehört ihnen*«.

Früher hätten sie sich das nicht »*getraut*«, meint er, aber jetzt sind es eben »*schon so viele*«. Auch Maria Eisner, die als Pflegeassistentin arbeitet, hat das Gefühl, dass durch die Zuwanderung die Unsicherheit und die Gewalt gestiegen seien. Es stört sie vor allem, wie Frauen von zugewanderten Männern behandelt würden, dass sie »*unterdrückt*« würden und »*nichts wert*« seien. »*Und die werden nicht zurechtgewiesen. Die werden nicht in ihre Schranken gewiesen. Und die können machen, was sie wollen. Es passiert nichts. Und genau mit diesem System leben die Menschen da in Österreich in Angst.*« Da hätte sie auch »*Angst*« um ihre Tochter, die als Studentin regelmäßig mit dem Zug zur Universität in die Stadt pendelt. Sie hat Verständnis dafür, dass Kriegsflüchtlingen geholfen werde, aber sie sollten »*sobald das vorbei ist wieder zurück in die Heimat. Die haben hier keine Wurzeln, ja?*« Typ 7 schreibt MigrantInnen sehr negative Eigenschaften zu: Sie sind »*laut*«, halten sich nicht an Regeln, fordern ein, wollen und können aber keinen Beitrag zum gemeinsamen Sozialsystem leisten. Im Fokus stehen bei genauerem Hinsehen aber spezifische Gruppen und zwar jene, von denen angenommen wird, dass sie aufgrund ihrer »*Kultur*« nicht nach Österreich passen. Dahinter steckt ein Bild von unvereinbaren kulturellen Unterschieden, die den Ausschluss aus der Solidargemeinschaft begründen sollen. Wir können hier Tendenzen eines Kulturrassismus erkennen, der nicht auf biologische Unterschiede abstellt, sondern eben kulturelle oder religiöse Differenz in den Vordergrund rückt, diese Eigenschaften letztendlich aber ebenfalls als unveränderlich – den Menschen eingeschrieben – ansieht.[51]

7.3.2 Eine falsche Umverteilung

Der Sozialstaat scheint in der Wahrnehmung der Befragten vor allem zuge-wanderten Menschen zu nutzen. Insbesondere die Mindestsicherung wird als Leistung gesehen, die überwiegend von MigrantInnen bezogen werde und die deshalb auch, wie Maria Eisner meint, besser darüber Bescheid wüssten, welche Unterstützungsmöglichkeiten es gäbe, und diese auch einforderten.

---

51   Vgl. Balibar 2004; Hall 1994.

»Das sind die, die hartnäckig sind, die einen Wirbel machen. Und die werden laut und viele. Na, die kriegen alles.« Insbesondere bestimmte Gruppen von Zugewanderten stehen in der Kritik, sich nur am Sozialstaat zu bereichern, im Gegenzug aber nichts beitragen zu wollen – also per se nicht zu den *»Leistungsträgern«* zählen. Konrad Schweighofer spricht hier vor allem über MigrantInnen aus der Türkei, die es sich im Sozialstaat eingerichtet hätten, und mit *»Mindestsicherung, Kinderbeihilfe«* und anderen Leistungen auf *»ein ganz nettes, erquickliches Einkommen«* kämen. Er spricht in dem Zusammenhang auch von einer *»einseitigen Solidarität«* – *»wenn ich immer nur nimm, nimm, nimm und nie die Gelegenheit habe, was zurückzuzahlen«*. Das gelte jedoch nur für bestimmte *»Kulturen«*, nicht aber zum Beispiel für Leute aus Deutschland, meint Gerhard Meier auf Nachfrage. *»Die sind ja gebildet und haben auch die gleiche Kultur«*.

Aus der Perspektive der Befragten dieses Typs ließe der Staat finanzielle Zuwendungen überwiegend Zugewanderten zukommen, wodurch für *»uns«* (die *»autochthone«* Bevölkerung) *»kein Geld mehr da«* sei. Konrad Schweighofer verweist in dem Zusammenhang auf seine Generation, die in ein paar Jahren in Pension gehen wird, und seiner Einschätzung nach kein Geld bekommen werde, wenn es so weitergehe. Auch Maria Eisner meint mit Bezug auf PensionistInnen, dass es doch besser wäre, das Geld den Menschen mit niedrigen Pensionen zu geben. Gerhard Meier kritisiert, dass das Arbeitsmarktservice Geld für Deutschkurse für Geflüchtete ausgibt (*»Warum sollen wir die zahlen? Die brauchen wir ja wirklich nicht«*) und gleichzeitig seine eigenen Weiterbildungswünsche nicht finanzieren wolle. *»Für Ausländer sollte es keine Leistungen geben, dann ersparen wir uns was und die Österreicher könnten mehr bekommen. Aber besonders die, die eben viel leisten, viel Bildung haben oder schon lange* gearbeitet haben«. Die Gruppe des vorliegenden Typs skizziert also das Bild einer Gesellschaft, in der eine sozialstaatliche Umverteilung (von versicherungsbasierten Leistungen hin zu bedarfsorientierten Leistungen) und eine kulturelle Umverteilung (von der *»autochthonen«* Bevölkerung zu bestimmten Gruppen von MigrantInnen) im Gange sei, die als ungerecht und durchaus als bedrohlich erfahren wird. Die emotionale Empörung ist entsprechend groß. Dazu mischt sich insbesondere bei Gerhard Meier eine darwinistische Orientierung, die das Recht des Stärkeren betont und sich generell gegen vermeintlich Leistungsschwache richtet. Für einander einstehen sollten eben die »*Österreicher, aber auch nur für die, die was leisten*«. Sozialstaatliche Hilfen sollten deshalb auch für die reserviert werden, »*die eben viel leisten, viel Bildung haben oder schon lange gearbeitet haben*«.

In diesem Typus spiegelt sich auch der politische Diskurs der vergangenen Jahre wider, der eine starke Ausgrenzungspolitik gegenüber Zugewanderten in den Fokus gerückt hat. Wenig verwunderlich befürwortet die Gruppe auch die Politik der Bundesregierung aus ÖVP und FPÖ von Anfang 2018 bis Mitte 2019, die dafür sorgen würde, dass keine weiteren Menschen mehr nach Österreich kommen, dass MigrantInnen »*nicht mehr so eingeladen*« würden, in unser »*Paradies*« zu kommen (Maria Eisner). Die Gruppe wird am unmittelbarsten von den politischen Botschaften der FPÖ erreicht: Maria Eisner ist in den Sozialen Medien im Umfeld FPÖ-naher Gruppen aktiv, Konrad Schweighofer hat in unterschiedlichen Phasen seiner politischen Karriere Kontakte zur FPÖ gepflegt und ist entsprechend auch mit ihren Argumentationsmustern vertraut. Vor diesem Hintergrund reflektieren die Erzählungen und Argumente der InterviewpartnerInnen vielfach auch die Argumentationsmuster der Freiheitlichen Partei. Der Schutz der »*eigenen*«, einheimischen LeistungsträgerInnen soll ihrer Ansicht nach durch einen Ausschluss von Zuwanderung und die Begrenzung des Bezugs von Sozialleistungen, die nicht auf Gegenleistungen in Form von Erwerbsarbeit beruhen, gesichert werden.

TEIL III –
UMKÄMPFTE SOLIDARITÄTEN

8. Von Zugehörigkeiten und Spaltungslinien

Die in den vorangegangenen Kapiteln vorgestellten Typen von Solidaritätsmustern deuteten auf eine Vielfalt an Zugehörigkeiten und sozialen Abgrenzungen hin. Im folgenden Kapitel möchten wir die Ergebnisse der Interviews auf eine andere Weise ordnen und dadurch herausarbeiten, auf welche Weise darin umkämpfte Solidaritäten und gesellschaftliche Spaltungslinien zum Ausdruck kommen. Dafür werden wir in einem ersten Schritt darstellen, wen die GesprächspartnerInnen meinen, wenn sie »wir« sagen, d.h. mit welchen Gruppen sie sich identifizieren. Das ist wichtig, weil diese Zuordnungen und die damit bisweilen verbundenen Gefühle der Zugehörigkeit Hinweise auf Solidarisierungen und Abgrenzungen geben. In einem zweiten Schritt wird untersucht, ob und in welcher Form für die in letzter Zeit vielfach angesprochene Spaltung der Gesellschaft in den Interviews Anhaltspunkte zu finden sind. Es geht dabei um die Grenzziehungen, welche die Gesellschaftsmitglieder vornehmen, wo diese also Unterscheidungen zwischen gesellschaftlichen Gruppen treffen, wo sie sich zugehörig fühlen, wen sie als nicht dazugehörig sehen, mit wem sie Kontakt haben wollen und wem nicht. Mit der Behauptung einer Spaltung wird im öffentlichen Diskurs aber auch angedeutet, dass sich die Gesellschaft polarisiert, also eine stärkere Zweiteilung auf Kosten der Vielfalt und Veränderlichkeit der Grenzziehungen und Gruppenbildungen an Bedeutung gewinnt, wobei eine größere Zahl der Gesellschaftsmitglieder von der Mitte an die Pole rücken. Mit Spaltung wird schließlich auch das aktive Einwirken auf die Gesellschaft bezeichnet, durch das Gruppen gegeneinander ausgespielt oder aufgehetzt werden und somit auch auf spaltende Diskurse in Politik und in Medien hingewiesen. Diese Darstellung soll insgesamt aufzeigen, wie die Bevölkerung die Grenzen der Solidargemeinschaften in den gegenwärtigen

Auseinandersetzungen zieht. Darauf aufbauend werden wir in einem dritten Schritt schließlich ausführen, wie die Bürgerinnen und Bürger von Seiten der Politik angesprochen werden können und für welche Botschaften sie aus welchen Gründen empfänglich sind. Hier spielt eine große Rolle, dass sich die Gesellschaft nicht nur vielfältig darstellt im Sinne einer Vielzahl an Grenzziehungen und unterscheidbaren Gruppen mit verschiedenen Haltungen und Interessen, sondern auch die Orientierungen Einzelner durchaus ambivalent und widersprüchlich sein können. Neben der politischen Ansprechbarkeit geht es auch darum zu verstehen, worauf die Bereitschaft für das solidarische Handeln basiert, welches beispielsweise in der Unterstützung von geflüchteten Menschen zum Ausdruck kommt.

8.1 Was heißt hier »Wir«? Identifizierungen und Zugehörigkeiten

Das Wörtchen »Wir« spielt in der politischen Rhetorik und in alltäglichen Gesprächen über soziale und politische Themen eine große Rolle. Ob es nun heißt: »*Wir schaffen das!*«, »*Unsere* Heimat« oder »*Wir* rackern uns ab«, jedes Mal wird eine Gruppe angesprochen, ohne dass ausdrücklich angegeben wird, um wen es sich dabei handelt. Zum einen ordnen sich die SprecherInnen einer Gruppe zu, zum anderen werden die Angesprochenen zugeordnet oder auch vereinnahmt. Dabei wird bisweilen auch an ein Zugehörigkeitsgefühl und an starke Emotionen appelliert.

Wenn jemand über sich selbst spricht und sich bestimmten Gruppen zuordnet, wird damit zum Ausdruck gebracht, dass man sich zum Beispiel als Handwerkerin, als Tiroler, als Skater oder als Veganerin versteht. Indem man sich selbst beschreibt, identifiziert man sich mit einer Gruppe. Dies erfolgt häufig auch dadurch, dass eine Grenzziehung zu anderen Gruppen eingeführt wird: Man unterscheidet sich von Angestellten, von WienerInnen, von Hipstern oder von FleischesserInnen. Zu solchen symbolischen Grenzziehungen kommt es durch Unterscheidungen, mit deren Hilfe jemand andere Personen oder Praktiken kategorisiert, also für sich und andere einordnet.[52]

---

52 Lamont und Molnár 2002, S. 168.

Damit werden Menschen in unserer Wahrnehmung in getrennte Gruppen eingeteilt, was zu tatsächlicher Gruppenbildung in Form von Vorstellungen von Ähnlichkeit und Zugehörigkeit führen kann – aber nicht muss. Ist das der Fall, kommt es über die gedankliche Einteilung und Zuordnung hinaus häufig zu einer gefühlsmäßigen Verbundenheit mit anderen, die zum Beispiel ebenfalls Handwerkerinnen oder Tiroler sind. Nur ist es damit nicht getan, dass ich für mich selbst ein Hipster bin. Der Witz liegt eher darin, dass andere mich auch so sehen. Vor allem sollen die anderen Mitglieder einer Gruppe mich in dieser Hinsicht als gleich und als zugehörig wahrnehmen. Wenn die anderen Hipster mich nicht als solchen erkennen und anerkennen, komme ich auch vor mir selbst mit meiner versuchten Identifizierung nicht weit. Eine Bestätigung meiner Zuordnung kommt in der Regel auch von anderen, die, um in diesem Bild zu bleiben, keine Hipster sind und anderen Gruppen angehören. Solche Fremdzuordnungen müssen nicht immer willkommen sein. So berichteten Handwerker und Erwerbslose in unserer Studie von Geringschätzung durch die Gesellschaft, wodurch ihr Selbstwert litt.

Zugehörigkeit wird in der wissenschaftlichen Diskussion als emotionsgeladene Verortung in der Gesellschaft verstanden, die auf Gemeinsamkeit und Gegenseitigkeit aufbaut.[53] Das Selbstverständnis kann auch ein gefühlsbetontes bzw. emotionsgeladenes Zugehörigkeitsgefühl zu einer bestimmten, abgegrenzten Gruppe beinhalten. Das kann sich in einem Gefühl der Einheit mit den anderen Mitgliedern der Gruppe, aber auch in einer wahrgenommenen Unterscheidung bis hin zu einer Abneigung gegen jene ausdrücken, die nicht zu dieser Gruppe gehören.[54] Fans der Fußballklubs von *Rapid Wien* und *Austria Wien* oder von *Borussia Dortmund* und *Schalke 04* können als Beispiele dafür genannt werden. Deutlich folgenreicher ist die emotionsgeladene Zugehörigkeit im Fall des Nationalismus, der in übersteigerter Form Gemeinsamkeiten in der Nation und Abwertungen anderer enthält, wodurch sich in der Geschichte Kriegsbegeisterung mobilisieren ließ.

Wie an diesen Beispielen leicht zu erkennen ist, spielt die Identifizierung mit einer Gruppe eine große Rolle, wenn Menschen für die Durchsetzung

---

53   Pfaff-Czarnecka 2018.
54   Brubacker und Cooper 2000, S. 19.

von Interessen einer Klasse, für eine soziale Bewegung oder für nationalistisches Engagement gewonnen werden sollen. Um eine kollektive Handlungsfähigkeit zu erreichen, heben die AnführerInnen einer Bewegung aus der Vielfalt von Identifizierungen des Alltagsverständnisses einzelne hervor, um Menschen für eine gemeinsame Sache zu mobilisieren. Ein »Wir-Gefühl«, also die Vorstellung einer gemeinsamen kollektiven Identität, ist für die Beteiligung an sozialen Bewegungen wichtig, weil diese auf dem Bewusstsein für Ähnlichkeiten, für eine geteilte Lebenslage, für gemeinsame Zukunftsaussichten sowie auf einer emotionalen Bindung zwischen den Beteiligten aufbaut.[55]

Auch wenn nur einzelne Zugehörigkeiten und Identifizierungen im Alltag, ebenso wie in sozialen Bewegungen oder politischen Auseinandersetzungen hervorgehoben werden, ist klar, dass es immer eine große Zahl davon gibt, die situationsbedingt in den Vorder- oder Hintergrund treten. Für eine Person kann in einem Moment die Identifizierung mit den anderen Fans von *Borussia Dortmund* relevant sein, schon im nächsten aber die Zugehörigkeit zur Berufsgruppe der FotografInnen und gleich darauf die geschlechtliche Zuordnung als Frau, als Mann oder als Transgender. Zugehörigkeit ist insofern mehrdimensional, als eine Person zugleich Österreicherin, Muslima, Veganerin und Soziologin sein kann. Dabei gilt es, solche wichtigen Aspekte möglicher Zugehörigkeiten im eigenen Leben in Einklang zu bringen.[56]

Einzelne InterviewpartnerInnen identifizieren sich auf vielfältige Weise mit sozialen Kategorien oder gesellschaftlichen Gruppen. Das ist einerseits nicht weiter überraschend, aber andererseits ungemein wichtig zu betonen, weil es uns ermöglicht, die häufig naturalisierenden Unterscheidungen und Gegenüberstellungen im Alltagsbewusstsein, etwa in »Inländer« und »Ausländer«, zu relativieren. Der Soziologe Georg Simmel sah das Individuum als Schnittpunkt zwischen mehreren sozialen Kreisen. Entsprechend gehört in der modernen Gesellschaft niemand nur einer Gruppe an. Die

55   Van Stekelenburg et al. 2019.
56   Vgl. Pfaff-Czarnecka 2018, S. 11.

Gegenüberstellung von verschiedenen als natürlich, geschlossen und homogen dargestellten Gruppen in der öffentlichen Debatte verliert damit ihren Sinn.

Im Folgenden stellen wir eine Reihe von Identifizierungen und Zugehörigkeiten dar, die aus den Interviews deutlich wurden. Damit wollen wir zum einen zeigen, wie unterschiedlich die wahrgenommenen Eigengruppen sind, und zum anderen, wie vielfältig Zuordnungen bei einzelnen Personen ausfallen können.

8.1.1 Das Wir der Klasse in einer zweigeteilten Gesellschaft

Einige unserer GesprächspartnerInnen ordneten sich den Benachteiligten in der Gesellschaft zu, verstehen sich als ArbeitnehmerInnen und betonen die aus mangelndem Besitz herrührende Abhängigkeit. »*Armut macht leider Gottes extrem erpressbar*«, meint Sarah Eder in diesem Zusammenhang. Auch Richard Berger nimmt diesen Standpunkt ein, wenn er darüber spricht, dass häufig Neidgefühle gegenüber Geflüchteten geweckt werden: »*Also man spielt zwei Gruppen von armen Menschen gegeneinander aus. Das passiert und das funktioniert ja auch*«. Und in Bezug auf Steuern und Steuerhinterziehung: »*Woanders ist so viel Geld da und da lässt man es sich entgehen.*« Eine andere Befragte spielt ebenfalls auf diese Thematik an, wenn sie über die öffentliche Diskussion meint: »*Die Schmarotzer sind die Langzeitarbeitslosen, aber das ist ein Bruchteil von der Steuerflucht der Konzerne.*« Mit der Zugehörigkeit verbinden die Befragten bisweilen auch starke Gefühle, die Grundlage für solidarisches Handeln werden können: Man müsse eben zusammenhalten, um sich gegen Unterdrückung und Ausbeutung wehren zu können. Die Klassenzugehörigkeit wird auch in der Unterscheidung zwischen dem Oben und dem Unten in der Gesellschaft ausgedrückt. Die oft angesprochene Friseurin wird in der Gesellschaft unten verortet. Sie verdient nicht genug, um davon leben zu können. Dagegen bekommen »*die Obrigen*« unangemessen viel: »*Die Geld haben, die kriegen dann wieder mehr. […] Die Reichen werden immer reicher, weil der vererbt das dann wieder weiter*«, wie Michael Fuchs es formulierte.

a. Das Wir der Milieuzugehörigkeit

Mit »Wir« kann auch die Lebenswelt sozialer Milieus gemeint sein mit ihren geteilten Selbstverständlichkeiten, Werten und Normen sowie mit ihrer viel größeren Wahrscheinlichkeit, im Alltag und in der Lebensführung etwas miteinander zu tun zu haben. Also NachbarInnen oder KollegInnen zu sein, gemeinsam Urlaub zu machen oder untereinander zu heiraten. So bleiben AkademikerInnen einerseits und ArbeiterInnen andererseits vielfach unter sich.[57] Einige unserer GesprächpartnerInnen berichten davon, dass bei ihnen der ganze Freundeskreis in der Hilfe für geflüchtete Menschen aktiv war. In ganz anderen Zusammenhängen wird die Abgrenzung von weniger respektablen oder distinguierten Gruppen zum Ausdruck gebracht, wenn etwa Konrad Schweighofer meint, dass er *»schon ein bisserl gehobeneres Niveau«* möchte, wenn er auswärts essen geht. Die Milieuzugehörigkeit kann aber nicht nur in einem bestimmten Lebensstil zum Ausdruck kommen, sondern sich auch in der Zugehörigkeit zu einer Berufsgruppe manifestieren. Ob als Handwerker, Landwirt oder Architektin, es kommt zu einer Zuordnung und es wird Zugehörigkeit zum Ausdruck gebracht. Teilweise erfolgt dies im Zusammenhang mit einer gemeinsam erfahrenen Missachtung. So brachte Lukas Aichinger zum Ausdruck, dass es mit der Landwirtschaft bergab gehe und auch die Vertretung fehle. Tobias Heller beklagt die unangemessene Anerkennung der HandwerkerInnen in der Gesellschaft.

b. Das Wir kleiner Lebenswelten

Aber auch innerhalb des eigenen Milieus kann es zu Unterscheidungen kommen, beispielsweise zwischen denen, die in der Unterstützung für Geflüchtete aktiv wurden, und den anderen, die dies nicht taten. Eine solche Zuordnung geht über eine Klassifizierung hinaus. Es wird damit auch Zugehörigkeit ausgedrückt. Man teilt Selbstverständlichkeiten, Werte und Praktiken und

---

[57] Pierre Bourdieu (1997, 1987) hat sehr umfangreich herausgearbeitet, dass sich die unterschiedlichen Klassen oder Milieus in einer Gesellschaft durch ihre alltäglichen Praktiken voneinander unterscheiden. Die Gewohnheiten und Vorlieben, die ein bestimmtes Milieu teilt, schaffen nach innen Zugehörigkeit und tragen nach außen zu einer Abgrenzung von anderen Milieus bei.

erwartet von den anderen Mitgliedern der Gruppe, dass sie sich gleichermaßen engagieren. Sabine Friedrich meint beispielsweise, »*natürlich hat es Leute gegeben, die sich besonders engagiert haben. Aber viele wollten da auch gar nicht, überhaupt nicht. ›Warum?‹ und ›Warum müssen wir?‹ und ›Die sollen doch woanders!‹ und und.*« Zugleich grenzt sich diese Gruppe von jenen ab, die keine Hilfe leisten, obwohl es nötig wäre und streicht einen Distinktionsgewinn ein, fühlt sich also als etwas Besseres. Die Gruppe der HelferInnen reklamiert moralische Überlegenheit für sich, muss sich im Alltag durchaus aber auch selbst anfeinden lassen. Auch die Zugehörigkeit zur stigmatisierten Gruppe der Erwerbslosen muss nicht nur Nachteile, sondern kann auch Entlastung bringen, wie Sarah Eder im Zusammenhang mit dem Theaterprojekt von erwerbslosen Personen erzählt: »*Und es war eine Erlösung, eine Erlösung mit Leuten zusammenzusitzen, denen man manches nicht erklären muss, wo ich mich nicht genieren muss, wo ich nicht der Asoziale bin und nicht der Sozialschmarotzer.*«

c. Das republikanische Wir

Viele unserer GesprächspartnerInnen kümmern sich um die *res publica*, die öffentlichen Angelegenheiten. Sie betonen, wie wichtig es ist, zur Wahl zu gehen, oder engagierten sich in den Jahren 2015 und 2016 in der Versorgung von Geflüchteten mit der Begründung, dass die staatliche Versorgung nicht gewährleistet war. Sie tun dies zunächst als einzelne StaatsbürgerInnen, identifizieren sich aber auch mit der Gruppe der aktiven StaatsbürgerInnen, die es für ein Gemeinwesen braucht. Beispielhaft dafür steht Christoph Lehner, der – wie wir gehört haben – in einem Verein in der Flüchtlingshilfe aktiv ist und über dessen Rolle im Verhältnis zum Staat erzählt: »*Private Vereine, Ehrenamtliche versuchen mit dem, was sie aus dem Hut ziehen, die Bildung zu gewährleisten, was eigentlich Aufgabe des Staates wäre.*«

d. Das nationalstaatliche Wir

Die Zuordnung »Wir ÖsterreicherInnen« oder auch »Wir Deutsche« kommt vielen leicht über die Lippen. Das kann eine relativ neutrale Klassifizierung

bedeuten, etwa wenn ein Unterschied zu den BürgerInnen anderer National-
staaten zum Ausdruck gebracht wird. So meint zum Beispiel Barbara Pollak
Österreich sei im Vergleich zu anderen Ländern *»eine Insel der Seligen«*. *»Wir
haben in der Geburtslotterie so was von gewonnen. […] Wir sind so privilegiert
und wir können wirklich wie die Made im Speck leben«*. Lina Wagner stößt
ins gleiche Horn, wenn sie über Österreich meint, *»In Wahrheit sudern
[jammern, Anm.] wir alle auf hohem Niveau, weil schlecht geht's uns eh allen
nicht.«* Daraus leiten viele eine Verpflichtung ab, anderen zu helfen, denen
es nicht so gut geht, weil sie in armen oder von Krieg betroffenen Ländern
leben oder aus diesen kommen. Bisweilen wird dieses nationalstaatliche
Wir auch auf der supranationalen Ebene der Europäischen Union gebildet,
wenn in gleicher Weise von *»uns Europäern«* die Rede ist, die im globalen
Kontext eine privilegierte Stellung genießen.

Im Gegensatz zu diesen Beispielen wird das nationalstaatliche Wir auch
dazu verwendet, um eine Grenze gegenüber Nicht-Zugehörigen zu ziehen,
etwa um diese von staatlichen Sozialleistungen auszuschließen. Dieses Wir
mobilisiert beispielsweise Tobias Heller, um zu argumentieren, weshalb die
Mindestsicherung für Geflüchtete zu hoch sei. Er meint, es sei *»eine gewaltige
Frechheit«*, dass jemand so viel Geld bekäme, obwohl er oder sie erst kurz in
Österreich sei, *»und noch nie etwas gearbeitet hat in dem Staat«*. Ähnlich sieht
das Andrea Danner: *»Was man so hört und mitkriegt, wo ich mir denke, der
Staat zahlt viele Millionen an Kinderbeihilfe an ausländische Kinder, die nie da
gelebt haben. Wozu? Warum kann man das nicht für die im Land verwenden?«*

e. Das Wir der Solidargemeinschaft des Sozialstaates

Eng verbunden mit dem nationalstaatlichen Wir, aber davon auch unterschieden, besteht eine Vorstellung von der Zugehörigkeit zu denjenigen, die zur
Finanzierung des Sozialstaates beitragen und entsprechend auch Ansprüche
an ihn geltend machen können. *»Wer einzahlt, kann auch etwas rausnehmen.«*
Dieses Wir drückt sich zum einen in der – von anderen ebenso geforderten –
Unterordnung unter ein Leistungsprinzip aus, das auf die Erwerbsarbeit
fokussiert ist. So meint Sabine Friedrich: *»Wenn ich körperlich in der Lage*

bin zu arbeiten, dann habe ich auch die Verpflichtung zu arbeiten, auch wenn es diese soziale Absicherung gibt.« Hans Weiss argumentiert: »*Wo soll das Geld herkommen für den Sozialstaat? Das müssen Leute wie ich erwirtschaften. Und wenn einmal 80 % der Menschen, die eigentlich arbeiten können, sagen: ›Nein, ich mag nimmer, weil das ist mir zu anstrengend‹, ja, dann wird das System nicht mehr funktionieren.*«

Auf der anderen Seite stehen Haltungen, in denen die Unterstützung für die Bedürftigen betont und von den Begüterten verlangt wird, höhere Beträge zu leisten, damit andere nach dem Bedarfsprinzip unterstützt werden können. So findet Barbara Pollak, dass »*diejenigen, die mehr haben, mehr zur Finanzierung des Sozialstaates beitragen sollen*«. Wie in der Beschreibung des Typs 2 »altruistische Solidarität« deutlich wurde, sieht ein Teil der Befragten insbesondere die Grundversorgung von Bedürftigen als Aufgabe des Sozialstaates. Damit ist aber keine Vorstellung eines Wir verbunden, weil damit ja »anderen« geholfen wird. Das Wir einer sozialstaatlichen Solidargemeinschaft finden wir daher eher bei jenen, die Ansprüche von Beiträgen abhängig machen.

f. Das Wir der Etablierten, die länger oder »immer schon« hier sind

Bei der Abgrenzung nach nationalstaatlicher Zugehörigkeit geht es aber um mehr als den Status als Staatsbürger bzw. Staatsbürgerin. Es wird auch die Gruppe derer angesprochen, die Vorrechte aus ihrer längeren Anwesenheit im Land beanspruchen kann. Oft wird dabei die Frage der Anwesenheit auch auf die Eltern und weitere Vorfahren ausgedehnt. Diese Vorrechte werden häufig am Beispiel sozialstaatlicher Leistungen angesprochen. In der Forderung nach einer Bevorzugung der »Unsrigen« schwingt manchmal auch mit, dass man Ausgaben für Neuankommende nicht akzeptiert, selbst wenn man selbst keinen Bedarf an staatlichen Unterstützungen hat. Martina Erdinger hat in dieser Hinsicht eine klare Position: »*Ein Pensionist, der kriegt ein Taschengeld, warum kriegen die mehr? Die Miete ist bezahlt, das Essen ist bezahlt, die Unterhaltung ist bezahlt, das Telefon ist bezahlt. Es reicht ein Taschengeld. Ich meine, es kann nicht sein, dass denen mehr bleibt als unsereins.*«

g. Das nationalistische, ethno-nationale Wir

Werden Etabliertenvorrechte geltend gemacht, können dabei auch kulturelle und ethnische Töne mitschwingen oder überhaupt das Leitmotiv bilden. Damit bezieht sich das Wir auf eine Eigengruppe, deren Gemeinsamkeit in der Kultur bzw. in der Abstammung liegt. Maria Eisner beispielsweise vertritt keine »völkische« Ideologie, nimmt sich aber bei der Einschätzung der Fremdgruppe kein Blatt vor den Mund: »*Diese ganzen Migranten [...] schöpfen aus den vollen Töpfen. Und das ist nicht in Ordnung. Das ist eine Ausbeutung der hart arbeitenden Menschen, die sich hier wirklich einen Wohlstand erarbeitet haben. [...] Ich will nicht sagen, dass es keine Österreicher gibt, die auch Straftäter sind. Gibt es auch genug. Ja, aber das, was da reinkommt, das ist Hardcore. Schon allein, wenn sie Frauen als so wertlos betrachten und behandeln.*« Es ist aber auch erkennbar, dass die Vorurteile gegen eine Fremdgruppe durch die angebliche Bedrohung von Vorrechten der Eigengruppe mobilisiert werden, wie überhaupt die Zugehörigkeit zur Eigengruppe in dieser Abgrenzung an Stärke gewinnt. Auch Anna Nowak stellt in folgendem Zitat die »Inländer« den »Ausländern« gegenüber und behauptet eine Bevorzugung letzterer: Man sollte »*auf die Österreicher schauen und nicht nur auf die Ausländer. Weil zum Beispiel das Witzige ist, bei denen, die können zehn Kinder haben. Ja, passt, die kommen über die Runden ohne Ende. Wenn du als Österreicher ein Kind hast, kannst du schon schauen, wie du über die Runden kommst. Du musst dreischichtig arbeiten gehen, weil sonst kannst du dir das alles nicht leisten. Dann musst du aber schauen, dass du dein Kind betreust. Das kostet wieder einen Haufen Geld. Also eine Katastrophe. [...] Und das wäre halt schon gut, wenn sie (PolitikerInnen, Anm.) da einmal schauen täten, dass sie mehr auf die Österreicher schauen und nicht nur alles in die Ausländer reingeht.*«

h. Das Wir der »hart Arbeitenden« und der »Leistungsträger«

Diesem Wir liegt die Vorstellung einer Gruppe zugrunde, die hart arbeitet und viel leistet. Man fühlt nicht nur eine Verpflichtung zur Arbeit, man könnte aber auch gar nicht anders, weil einem »das Nichtstun« nicht entspricht. In der Wahrnehmung der Eigengruppe liegt auch eine Abgrenzung gegenüber anderen, die »faul« zu Hause liegen und es sich einrichten, mit dem Wenigen des Arbeitslosengeldes auszukommen. Oder es wird ein Unterschied zu einer jüngeren Generation behauptet, etwa wenn Gerald Hofer beschreibt, wie seine Generation an das Leben herangegangen ist: *»Uns ist Karriere wichtig, wir wollen Gas geben, wir wollen raufkommen.«* Die Identifizierung mit dieser Gruppe bringt nicht so sehr starke Gefühle der Zugehörigkeit hervor, sondern vielmehr emotionsgeladene Abwertung anderer. Das kann sich auf die als nicht ausreichend wahrgenommene Unterwerfung der anderen unter die moralische Ordnung und unter Leistungsanforderungen beziehen und entsprechend in einer autoritären Aggression bestehen. *»Härter durchgreifen«* (Josef Alp) solle man gegen jene, die nicht arbeiten wollen. Ihnen keine Geldleistungen bieten, sondern Sachleistungen, damit sie sich keinen Alkohol, keine Zigaretten und keine Luxusgüter kaufen können. Sandra Vordermeier erzählte, dass sie eine *»Abneigung«* gegen jene habe, *»die halt einfach nicht [Anm.: arbeiten] wollen, aber könnten und vielleicht einfach aufgrund von Faulheit oder so zu Hause sind.«* Ebenso wie ethno-nationalistische Zuordnungen stützt diese Orientierung bisweilen den Anspruch darauf, bei sozialstaatlichen Leistungen begünstigt zu sein. So wünscht Gerhard Meier eine Bevorzugung jener, *»die eben viel leisten, viel Bildung haben oder schon lange gearbeitet haben.«*

8.1.2 Vielfalt der Zuordnungen

Die Liste der unterschiedlichen Wir verdeutlicht, wie vielfältig die Zuordnungen, Identifizierungen und emotionsgeladenen Zugehörigkeiten ausfallen können. Auch gehören die Personen nicht exklusiv einem Kreis an. Zwar schließen einander manche Wir gegenseitig aus, wie etwa die Zugehörigkeit zur Gruppe der FlüchtlingshelferInnen und zur ethno-nationalistischen Gruppe, aber es gibt auch vielerlei Überscheidungen, ein Sowohl-Als-Auch der verschiedenen Wir. In dem oben beschriebenen Solidaritätstyp 1 des »Füreinander Einstehens« beispielsweise spielen das erstgenannte »Wir der Klasse in einer zweigeteilten Gesellschaft« und das »republikanische Wir« eine besondere Rolle. Der vierte Solidaritätstyp »Leistung muss sich lohnen«

wiederum enthält stärker die Identifizierungen in Form des »Wir der Klasse in einer zweigeteilten Gesellschaft«, des »Wir der Milieuzugehörigkeit« und des »Wir der Solidargemeinschaft des Sozialstaates«. Dagegen finden wir in Typ 6 (»Mehr für die Unsrigen tun«) vor allem Identifizierungen im Sinne des »Wir der Etablierten« und des »nationalistischen, ethno-nationalen Wir«. Insgesamt zeigen sich daran eine große Vielfalt und unterschiedliche Überschneidungen. Schon im Hinblick auf die Identifizierungen können wir also den Schluss ziehen, dass es sich bei den Polarisierungen, welche in der öffentlichen Debatte häufig vorkommen, um zu grobe Vereinfachungen und um unzulässige Verallgemeinerung handelt.

Bei den einzelnen deklarierten Eigengruppen handelt es sich nur zum Teil um reale Gemeinschaften, zu denen man sich auf Basis von Gemeinsamkeiten und Gegenseitigkeit zugehörig fühlt. Die klassischen Beispiele dafür wären die Familie und die Dorfgemeinschaft. Deutlich häufiger geht es um imaginierte Gemeinschaften, die also nur in der Vorstellung der Beteiligten existieren. Die Vorstellungen von einer Klasse, einer Nation oder auch einem »Volk«, wie es die Rechtsextremen sehen, können trotzdem recht stabil und wirkungsmächtig sein. Aber viel häufiger entsteht die meist recht vage Vorstellung eines Wir erst aus gegebenem Anlass in einer konkreten Situation, nämlich in Reaktion auf Vorfälle oder Fragen, die dazu herausfordern, sich zu positionieren, also seinen oder ihren Ort in der Gesellschaft für sich festzulegen oder gegenüber anderen anzugeben. Eine solche Situation tritt insbesondere dann ein, wenn andere soziale Gruppen etwas für sich beanspruchen oder die Frage aufgeworfen wird, ob Neue nunmehr dazugehören sollen oder nicht. Durch entsprechende politische und mediale Beeinflussung kann sich dann die Vorstellung einer Eigengruppe, die etwas zu verlieren hat, herausbilden. Und diese ist in der Wahrnehmung der Menschen nicht klar definiert und nicht notwendigerweise dauerhaft, sondern oft situationsabhängig und variabel als Überschneidung aus mehreren dargestellten Formen des Wir. Wenn Anna Nowak sich sehr emotional über MigrantInnen äußert, die sich nicht *integrieren* und nicht arbeiten wollen, die mit *unseren Steuergeldern* neue Handys kaufen, und dem die schuftenden ÖsterreicherInnen gegenüberstellt – *»Wir rackern uns ab, bis* *wir umfallen*« – dann treffen hier das Wir der hart Arbeitenden, das Wir der Etablierten und das Wir der Ausgebeuteten zusammen und werden in dieser Form aber erst durch die konkrete Herausforderung im Kontext der Ankunft vieler Geflüchteter im Sommer 2015 aktualisiert.

Solidarität setzt in der Regel ein Wir der Solidargemeinschaft voraus. Die Verpflichtung zur gegenseitigen Unterstützung oder zu Beiträgen und Opfer für die Erreichung eines gemeinsamen Ziels gilt innerhalb einer Gruppe, der man sich zugehörig fühlt. Vielfach ist die Zugehörigkeit zu einer solchen Gruppe oder Gemeinschaft auch mit Emotionen unterlegt, die für den Zusammenhalt wichtig sind. Und wenn eine Solidarisierung erreicht werden soll, wird häufig an ein Wir der Klasse, der Berufsgruppe oder der Nation appelliert und auch versucht, ein Wir-Gefühl entstehen zu lassen. Identifizierungen sind so gesehen eine wichtige Voraussetzung für Solidarität. Doch das Wir und die Solidargemeinschaft können andererseits auch auseinandertreten, wie wir gesehen haben. So empfinden nicht alle, die dafür eintreten, dass die staatlichen Sozialleistungen den »Unsrigen« vorbehalten bleiben sollten, eine Zusammengehörigkeit mit denen, welche bestimmte Sozialleistungen nötig haben. Oder die Gruppe derer, welche den Geflüchteten helfen, können mit letzteren solidarisch sein, ohne dass diese zu ihrer so definierten Gruppe gehören, sondern zur Menschheit, welche die universelle Solidarität einschließt. Daraus sind vielfältigere und variablere Möglichkeiten der Solidarisierung zu erkennen als bei einer Betrachtung, die festgefügte Identifizierungen und Zugehörigkeiten in den Vordergrund stellt.

8.2   Spaltungslinien in der Gesellschaft

In den Medien ist häufig von einer Spaltung der Gesellschaft die Rede. Dieses Bild legt nahe, dass Grenzziehungen zwischen Gruppen härter werden, wodurch unüberwindliche Gräben aufgerissen würden, die das gedeihliche Miteinander, die Verständigung und den Interessenausgleich unmöglich machen. Wo tut sich aber eine solche Kluft auf? Im öffentlichen Diskurs kommen mehrere Spaltungslinien vor. Erstens ist davon die Rede, dass sich die Arbeitsbedingungen, die materielle Lage, die Art der Lebensführung und die Werthaltungen verschiedener Gruppen in der Gesellschaft so weit auseinanderentwickeln, dass es kaum noch Gemeinsamkeiten zwischen ihnen gibt. Zweitens werden aus Unterschieden, die bisher nur in gewissen Situationen eine Rolle spielten, etwa die Hautfarbe, die Staatsbürgerschaft oder die Einstellung zur Europäischen Union, zu Differenzen und Gegensätzen aufgebauscht, die nicht mehr überbrückbar erscheinen. Im Fall von Unterschieden in den politischen Orientierungen kann man drittens von Spaltung sprechen, wenn sich politische Lager herausbilden, die einander zunehmend feindselig gegenüberstehen und deren Mitglieder sich in ihrer gesamten Lebensführung wenn möglich von den anderen fernhalten. Bisweilen wird allerdings schon behauptet, das Land sei gespalten, sobald einander politische Parteien unversöhnlich und unfähig zum Kompromiss gegenüberstehen.

Ein prominentes Beispiel für die diskutierte Spaltung der Gesellschaft ist die Haltung gegenüber den in Mitteleuropa ankommenden Menschen auf der Flucht, besonders, wenn deren Zahl ansteigt bzw. in einem bestimmten Zeitraum sehr hoch ist. In diesem Zusammenhang stehen diejenigen, welche die Ankommenden im Land aufnehmen möchten, jenen gegenüber, die für das Schließen der Grenzen eintreten. Die Spaltung drückt sich in einer abwertenden Haltung gegenüber den jeweils anderen aus: »Willkommensklatscher« und »Gutmenschen« gegen »Rassisten«. Quer durch die Familien, so heißt es, verläuft die Spaltung, was Sorgen um den Zusammenhalt der Gesellschaft aufkommen lässt. Die Massenmedien spielen in diesem Zusammenhang eine zentrale Rolle. Sie prägen die Wahrnehmung der Situation durch die BürgerInnen.

Ernst Kogler spielte auf diesen Einfluss an, als er darüber erzählte, wie er den Sommer 2015 erlebt hatte: *»Ich kann mich an ein Gefühl der Angst erinnern, dass ich Angst gehabt hab, wir werden jetzt überrannt. Wir werden jetzt sozusagen – also eine Invasion von lauter Flüchtlingen. Aber nachträglich muss ich sagen, vielleicht wird diese Angst auch von der medialen Berichterstattung geschürt, weil ehrlich gesagt muss ich sagen, dass ich keinen Kontakt mit Flüchtlingen gehabt hab, dass sich mein Kontakt mit Flüchtlingen auf die Medien beschränkt hat.«*

Der Begriff der Spaltung wird nicht nur auf Veränderungsprozesse in der Gesellschaft angewandt, sondern auch auf das aktive Tun einzelner. So heißt es, dass bestimmte PolitikerInnen die Bevölkerung »spalten«, indem sie einzelne Gruppen abwerten, zu Sündenböcken stempeln und eine Hetze gegen sie betreiben. Dies betrifft insbesondere Minderheiten, MigrantInnen und als »arbeitsscheu« diffamierte Personen. Sie werden zunächst als anders, dann als ungleichwertig dargestellt. Auf dieser Grundlage werden sie in der Folge als Ursache für Missstände in der Gesellschaft verantwortlich gemacht. Insbesondere den rechtspopulistischen PolitikerInnen wird vorgeworfen, zu »hetzen« und Teile der Bevölkerung gegeneinander auszuspielen. So argumentierte die Integrationsbeauftragte der CDU im Bundestag, Cemile Giousouf, im Jahr 2016 beispielsweise: »Die AfD will unsere Gesellschaft grundlegend verändern und spalten. Die Bürger sollten nicht glauben, dass es hier nur um Muslime oder Flüchtlinge geht. Die AfD agitiert gegen sozial Schwache, psychisch Kranke, Alleinerziehende und will die Abtreibung abschaffen. Sie will ein anderes Deutschland.«[58]

Tatsächlich gehört es zur rechtspopulistischen Politik der Ausgrenzung, »das Volk« nach außen und nach unten abzugrenzen.[59] In Österreich waren ÖVP und FPÖ mit dem Slogan, sie würden die »Zuwanderung in unser Sozialsystem«[60] stoppen, sehr erfolgreich. Dieser Slogan unterstellt den Migrantinnen und Migranten, dass sie es auf Sozialleistungen abgesehen hätten und selbst nichts zur Solidargemeinschaft beitragen werden. Das zielt auf die Spaltung der Gruppe der bedürftigen Menschen nach Nationalität. Anfang 2018 sorgte der neubestellte Bundeskanzler Sebastian Kurz für eine Neubelebung der schon lange bekannten Debatte über sogenannte Sozialschmarotzer, indem er erklärte: »Es kann nicht Aufgabe der Allgemeinheit sein, die zu finanzieren, die sich mit Ausreden beim AMS durchschummeln.«[61] Später legte er in einer Diskussion über die Neuregelung der Mindestsicherung

58   https://www.wp.de/region/sauer-und-siegerland/giousouf-warnt-die-afd-will-die-gesellschaft-spalten-id11765664.html – 17.6.2019.
59   Vgl. dazu Wodak 2016.
60   http://www.krone.at/584891 ; http://www.fpoe-parlamentsklub.at/artikel/hc-strache-schluss-mit-einwanderung-in-unser-sozialsystem/ – 3.6.2019.
61   https://kurier.at/politik/inland/arbeitslos-in-oesterreich-alles-durchschummler-oder-was/306.372.171 – 7.5.2019.

nach, gegen die sich die Stadt Wien ausgesprochen hatte: In Wien würden »in vielen Familien in der Früh nur mehr die Kinder aufstehen, weil die Eltern nicht arbeiten gehen.«[62] Die Angriffe auf diejenigen, die auf staatliche Unterstützung angewiesen sind, wurden ergänzt durch Botschaften an die »Anständigen und Tüchtigen«: »Wer arbeitet, der darf nicht der Dumme sein.«[63] Es ist hier nicht der Platz, diese öffentlichen Debatten umfassend nachzuzeichnen und systematisch zu analysieren. Es sollte nur angedeutet werden, in welcher Form Spaltungen aktiv betrieben werden – und auch auf den Hintergrund verwiesen werden, vor dem wir die Gespräche für diese Untersuchung führten.

Wie werden Spaltungen in den Sozialwissenschaften thematisiert? Symbolische Grenzziehungen und soziale Grenzen zwischen Großgruppen, seien es Klassen, Schichten, Milieus etc., kennzeichnen so gut wie jede Gesellschaft. Grenzziehungen, die für Identifizierungen von Bedeutung sind, die ein »Wir« in Abgrenzung zu anderen konstituieren, sind nicht nur im Fluss, sondern erlauben auch vielfältige Brücken und Übergänge. Auch soziale Grenzen nach Klassenlagen und Milieus, die sich in einem eingeschränkten Umgang über die Grenzlinie hinweg, in der unterbrochenen Kommunikation und im Unter-sich-Bleiben äußern, sollten wohl nicht zu Spaltungen dramatisiert werden. Wird also von Spaltungen gesprochen, muss etwas anderes gemeint sein. Erst die Vertiefung der Kluft, eine gestiegene Distanz, die Abwertung und Ablehnung einer anderen Gruppe und die feindschaftliche Haltung dieser gegenüber rechtfertigen es, die Abgrenzung als Spaltung zu bezeichnen.

Die These der Entsolidarisierung von Wilhelm Heitmeyer[64] ebenso wie die These der Exklusion von Martin Kronauer[65] können als Beispiele dafür herangezogen werden, dass sich die Distanz zwischen den Gruppen in der Gesellschaft im Hinblick auf ihre Lebensbedingungen und ihre Haltung zueinander vergrößert. Sie stellen eine tiefer werdende Kluft in der Gesellschaft

62   https://derstandard.at/2000095947364/Mindestsicherung-Strache-fordert-Wiener-Stadtregierung-zum-Ruecktritt-auf – 7.5.2019.
63   Die Presse, 29.11.2018 (https://diepresse.com/home/innenpolitik/5538158/Kurz_Wer-arbeiten-geht-darf-nicht-der-Dumme-sein – 17.12.2018)
64   Heitmeyer 2018.
65   Kronauer 2010.

entlang der Linien sozialer Ungleichheit fest. Als »Spaltung« kann man in diesem Zusammenhang bezeichnen, dass die Benachteiligungen verschärft werden, dass Teile der Bevölkerung »abgehängt« werden, dass Gruppen der Gesellschaft von Ausgrenzung bedroht werden. Hinzu kommt für Heitmeyer, dass die Besser-Gestellten nicht nur wichtige Güter monopolisieren und andere davon ausschließen, sondern die Benachteiligten darüber hinaus abwerten. Dies findet bisweilen in »roher Bürgerlichkeit« ihren Ausdruck.[66] Damit meint er, dass hinter der Fassade zivilisierten Auftretens eine Verachtung für Menschen mit weniger Geld und Bildung zum Vorschein kommt. Darin drücken sich die Ideologie der Ungleichwertigkeit und autoritäre Einstellungen aus. Die Entsolidarisierung besteht in diesem Zusammenhang darin, dass diese Gruppe der Privilegierten der Meinung ist, dass denjenigen, die in der Konkurrenz um Einkommen, um Positionen und um Anerkennung nicht mithalten können, auch nicht geholfen werden sollte.

Spaltungslinien werden in den Sozialwissenschaften aber nicht nur zwischen »oben« und »unten« bzw. zwischen Privilegierten und Benachteiligten festgestellt. Verschiedene Unterscheidungen und Zuordnungen in der Gesellschaft, also symbolische Grenzziehungen, können zu sozialen Grenzen der Einbeziehung und Ausgrenzung werden.[67] Die Unterschiede der Sprache, der geografischen Herkunft, der Religion, der ethnischen Zugehörigkeit und der Hautfarbe werden in der Fremdenfeindlichkeit und im Rassismus gegenüber anderen Differenzen so sehr hervorgehoben, dass das Individuum hinter der anhand eines einzigen Merkmals definierten Gruppe verschwindet. So können aus symbolischen Grenzziehungen etwa entlang von Sprachgrenzen und ethnischer Zugehörigkeit bedeutende Spaltungen der Gesellschaft entstehen.

Rassistische Vorurteile bestehen nach Herbert Blumer[68] nicht nur darin, dass die andere Gruppe als anders, fremd und unterlegen wahrgenommen wird, sondern ganz zentral auch im Anspruch auf eigene Privilegien und in der Befürchtung oder im Verdacht, dass die andere Gruppe es auf diese abgesehen habe. Es geht also in Blumers Konzeption von Vorurteilen weniger

66 Heitmeyer 2012.
67 Lamont und Molnár 2002.
68 Blumer 1958.

um individuelle Sichtweisen, als vielmehr um das Verhältnis von sozialen Gruppen zueinander und wie sie in einem kollektiven Prozess ihr Bild von sich selbst und von den anderen formen. Dieser kollektive Prozess besteht in der Kommunikation der Massenmedien, der PolitikerInnen, prominenter Personen, aber auch aller anderen Mitglieder der Eigengruppe untereinander. Auf diese Weise werden Bilder der Selbst- und Fremdwahrnehmung aber zugleich die Sorge verbreitet, dass die Position der privilegierten Gruppe in Gefahr sei.

Nach diesem Muster können auch symbolische Grenzziehungen und soziale Grenzen zwischen »Etablierten« und »Außenseitern«, die sich weder in ethnischen noch in sozialen Merkmalen unterscheiden, hergestellt und aufrechterhalten werden. Das haben Norbert Elias und John Scotson bereits in den 1960er-Jahren am Beispiel zweier von IndustriearbeiterInnen bewohnten Stadtvierteln in England gezeigt.[69] Den schon länger in der Stadt Lebenden gelang es aufgrund ihres stärkeren sozialen Zusammenhalts, die neu Zugezogenen und deren Viertel nachhaltig als ungleichwertig zu qualifizieren und von anerkannten Positionen in der Stadtpolitik und bei Vereinen auszuschließen. Auch dabei handelt es sich um einen kollektiven Prozess, in dem die Machtverhältnisse in der Eigengruppe eine Rolle spielen, insofern ja möglichst alle BewohnerInnen des »besseren« Viertels dazu gebracht werden müssen, die anderen zu diskriminieren. Sowohl Blumer als auch Elias und Scotson betonen also, dass es bei der emotionsgeladenen Ablehnung der Mitglieder anderer Gruppen nicht so sehr um individuelle Vorurteile geht, die sich psychologisch erklären lassen, sondern darum, wie Gruppen ihre Position und ihre Vorrechte in der Gesellschaft erkämpfen und verteidigen, indem sie Spaltungen herstellen und aufrechterhalten.

Empirisch ließen sich für Österreich Polarisierungstendenzen in den Einstellungen zur Zuwanderung feststellen, d.h. die BefürworterInnen und die GegnerInnen der Immigration sind mit ihren Meinungen weiter auseinandergerückt. Dies ist für Deutschland nicht in dem Ausmaß der Fall.[70] Die Trennung in die »eigenen Leute« oder die »Unsrigen« einerseits

69 Elias und Scotson 1990.
70 Bacher 2018.

und die »Fremden« andererseits sowie diesbezügliche Polarisierungen werden heute insbesondere durch eine weit verbreitete Islamfeindlichkeit verstärkt. In diesem Zusammenhang sind Tendenzen einer »Normalisierung« des Rechtsextremismus festzustellen, durch die »völkisches« Denken in der Mitte der Gesellschaft ankommt und häufig unbewusst zur Rahmung des Geschehens herangezogen wird. Dadurch erscheint Migration als Bedrohung der »kulturellen Identität«, die aber nur dann vorstellbar wird, wenn man – gegen jegliche Tatsachen – die Existenz eines homogenen Volkes mit gleichbleibenden Eigenschaften behauptet. Solche »völkischen« Deutungen können auch, zumindest implizit, als Argumentationslinie dienen, wenn sozioökonomische Konkurrenz mit neu Zugezogenen ausgetragen wird, wenn sich also »Etablierte« von »Außenseitern« abgrenzen.

In der politischen Soziologie und der Politikwissenschaft wird der englische Begriff der »cleavage« verwendet, um die Aufteilung der Bevölkerung in unterschiedliche »Lager« zu kennzeichnen, die für das Wahlverhalten und die Parteibindung von Bedeutung sind. So spielte im 20. Jahrhundert lange Zeit die Klassenlage, also die Zugehörigkeit zur Kategorie der ArbeiterInnen, der Angestellten und der Selbstständigen, eine wichtige Rolle in der Parteibindung. Andere »Spaltungen« bezogen sich auf die Gegenüberstellung zwischen Staat und Kirche, zwischen Stadt und Land etc.[71] Die Parteibindung der WählerInnen hat allerdings stark abgenommen, sodass heute weniger von politischen Lagern die Rede ist. Erst durch die Beobachtung, dass rechtspopulistische und rechtsextreme Parteien in Europa in den letzten beiden Jahrzehnten recht erfolgreich dabei waren, bei Wahlen die Stimmen der ArbeiterInnen zu bekommen, wurde diese Diskussion wiederbelebt.[72]

Vor dem hier nur kurz angedeuteten Hintergrund der Beschreibung von Spaltungslinien in den Sozialwissenschaften lassen die Ergebnisse unserer Untersuchung vielfältige Muster erkennen. Im Folgenden fassen wir die wichtigsten davon zusammen: (1) die Unterschiede in den Lebenslagen und der Abschottung verschiedener Gruppen; (2) die Abgrenzung der Privilegierten von den Benachteiligten und die verschiedenen Haltungen zum Sozialstaat

---

71   Lipset und Stein 1967.
72   Flecker et al. 2019.

in diesem Zusammenhang; (3) die in der öffentlichen Diskussion häufig vermutete Spaltung der Bevölkerung in jene, die Geflüchtete aufnehmen, und diejenigen, welche die Grenzen für diese schließen möchten.

»Die wissen gar nicht, was ein Kleiner verdient.«

Die Auswahl der InterviewpartnerInnen unserer Untersuchung hatte zum Ziel, eine relativ große Vielfalt an Haltungen abzudecken. Deshalb versuchten wir auch, mit Menschen in unterschiedlichen Lebenslagen ins Gespräch zu kommen, auch wenn wir bei weitem nicht die gesamte Bandbreite von Reichtum bis Armut abdecken konnten. Aber schon die erfasste soziale Ungleichheit ist eklatant, wenn man sie beispielsweise am Haushaltseinkommen misst. Das niedrigste Haushaltseinkommen der Befragten lag bei den unselbstständig in Vollzeit Beschäftigten bei 1400 Euro im Monat, das höchste in dieser Kategorie bei 8000 Euro. Teilzeitbeschäftigte verdienten zwischen 820 und 1050 Euro netto pro Monat. Die befragten Erwerbslosen wiederum erhielten zwischen 780 und 820 Euro, jemand mit einer geringfügigen Beschäftigung zusätzlich zum Arbeitslosengeld kam auf 1200 Euro netto monatlich. Auch bei den befragten Selbstständigen ist die Bandbreite groß. Das niedrigste Haushaltseinkommen beträgt 2500 Euro im Monat, das höchste 10.000 Euro.

Lukas Aichinger sieht die Politik von den Reichen und den großen Wirtschaftsunternehmen »gesteuert«. *»Das ist nicht richtig, find ich. Weil sie [die PolitikerInnen, Anm.] für die kleinen Leute dann eigentlich so nix übrig haben. Weil sie einfach schon in einer anderen Welt leben. Die wissen gar nicht, was ein Kleiner verdient. Oder wie schwer er's hat, dass er eine Familie ernährt oder dass er ein Haus baut.«*

Die Unterschiede in den Lebenslagen gehen mit sozialen Grenzen in dem Sinn einher, dass Menschen, die unterschiedlichen sozialen Schichten angehören einander im Alltag kaum begegnen.[73] Wenn der Architekt Reinhard Hofstätter im Interview sagt: *»Weil ich zum Glück niemanden*

73   Folgen wir Bourdieu, ist dieser soziale Sinn für Grenzen vor allem durch den Habitus geprägt (1987). Er stattet uns mit einem Gefühl dafür aus, was zu uns passt und was nicht und trägt somit dazu bei, bestehende (objektive) Grenzen vorwegzunehmen. Man tendiert dazu die Dinge auszuschließen (Bildungswege, Berufsentscheidungen, Essengewohnheiten, Urlaubsdestinationen usw.), die einen

kenne, *der langzeitarbeitslos ist oder lange krank*«, dann meint er nicht, dass er solche Leute lieber nicht kennen möchte, sondern dass seine Verwandten, Freunde und Bekannten von solchen Schicksalsschlägen verschont geblieben sind, weil sie auch aus einem Milieu entstammen, das durch entsprechende Ressourcen gut abgesichert und weniger von Arbeitsmarktrisiken betroffen ist. Auch der Facharzt Josef Klein ist »*im Grunde wohlbehütet und in sehr stabilen, guten Rahmenbedingungen aufgewachsen*« und gewinnt erst über eine Nebenbeschäftigung Einblicke in das Leben der Benachteiligten der Gesellschaft, wofür er dankbar ist. Manche sprechen soziale Grenzen also direkt an, die dafür sorgen, dass man mit Menschen in anderen Lebenslagen gar nicht in Kontakt kommt. Bei anderen zeigt sich die Trennung daran, dass ihnen die sozialen Unterschiede im Land nicht bekannt sind, wenn sie etwa meinen, hier gehe es ohnehin allen gut. So meinte Erwin Staudinger: »*Ich denke, dass wir im deutschsprachigen Raum von den Möglichkeiten her, die es gibt, ziemlich gleich mit anderen sind. […] Wir sind gut aufgestellt, es rutscht keiner durch oder kommt an die Armutsgrenze, wir sind da schon führend, denke ich.*«

Wir können also Spaltungslinien feststellen nach Klassenlage bzw. Schicht-zugehörigkeit. Diese sind zunächst soziale Grenzen getrennter Lebenswelten, die den Kontakt miteinander und den Einblick in die jeweils andere Lebens-situation einschränken oder unterbinden. Manche, die sich in der Hilfe für Geflüchtete engagieren, wissen nicht um die Situation armer Menschen im Land, und finden es gut, durch ihr Engagement erstmals etwas über den Alltag in prekären Lebenslagen zu erfahren. Für Ronja Ebner war das eine Motivation: »*Ich wollte mir mein eigenes Bild auch machen, also ich wollte wissen, stimmt das jetzt alles, was in der Zeitung steht? Also natürlich nicht, aber wie ist es wirklich für jemanden, der halt flüchtet und sich dann hier niederlässt und mit welchen Problemen er konfrontiert ist und dergleichen. Ich wollte einfach aus erster Hand mal sehen, wie das ist.*«

Wenn pauschal davon gesprochen wird, dass es in Österreich »*eh allen gut gehe*«, offenbart sich ein Mangel an Wissen über die sozialen Unterschiede im Land. Darin zeigt sich die soziale Ungleichheit als Distanz zwischen

aufgrund der sozialen Herkunft bereits verschlossen oder zumindest schwer zugänglich sind (ebd. 1987, S. 734).

sozialen Gruppen und Lebenswelten, die bis zur sozialen Ausgrenzung gehen kann. Bisweilen kommt jedoch zu diesem Leben in getrennten Welten eine Abwertung derjenigen hinzu, die aus dem Bild des allgemeinen Wohlstands herausfallen. Sie erscheinen dann als die, welche es nicht geschafft haben, als die Schwachen. Manchmal wird ihnen auch die Schuld an ihrer Lage zugeschoben, indem unterstellt wird, dass sie sich zu wenig anstrengen oder gar nicht arbeiten wollen. So argumentiert beispielsweise Andrea Danner, die Arbeitslosigkeit »*liegt einfach an den Leuten, es wird viel zu viel Unterstützung angeboten, dass die Leute gar nicht die Notwendigkeit sehen, eine Arbeit zu suchen.*« Konrad Schweighofer stellt die Abhängigkeit vom Sozialstaat in einen ethno-nationalen Zusammenhang: »*Die anerkannten Flüchtlinge, das wird so sein wie bei den Türken, da finden 95 Prozent keinen Job. Die werden immer von der Sozialhilfe oder von der Mindestsicherung leben.*« An diesem Vorurteil gegenüber Personen türkischer Herkunft fällt auf, dass sie pauschal als nicht leistungsbereit oder -fähig abgewertet werden. Damit wird die These der »Einwanderung in unser Sozialsystem« gestützt. Zudem werden der Sozialstaat und Migration eng verknüpft, was wiederum eine Einschränkung von Sozialleistungen unter dem Vorwand ermöglicht, es richte sich gegen die MigrantInnen, die ja angeblich nichts dazu beitragen. Sarah Eder steht auf der anderen Seite dieser Spaltungslinie. Sie ist auf Arbeitssuche und bekommt die Vorwürfe und die Abwertungen zu spüren. Für sie stellt sich ihre Lebensrealität ganz anders dar als aus der Sicht der Besser-Gestellten: Manchmal »*da weiß ich nicht mehr, wie ich rauskomme aus dem Chaos. Wenn die [Arbeitsmarktservice, Anm.] mir aus welchem Grund auch – und da sind sie relativ schnell – das Geld sperren, dann sitze ich auf der Straße. Weil, wo nehme ich es her? Ich habe keine Eltern. Es gibt kein soziales Netz. Wo nehme ich es denn her?*«

Diese Spaltungslinie ist gekennzeichnet durch Ausgrenzung, einer damit einhergehenden Trennung der Lebenswelten und kann auf Seiten der Privilegierten mit Entsolidarisierung und Autoritarismus verbunden sein. Eine solche Entsolidarisierung zeigt sich an der individuellen Zuschreibung der Ursachen für Arbeitslosigkeit und prekäre Lebenslagen. Als ein Element des Autoritarismus kommt in diesem Zusammenhang eine autoritäre Aggression zum Vorschein, die sich gegen all jene richtet, denen unterstellt wird, dass sie sich den Leistungsanforderungen nicht unterwerfen. Damit ist nicht gesagt, dass alle Privilegierten oder ihre Mehrheit diese Haltungen zeigen. Wir finden auch gegenteilige Beispiele: Hans Niedermoser etwa ist erfolgreicher Unternehmer, und er hält die Umverteilung von unten nach oben, welche die ÖVP-FPÖ-Regierung ab Anfang 2018 praktizierte, für »*brandgefährlich*«, weil sie den sozialen Frieden auf das Spiel setzt. Auch Jonas Müller zeigt sich solidarisch mit den Benachteiligten der Gesellschaft, auch wenn er sich zu den Privilegierten zählt: »*Mich trifft das, wenn der Oberste verdient, was tausend Untere verdienen, auch wenn ich nicht zu den Unteren gehöre.*«

»Die kulturelle oder religiöse Welle sehe ich schon mit Skepsis«

Eine zweite Spaltungslinie, um die es in der öffentlichen Diskussion häufig geht, zeigt sich in unserem Material sehr deutlich. Ja, es gibt den Gegensatz zwischen denen, die sich für Menschen engagieren, die durch Flucht ins Land gekommen sind, und jenen, die wenig bis gar kein Verständnis für die Aufnahme dieser Menschen und für ihre Unterstützung insbesondere durch den Staat aufbringen. Während die Einen die Hartherzigkeit und den Rassismus beklagen, stellen die Anderen die Aufnahmebereitschaft und Hilfeleistung bisweilen als Gefährdung dar, weil dadurch Fremde, denen man nicht trauen könne, ins Land geholt würden. Zwar stehen sich in dieser Auseinandersetzung nicht nur extreme Positionen gegenüber, und es gibt vielfältige Übergänge zwischen diesen Haltungen. Doch lassen sich aus den Interviews auch Indizien für vertiefte Spaltungen gewinnen. So berichten einige Befragte darüber, wie schwer es ist, mit Bekannten oder auch in der Familie über dieses inzwischen heikle Thema zu sprechen. Die Veränderung in der Kommunikation und in den alltäglichen Beziehungen deutet darauf hin, dass Grenzziehungen vertieft oder soziale Beziehungen neu sortiert werden.[74]

Dennoch ist es nicht korrekt, in diesem Zusammenhang von einer Zweiteilung der Gesellschaft zu sprechen, wie die Darstellung der unterschiedlichen

---

74   Zu diesem Ergebnis kommt auch Schweifer 2019 in ihrer Masterarbeit über Flüchtlingshilfe.

Typen von Solidarität gezeigt hat. Denn auf beiden Seiten der Spaltungslinie gibt es eine große Vielfalt. So steht unter denjenigen, die aktive Solidarität mit den geflüchteten Menschen zeigen, der Typ des »Füreinander-Einstehens« dem des »Für-andere-Einsetzens« gegenüber. Erstere betonen, dass sie den Geflüchteten auf Augenhöhe begegnen und dass drängende Fragen des Wohnraums und der sozialen Absicherung sie selbst im Grunde genauso betreffen. Zweitere sehen in den Menschen auf der Flucht eher welche, die von ihnen abhängig sind und die sie nun retten müssen.

Auf der anderen Seite der Linie, also bei denjenigen, die sich gegen das »*Refugees-Welcome*« stellen, gibt es eine ebenso große Bandbreite. Da sind diejenigen, welche nicht prinzipiell gegen Einwanderung sind, aber Bedingungen an Neuankömmlinge stellen. Sie fordern »Integration«, womit Assimilation gemeint ist, also die Anpassung an die als einheitlich imaginierte Kultur der Aufnahmegesellschaft. Und sie fordern Leistung in Form von Erwerbsarbeit und den damit verbundenen Beiträgen zur Sozialversicherung. Auf der gleichen Seite der Spaltungslinie stehen aber auch jene, die einem Ethno-Nationalismus anhängen und sich dementsprechend gegen jedwede Zuwanderung »aus einer anderen Kultur« aussprechen. Mit einer ablehnenden Haltung in der Frage der Fluchtmigration geht aber keine vollständige Aufkündigung der Solidarität mit Fremden einher. Diese wird aber auf ein Minimum begrenzt, nämlich auf die »wirklichen Kriegsflüchtlinge«, auf die Katastrophenhilfe und die Gewährung von Unterkunft und Verpflegung.

Bei mehreren Themen spricht viel dafür, die in den Interviews erhobenen Haltungen nicht als individuelle Einstellungen, sondern als Ergebnis kollektiver Prozesse oder Diskurse zu sehen. Die Ablehnung der MigrantInnen bei einem Teil der Befragten geht zweifellos auf fremdenfeindliche Vorurteile zurück, die von vielen geteilt werden. Dabei wird bisweilen die Bewahrung der eigenen »Kultur« angesprochen und Anpassung der Neuankommenden eingefordert. Doch bleiben diese Aussagen vage und sind kaum mit starken Gefühlen unterlegt. Viel emotionaler sind diese GesprächspartnerInnen, wenn es darum geht, dass »*plötzlich viel Geld da ist*«, um Geflüchtete zu versorgen, oder dass diese sich angeblich »*genau auskennen*«, was ihnen zusteht und entsprechend viele Ansprüche stellen. Hier geht es um die Position der

Eigengruppe in Relation zur Fremdgruppe. Es ist weniger die Anwesenheit der Fremden im Land, die störend oder gar verstörend wirkt, als vielmehr die Stellung, welche diese hier einnehmen. Bleibt der Abstand gewahrt und werden die Vorrechte der früher Eingewanderten oder »schon immer« hier Gewesenen berücksichtigt, gibt es keinen Grund zur Aufregung. Der CSU-Politiker Beckstein meinte einmal: »Wir brauchen mehr Ausländer, die uns nützen, und weniger, die uns ausnützen«.[75] Damit hat er nicht nur unterstellt, dass MigrantInnen pauschal den Staat und die Gemeinschaft ausnützen würden, sondern auch auf den Punkt gebracht, dass es für die Gruppe der Etablierten auf die Rolle ankommt, welche die AußenseiterInnen in der Gesellschaft spielen. Gleiche Rechte von geflüchteten Menschen etwa bei der Mindestsicherung oder Sozialhilfe erleben viele als unfair, weil die Neuen ja noch nichts beigetragen hätten. Sie führen damit in ihren Gerechtigkeitsüberlegungen das Leistungsprinzip ins Treffen, wo es eigentlich keinen Platz hat, weil es ja um eine am Bedarf orientierte Mindestleistung geht. Sie ziehen es aber heran, weil es ihnen eigentlich um den legitimen Abstand beim Status und bei den Ansprüchen von sozialstaatlichen Leistungen geht, der aus ihrer Sicht gewahrt werden soll.

Es geht also für diesen Teil der Befragten um das »Hinten-Anstellen«, von dem Arlie Russel Hochschild geschrieben hat.[76] Aber nicht nur: Es geht auch um das Ein- und Unterordnen. So kann jemand, der wirklich bedürftig ist, keine bürgerlichen Freiheiten beanspruchen, die mit der Verfügung über Geld verbunden sind, weshalb eine staatliche Unterstützung als Sachleistung gewährt werden sollte. So sollte man ohne Luxus auskommen, wenn man in einer Notlage ist, wobei es freilich in den Augen des Betrachters liegt, was einen Luxus darstellt. So sollte die Normalität des Lebens der Etablierten nicht durch das Anderssein der Neuangekommenen in Frage gestellt werden: Ein Buffet ohne Schweinefleisch und ausschließlich Getränke ohne Alkohol bei einer Schulfeier zu verlangen, geht zu weit. Damit verlassen die als fremd Wahrgenommenen den ihnen zugewiesenen Platz am Rand

---

75   Focus online, 23.10.2009 (https://www.focus.de/politik/deutschland/deutschland-ich-werde-keine-minute-zoegern_aid_185431.html – 17.6.2019).
76   Hochschild 2017.

der Gesellschaft und stellen Ansprüche auf Partizipation. Und schließlich sollen die Neuangekommenen etwas für die Gemeinschaft leisten, wenn sie denn schon unterstützt werden. *»Straßen kehren, das kann eigentlich jeder«* oder *»Flüchtlinge müssen ihre Solidarität zeigen, indem sie arbeiten«*. Es gibt also keinen Grund, ihnen erst dann Leistungen abzuverlangen, wenn die geflüchteten Menschen Deutsch gelernt und weitere Qualifikationen für ihre Integration in den Arbeitsmarkt erworben haben.

Was zeigen uns diese Beispiele? Die kulturalistischen Argumente gegen die Aufnahme Fremder und die Warnungen vor dem angeblichen Verlust einer imaginierten »kulturellen Identität« lassen sich also auch anders lesen, nämlich als Reaktionen auf den provozierenden Verlust des als angemessen angesehenen Abstandes und damit der als legitim erachteten relativen Positionierung der verschiedenen Gruppen in der Gesellschaft. Mehr noch: Unsere Ergebnisse lassen den Schluss zu, dass gerade die Beziehungen zwischen sozialen Gruppen ein wichtiger Teil der fremdenfeindlichen Vorurteile sind. Als kollektive Prozesse lassen sie sich auch nicht nur den Individuen zuschreiben, sondern zu den Diskursen der Eigengruppe zurückverfolgen und damit zu den Wechselwirkungen mit Massenmedien, PolitikerInnen und anderen MeinungsmacherInnen.

»Nur daheim sitzen und ein Geld kriegen, das find ich nicht gerecht« – *gegensätzliche Haltungen zum Sozialstaat*

Die Unterschiede in den Haltungen zum Sozialstaat, wie sie insbesondere bei Themen wie Erwerbslosigkeit, Arbeitslosengeld und Mindestsicherung zum Ausdruck kommen, lassen sich noch deutlich schwerer entlang einer Spaltungslinie beschreiben als die bisher dargestellten. Man könnte einen Gegensatz feststellen zwischen neoliberalen Haltungen mit dem Sozialdarwinismus als extremer Ausprägung auf der einen Seite und den Forderungen nach einem Ausbau des Sozialstaates auf der anderen. Sandra Vordermeier, Andrea Danner und weitere Befragte sind der Meinung, dass alle, die arbeiten wollen und gesund sind, auch eine Arbeitsstelle bekommen könnten, wenn sie nicht zu faul wären – oder zu stolz für manche Tätigkeiten. Sie bewerten

Erwerbslosigkeit damit nicht ohne Emotionen als moralisch verwerflich. Die Solidarität der fleißig Arbeitenden verlangt von allen Mitgliedern aber auch neuen AnwärterInnen Beiträge in Form von Erwerbsarbeit. Die bekannten Erzählungen über angebliche Sozialschmarotzer oder »Durchschummler« kommen bisweilen auch in den Interviews vor: »*Es gibt viele, was man auch hört, die das System halt ausnutzen*«, scheint eine verbreitete Meinung zu sein. Gerald Hofer meint, natürlich müsse jeder »*ein Dach über den Kopf haben*« und niemand solle »*Hunger leiden*«, aber »*ich finde es einfach ein unfaires System, dass ich mich auf die faule Haut legen kann, wenn ich mit wenig zufrieden bin, und es wird mir nie was passieren.*« Das geht nicht, meint er, »*da gehörten härtere Regulative hin*«. Er beobachte auch, dass »*bei vielen Menschen ein relativ großer Wurschtigkeitsgrad da ist. ›Ist mir eh wurscht, ich gehe eh stempeln‹.*« Aus dieser Sicht wird eine restriktivere Politik gegenüber den Erwerbslosen befürwortet.

Für Jan Wieninger wäre angesichts zu niedriger Löhne nichts Verwerfliches daran, würde man versuchen, sich mit einer Unterstützung durch den Sozialstaat durch das Leben zu schlagen: »*Im Prinzip, ich meine, wie viele Berufe gibt es, wo der Kollektivvertrag ansetzt mit 1000 Euro, 1100 Euro? Ich meine, da überlege ich auch nicht [...] Da versuche ich dann auch, irgendwie ein Burn-out oder irgendwas anderes zu erfinden, als dass ich da für 1000 [...] Das macht ja keinen Sinn. Es muss ja schon Sinn machen, nicht, sonst tut es ja keiner.*«

Sarah Eder argumentiert auf Grundlage ihrer Erfahrung als Erwerbslose: Sie möchte eine Erwerbsarbeit ausüben und ihren Beitrag leisten, doch gibt man ihr nicht die Chance dazu. Am AMS wurde sie nur »*herumgeschoben*«, nur damit sie »*aus den Zahlen verschwindet*«. Johanna Dörfler fügt hinzu, dass sie als Erwerbstätige und zusätzlich als Mutter von drei Kindern viel geleistet habe und mehr Respekt verdiene, als sie als derzeit Erwerbslose vom AMS und von der Gesellschaft bekomme. Beide fühlen sich stigmatisiert, wenn von »Durchschummlern« und »Sozialschmarotzern« die Rede ist. Angesichts ihrer bisherigen Leistungen in der Erwerbsarbeit und in der unbezahlten Arbeit sind das aus ihrer Perspektive unerträgliche Unterstellungen. Diese werden als Missachtung erfahren, die zu den bitteren Erfahrungen bei der

Arbeitssuche noch hinzukommen, wo ihnen nämlich signalisiert wird, trotz guter Qualifikation nicht gebraucht zu werden.

Andere Befragte, die oben dem Typ 2 der »altruistischen Solidarität« zugeordnet wurden, sind selbst nicht betroffen und werden vermutlich nie in die Situation kommen, fordern aber, dass allen in Not Geratenen durch sozialstaatliche Unterstützung eine menschenwürdige Existenz ermöglicht wird. Sie orientieren sich dabei am Bedarf und nicht an bisherigen Leistungen und möchten die Menschenwürde garantiert sehen. Dies sei, so Josef Klein, auch im Fall der Gewährung von Sozialleistungen dann nicht der Fall, wenn diese Unterstützung wie ein »*Gnadenbrot zugeworfen*« würde. Für ihn wäre mit einem Grundeinkommen die Funktion der Sicherung einer menschenwürdigen Existenz besser erfüllt.

Es stehen einander hier, zumindest an den Polen, die Positionen unvereinbar gegenüber: Teils mit Autoritarismus unterlegt und entsprechend emotional fordern die einen unbedingte Unterwerfung unter den Leistungszwang, während die anderen einen Anspruch auf ein ausreichendes Einkommen für ein menschenwürdiges Leben in und auch ohne Erwerbsarbeit erheben. Dieser Gegensatz wird von der Migrationsfrage überlagert. Die rechtspopulistische Botschaft scheint bei vielen angekommen zu sein: Der Sozialstaat nützt doch nur oder vor allem AusländerInnen, gehen wir doch gegen diese vor, indem wir die Leistungen einschränken und an strengere Bedingungen knüpfen, um mehr für uns zu sichern. In Österreich wurde insbesondere das Thema der Mindestsicherung mit dem Migrationsthema verknüpft, das Sebastian Kurz und Heinz Christian Strache unisono als »Zuwanderung in unser Sozialsystem« abhandelten. Indem sie den Bezug der Mindestsicherung an den Pflichtschulabschluss und an Deutschkenntnisse knüpfte und die Leistungen für Familien mit mehreren Kindern kürzte, suggerierte die ÖVP-FPÖ-Regierung genau dagegen etwas zu tun. Zugleich schwächte sie ihrer neoliberalen Ausrichtung entsprechend die soziale Absicherung.[77] Bei einem Teil der von uns Befragten kommt das durchaus gut an. Manche übernehmen die Rahmung und unterstützen den Wohlfahrtschauvinismus.

77   Flecker et al. 2019

Die Extremposition ist: »*Für Ausländer sollte es keine Leistungen geben, dann ersparen wir uns was, und die Österreicher können mehr bekommen.*« (Gerhard Meier). Andere Befragte halten dem entgegen, dass es die Aufgabe des Staates sei, »*alle mit den gleichen Sozialleistungen zu versorgen*«. Viele lehnen eine Kürzung der Leistungen ab, nicht zuletzt, weil insbesondere bei den Bedürftigen nicht gekürzt werden dürfe und es nicht um viel Geld gehe. Schließlich treffen diese Maßnahmen die Ärmsten in der Gesellschaft.

An den beiden zuletzt behandelten Spaltungslinien fällt auf, wie sehr sich die Argumente, die Bilder und die Emotionen gleichen, ob es nun um Erwerbslose und insbesondere Langzeiterwerbslose oder um geflüchtete Menschen geht. Das ist aus zumindest zwei Gründen der Fall: Erstens werden von den gegensätzlichen Haltungen jeweils andere Gerechtigkeitsprinzipien in den Vordergrund gestellt. Die eine Position beruht vor allem auf dem teils übersteigerten Leistungsprinzip: »Wer nicht arbeitet, soll auch nicht essen«, bezieht das aber nur auf die Benachteiligten und Bedürftigen und nicht auf die Besitzenden. Die andere Position betont dagegen das Bedarfsprinzip, wonach die Verteilung nach dem individuellen Bedarf bzw. nach Bedürftigkeit vorgenommen werden soll. Zweitens stehen einander unterschiedliche Vorstellungen von Zugehörigkeit gegenüber. Während die einen sowohl Langzeitarbeitslose und Menschen in ähnlich benachteiligten Lagen als auch neu angekommene FluchtmigrantInnen als nicht dazugehörig wahrnehmen, pochen die anderen auf deren Inklusion, weil sie ganz andere Vorstellungen des Wir aktualisieren. Drittens stehen einander bei beiden Themen die stärker Autoritären und weniger oder nicht Autoritären gegenüber. Autoritarismus umfasst vor allem eine rigide Vertretung der vorherrschenden Werte und Normen, eine Unterwürfigkeit unter Autoritäten der Eigengruppe und Aggression gegenüber denjenigen, die Werte verletzen, am Rande der Gesellschaft stehen und als schwach wahrgenommen werden.[78]

Insgesamt überschneiden einander die in der Auswertung des empirischen Materials sichtbar gewordenen Spaltungslinien in der Gesellschaft auf vielfache Weise und ergeben ein komplexes, nicht leicht »lesbares« Netz: Die Linie

---

78   Adorno 1999.

zwischen den »hart Arbeitenden« und selbsternannten »Leistungsträgern« einerseits und den angeblich »Arbeitsscheuen« deckt sich auch nicht mit jener, welche die Privilegierten und die Benachteiligten der Gesellschaft trennt und verläuft quer zur Abgrenzung zwischen »Einheimischen« und MigrantInnen. Diese Linie wiederum deckt sich nicht notwendigerweise mit der Unterscheidung zwischen nationalen und ethnischen Zuordnungen und Zugehörigkeiten. Und schließlich vertiefen sich nicht alle diese Grenzziehungen zu Spaltungen, könnten aber in diesem Sinne aktualisiert werden.

Heute ist vielfach von einem Gegensatz von inklusiver Solidarität und exkludierender Solidarität die Rede.[79] Damit ist gemeint, dass die einen die Grenzen der Solidargemeinschaft sehr weit ziehen und Randgruppen der Gesellschaft, MigrantInnen sowie Geflüchtete einbeziehen, indem sie eine Verpflichtung zur Unterstützung, wenn nicht Aufnahme argumentieren. Die anderen dagegen machen Solidarität von nationaler Zugehörigkeit, von aktiver Erwerbstätigkeit, von Leistungsfähigkeit und von weiteren Merkmalen abhängig. Diese Gegenüberstellung erweist sich angesichts unserer Ergebnisse als gar zu einfach: So sind nicht alle, die in ihren Haltungen und Praktiken Solidarität etwa gegenüber geflüchteten Menschen zeigen, notwendigerweise umfassend solidarisch. Manche von ihnen zeigten sich recht uninteressiert an der sozialen Ungleichheit im eigenen Land. Und in gewisser Weise ziehen sie aus ihrem Engagement für Geflüchtete einen Distinktionsgewinn, insofern sie sich damit von anderen unterscheiden und für moralisch überlegen halten. Es zeigt sich an dieser Gruppe also, dass man durchaus universelle Solidarität im Sinne der Unterstützung von Menschen in oder aus anderen Ländern üben, aber trotzdem auf eine bestimmte Lebenswelt beschränkt sein kann und keine Verpflichtung spüren muss, sich für Menschen in anderen Milieus zu engagieren.

Auf der anderen Seite kamen wir mit vielen ins Gespräch, die sich aus verschiedenen Gründen ausgrenzend gegenüber MigrantInnen zeigten. Ein Teil davon, insbesondere jene, die wir oben dem Typ 6 zuordneten, sprach sich für mehr Unterstützung für Bedürftige unter »den Unsrigen« aus.

---

79   Dörre et al. 2013; Lefkofridi und Michel 2014

Insofern sie für eine (verstärkte) sozialstaatliche Unterstützung der nationalen Eigengruppe eintreten, aber gegen Sozialleistungen für FluchtmigrantInnen, kann bei ihnen von exkludierender Solidarität gesprochen werden. Doch diese Haltung ist nicht bei allen zu finden, die sich gegen die Aufnahme von Geflüchteten aussprechen. Manche von diesen verlangen nämlich auch von den sogenannten Einheimischen, sich ohne Unterstützung durch den Sozialstaat durch das Leben zu schlagen. Bei diesen kann damit zwar von Exklusion, aber nicht von Solidarität die Rede sein. Wieder andere grenzen stärker nach dem Leistungsprinzip als nach geografischer Herkunft und ethnischer Zugehörigkeit aus und betonen, dass die »Kultur« keine Rolle spiele, solange die Leistung in der Erwerbsarbeit stimme.

Die Überschneidungen der vermeintlichen Spaltungslinien in der Gesellschaft grenzen nicht nur soziale Gruppen in einer recht komplexen Weise voneinander ab. Hinzu kommt, dass die dargestellten Unterschiede und Gegensätze auch in den Haltungen einzelner Personen in Form von Ambivalenzen und Widersprüchlichkeiten zu finden sind. Dies erscheint uns für die politischen Schlussfolgerungen aus unserer Analyse als besonders wichtig, wie wir im Folgenden ausführen werden.

8.3   Grundlagen für zivilgesellschaftliches Engagement und politische Ansprechbarkeit

Über die Beschreibung verschiedener Formen der Identifizierung und die Darstellung unterschiedlicher Spaltungslinien in der Gesellschaft hinaus interessieren wir uns dafür, inwiefern die Solidaritätsvorstellungen der Befragten eine Grundlage für politische Ansprechbarkeit und gesellschaftliche Mobilisierbarkeit für zivilgesellschaftliches Engagement darstellen. Wie sind Menschen auf Basis ihrer Solidaritätsvorstellungen für eine Partei oder Bewegung zu gewinnen? Wann engagieren sie sich so stark für ein Anliegen, dass gemeinsame Aktionen entstehen? In der Forschung über soziale Bewegungen wurden verschiedene Gründe dafür festgestellt:[80] Ein

---

80   Klandermans 2015.

erster Grund für Engagement und Teilnahme an sozialen Bewegungen kann sein, dass Menschen ihre Lebensbedingungen ändern möchten. So verfolgen Beschäftigte in Arbeitskämpfen zum Beispiel das Ziel, höhere Löhne und kürzere Arbeitszeiten zu erreichen. Oder die sogenannten Gelbwesten revoltieren in Frankreich dagegen, dass ihr Einkommen aus Erwerbsarbeit für ihren Lebensunterhalt nicht ausreicht. Ein *zweiter* Grund besteht darin, dass Menschen in Übereinstimmung mit einer Gruppe handeln, mit der sie sich identifizieren und für deren Anerkennung sie eintreten. Ein typisches Beispiel dafür ist die Bewegung der Homosexuellen, die Anfeindungen in der Gesellschaft überwinden und eine Gleichstellung erreichen will. Als *dritter* Grund wird genannt, dass Menschen ihre Ansichten zum Ausdruck bringen möchten, indem sie gegen Rassismus, gegen Krieg oder für den Umweltschutz demonstrieren.

Wie oben erwähnt spielen die Identifizierung mit einer Gruppe und die wahrgenommenen kollektiven Identitäten eine wichtige Rolle für das Füreinander-Eintreten und das Verfolgen gemeinsamer Ziele, also für Solidarität. Erkennt man die gemeinsame Lage und die geteilten Interessen und stützen Emotionen die Bindung innerhalb der Gruppe, so fühlen die Beteiligten auch eine Verpflichtung, im Interesse der Gruppe zu handeln und wenn nötig Opfer zu bringen. Besonders wichtig sind in diesem Zusammenhang Emotionen, wie Wut, Empörung, Angst oder Scham. Wut und Empörung werden als förderlich für Protest, Angst und Scham als hinderlich eingeschätzt.[81]

Bisweilen wird das Verhältnis zwischen Gesellschaftsmitgliedern und politischen Parteien bzw. sozialen Bewegungen vereinfacht folgendermaßen gesehen: In der Bevölkerung gibt es bestimmte politische Orientierungen und Spaltungslinien und auf diese werde in der politischen Kommunikation Bezug genommen. Die Parteien und Initiativen nutzen also das, was in der Bevölkerung schon vorhanden ist. Eine ebenso unpassende Vereinfachung wäre es anzunehmen, dass die BürgerInnen das aufgreifen und übernehmen, was ihnen von den Massenmedien oder den Parteien kommuniziert wird. Angemessener ist es hingegen, von einer Wechselbeziehung zwischen

---

81 Van Stekelenburg et al. 2019; Klandermans 2015.

Individuen und Parteien, Verbänden bzw. Organisationen sozialer Bewegungen auszugehen.[82] Letztere nehmen Rücksicht auf die Meinungen der Individuen, die ständig mittels Umfragen erhoben werden, beeinflussen die Individuen aber zugleich mit ihren Botschaften und ihrer Sicht der Dinge, also ihren »Rahmungen«.

Sehr viele Publikationen befassen sich seit etwa zwei Jahrzehnten mit der Frage, wie es den populistischen und extremen Rechtsparteien in Europa gelang, immer mehr Menschen anzusprechen. Eine Erklärung für den Erfolg dieser Parteien sieht den Hauptgrund dafür im sozio-ökonomischen Wandel und insbesondere in der Ausbreitung von Unsicherheit in bisher sozial gesicherten Milieus.[83] Häufige Arbeitslosigkeit, prekäre Beschäftigung und Abstiegsängste der Mittelschichten ermöglichen es den RechtspopulistInnen, Ressentiments gegen MigrantInnen zu schüren und gegen Randgruppen ebenso wie gegen Eliten zu mobilisieren. Insbesondere wird angenommen, dass diejenigen, welche vor allem die Nachteile der Globalisierung und des raschen wirtschaftlichen Wandels zu spüren bekommen, MigrantInnen und Geflüchtete von den Leistungen des Sozialstaates ausschließen möchten, was in der Literatur als »Wohlfahrtschauvinismus« bezeichnet wird.[84] Empirische Forschung hat jedoch gezeigt, dass auch unter den Privilegierten und AufsteigerInnen viele für Botschaften von rechts außen ansprechbar sind.[85] Der Grund dafür liegt bei einem Teil davon in übersteigerten Leistungsorientierungen und der Identifikation mit einer Unternehmenslogik sowie dem »Wettbewerbsstaat«.[86]

Andere Erklärungen für den Erfolg der populistischen und extremen Rechtsparteien beziehen sich dagegen auf kulturelle Veränderungen und die von der extremen Rechten ausgerufenen Verteidigung der kulturellen Eigenheit.[87] Vom Rechtsextremismus wird der »Multikulturalismus« als Abwertung der »Mehrheitskultur« und der Widerstand dagegen als Durchsetzung des Rechts

82   Ebd.
83   Dubiel 1994; Castel 2000; Flecker 2007; Heitmeyer 2018.
84   Kitschelt 1995.
85   Flecker 2007.
86   Decker und Brähler 2018; Dörre et al. 2018.
87   Betz 2003.

auf »kulturelle Identität« dargestellt. Pippa Norris und Ronald Inglehart erklären den politischen Rechtsruck mit einer »kulturellen Gegenbewegung« in der Gesellschaft.[88] Sie verweisen auf den Werte- bzw. kulturellen Wandel seit den späten 1960er und frühen 1970er-Jahren, der im Anschluss an die Friedens-, Frauen- und Menschenrechtsbewegungen zu gesellschaftlich liberalen Einstellungen in vielen Lebens- und Politikbereichen geführt hat. Dieser kulturelle Wandel habe von Beginn an eine kulturelle Gegenreaktion auf Seiten älterer und schlechter abgesicherter Menschen hervorgerufen, für welche die Erosion vertrauter Werte zur Desorientierung führte. Als diese Gruppen in der Gesellschaft zu Minderheiten und die neuen Werte dominant wurden, reagierten sie mit einer Radikalisierung der Gegenreaktion, was der Mobilisierung durch populistische und extreme Rechtsparteien entgegenkam.

Unsere Untersuchung zeigt nicht nur das naheliegende Ergebnis, dass aufgrund unterschiedlicher Mentalitäten und politischer Orientierungen manche Gruppen für zivilgesellschaftliches Engagement zu gewinnen sind und andere nicht oder dass rechtspopulistische und -extreme Botschaften von den einen aufgegriffen, von den anderen abgelehnt werden. Es wird darüber hinausgehend auch deutlich, dass verschiedene Personen und Gruppen aus ganz unterschiedlichen Gründen und in unterschiedlichen Zusammenhängen für die gleichen Ziele gewonnen werden können. Wie die Gegenüberstellung von Typ 1 und Typ 2 gezeigt hat, ist das Engagement in der Hilfe für Geflüchtete für die einen der Teil eines mit diesen gemeinsam geführten Kampfes gegen Ungleichheit und Unterdrückung, für die anderen eine Verpflichtung für Privilegierte den Notleidenden zu helfen. Manche bringen in ihrer Beteiligung an Hilfsaktivitäten ihr politisches Engagement zum Ausdruck, manche sehen darin eine unpolitische Unterstützungsleistung. Für die einen ist ihr engeres soziales Milieu entscheidend dafür aktiv zu werden, für die anderen bedeutet die Tätigkeit in der Geflüchtetenhilfe umgekehrt eine sozial riskante Positionierung gegen ihr familiäres oder berufliches Umfeld.

Ähnlich verhält es sich auf Seiten jener, die sich gegen eine Aufnahme

88   Norris und Inglehart 2019.

von Geflüchteten im Land aussprechen. Dies kann mit einer aus dem Rechtsextremismus stammenden Orientierung begründet sein, dass es unterschiedliche »Völker« quasi als Organismen mit gleichbleibenden Merkmalen gäbe und diese besser getrennt (und unvermischt) bleiben und in ihren angestammten Ländern leben sollten. Die Möglichkeit der Assimilation von Fremden wird abgestuft gesehen: Für Menschen aus dem ehemaligen Jugoslawien sei das realistischer als für jene aus der Türkei. Aus Afrika sollten erst gar keine Geflüchteten in Europa ankommen dürfen. In ihrer Ablehnung von MigrantInnen spielen rassistische Vorurteile eine große Rolle. Davon sind jene zu unterscheiden, die gegen eine Aufnahme von MigrantInnen nichts Grundsätzliches einzuwenden haben, aber den Abstand zur nationalen Eigengruppe und eine Bevorzugung letzterer gewahrt wissen wollen. Auch hier kommt ein fremdenfeindliches Vorurteil ins Spiel, insofern Individuen nicht in ihrer Vielfalt wahrgenommen und entsprechend behandelt werden, sondern nur als Mitglieder einer nach der Herkunft oder der »Kultur« konstruierten Fremdgruppe. Bei wiederum anderen steht dagegen das Verhalten und die Leistung einzelner Geflüchteter im Vordergrund. Wer sich aus seiner misslichen Lage herausarbeitet, wer »sich integriert« und durch Arbeit etwas zum Land beiträgt, darf gerne bleiben. Aufgrund der gestellten Bedingungen und wegen der Erfahrung, dass sich nicht alle Geflüchtete danach verhalten (können), sind aber auch diese ansprechbar für ausgrenzende politische Botschaften.

Die Interviews und ihre Interpretation haben also deutlich gemacht, dass einander entlang der verschiedenen Spaltungslinien keineswegs homogene Gruppen gegenüber stehen. Dem ist aber noch eine weitere wichtige Differenzierung hinzuzufügen. Nicht nur die Gruppen sind vielfältiger als es oft den Anschein hat, auch die Haltungen und politischen Orientierungen einzelner Personen können in hohem Maße ambivalent sein, einzelne Personen also unterschiedliche Haltungen in sich vereinen. Ein gutes Beispiel dafür ist der oben dargestellte Typ 4: »Leistung muss belohnt werden«. Mehrere unterschiedliche Haltungen sind hier eng verknüpft: Die Klage über zu niedrige Löhne und zu geringe Anerkennung der ArbeiterInnen steht in Zusammenhang mit der Feststellung sozialer Ungleichheit, Ausbeutung und unberechtigter Privilegien der Reichen. Man kann eine Selbstzuordnung zur Arbeiterklasse und Solidarität insbesondere mit den anderen ArbeiterInnen erkennen. Damit deckt sich die Orientierung mit den Anliegen der Gewerkschaften, auf die sich diese Befragten aber nicht explizit bezogen haben. Zugleich grenzen sich diese Personen von jenen Arbeitenden ab, die längere Zeit erwerbslos sind, und klagen darüber, dass man im Fall der Erwerbslosigkeit »*für's Nixtun mehr bekommt als für's Arbeiten-Gehen*«. Andererseits äußern die Befragten dieses Typs Verständnis für diejenigen, die nicht bereit sind, für einen zu niedrigen Lohn höchst anstrengende Erwerbsarbeit zu leisten.

Ähnlich ambivalent zeigt sich die Haltung gegenüber MigrantInnen und Geflüchteten: Einerseits zeigen sich die Befragten dieses Typs offen für deren Aufnahme in Österreich, wenn diese entsprechende Leistungen und Beiträge erbringen. Andererseits folgen sie in ihren Gerechtigkeitsvorstellungen dem Leistungsprinzip nicht vollständig, weil sie etwaige Leistungen in einem anderen Land von vornherein nicht in Betracht ziehen. Während also die Orientierung am Leistungsprinzip und eine grundsätzliche Solidarität unter den produktiv Beschäftigten[89] eine nach nationalen Kriterien erfolgende Ausgrenzung aushebelt, kommt die nationale Grenzziehung durch die Hintertür wieder herein. Entsprechend der nach wie vor nationalstaatlichen Organisation des Sozialstaates erscheinen die in anderen Ländern eingezahlten Beiträge nicht als Leistungen der jeweiligen Personen.

Die Tatsache, dass dieselben Personen unterschiedliche und teils gegensätzliche Perspektiven und Haltungen nebeneinander und miteinander verknüpft zeigen, hat enorm wichtige Konsequenzen. Sie macht nämlich klar, dass die konkreten Umstände, unter denen bestimmte Themen behandelt werden, die Situationsdeutungen und die Rahmungen, die im öffentlichen Diskurs vorherrschen, einen gewichtigen Einfluss auf die Haltungen der Einzelnen haben. So lässt sich erklären, warum Stimmungen in relativ kurzer Zeit umschlagen können. Darüber hinaus wird deutlich, dass es entscheidend sein kann, wie politische Parteien oder zivilgesellschaftliche Initiativen

---

89   Vgl. zu dieser Abgrenzung der Solidargemeinschaft auch Dörre et al. 2013.

ein- und dieselbe Personen ansprechen und welche Themen dabei in den Vordergrund gestellt oder wie Problemlagen definiert werden.

Kommen wir in diesem Zusammenhang noch einmal auf das Beispiel von Martina Erdinger zurück, mit deren Lebensgeschichte und Orientierungen schon oben der Typ 6 illustriert wurde. Sie meinte ja, das, was den (österreichischen) Bedürftigen nie gegeben worden sei, bekämen nun Zugewanderte. Die zur Unterstützung der Menschen auf der Flucht mobilisierten Ressourcen der Gesellschaft, führten ihr und vielen anderen vor Augen, was in einem reichen Land alles möglich ist, wenn es darum geht, Bedürftigen zu helfen und deren Not zu lindern – trotz der Engpässe und Mängel bei der Organisation der Hilfe, über die viel diskutiert wurde. Man kann die Vorbehalte gegen die Unterstützung Geflüchteter auch als Verwunderung der Befragten darüber verstehen, dass diese Möglichkeiten abseits solcher Ausnahmesituationen, wie es die Ankunft einer großen Zahl von Menschen auf der Flucht ist, nicht genutzt werden. Es gäbe ja viele bei uns, die es schwer haben, heißt es. Und wenn man selbst etwas brauche, sei es schwierig, Unterstützung zu bekommen.

In diesen Sichtweisen kommt viel zusammen: Die Kritik an der Sozialbürokratie, die einem etwas nicht gewährt, worauf man meint Anspruch zu haben; die Wahrnehmung einer Schieflage zwischen langjährigen Beiträgen durch Erwerbsarbeit, aber auch Kinderbetreuung, einerseits und der Behandlung beim AMS oder die Höhe der Pension andererseits; die Unterordnung und erbrachten Opfer, für die in einer veränderten Arbeitswelt Gegenleistungen in Form von Sicherheit oder Aufstieg immer öfter ausbleiben und manch anderes. Nun machten viele die Erfahrung, dass für die Geflüchteten in kurzer Zeit abseits von komplizierten Regeln über Beitragsleistungen und daraus resultierenden Ansprüchen Unterstützung teils vom Staat, teils von der Zivilgesellschaft geboten wird. Nun wären die Armut in einem reichen Land wie Österreich und die zu niedrigen Löhne und Pensionen eigentlich immer schon als empörend zu bezeichnen gewesen. Doch sie blieben vermutlich ausgeblendet. Auch sorgt die vorherrschende Ideologie, wonach jeder seines Glückes Schmied sei, dafür, dass solche Einkommensunterschiede als gerechte Ungleichheit, also als legitimiert erscheinen. Das Ausblenden trifft überraschenderweise besonders auf die großen Unterschiede zu: Die wirklich Reichen kommen selten in den Blick, wenn über Ungerechtigkeiten geklagt wird. Man vergleicht sich vielmehr mit Personen in ähnlichen sozialen Lagen, wodurch sich die Wahrnehmung von Ungerechtigkeit auf die kleinen Unterschiede beschränkt.[90] Dies dürfte auch in diesem Zusammenhang eine Rolle spielen. Einige Befragte betonten, es habe immer geheißen, dies und das könne sich das Land nicht leisten, aber »*plötzlich ist Geld da*«. Es brauchte also die Erfahrung mit der Unterstützung für geflüchtete Menschen, um diesen Schleier zu lüften, der über den Möglichkeiten lag, die aufgrund des Reichtums im Land gegeben sind. Und laut so mancher aufgebauschten Geschichte vom Luxus, in dem die Geflüchteten hierzulande angeblich schwelgen, müsse das sogar sehr viel Geld sein, das nun »plötzlich da« sei.

Angesichts dieser Sachlage ist es naheliegend, dass nicht die Klassenunterschiede und die sich vergrößernde Kluft zwischen Arm und Reich zum Thema werden, sondern in der angeblich großzügigen Unterstützung der Geflüchteten eine Verletzung der Fairness ausgemacht wird, weil ja viele »der Unsrigen« auch bedürftig sind. Die Klassenunterschiede in der Gesellschaft und die damit verbundenen Klasseninteressen wurden dagegen nur von Typ 1 (»Füreinander Einstehen«) direkt angesprochen. Bei Typ 4 (»Leistung muss belohnt werden«) sind sie präsent, insofern davon gesprochen wird, dass die Arbeitenden für den Gewinn der ArbeitgeberInnen Leistung erbringen und ihnen selbst wenig bleibe. Von den anderen bleiben Klassenlagen und -interessen ausgeblendet und scheinen tabu zu sein – ebenso wie die Gegensätze zwischen Arm und Reich. Dies erleichtert es, andere Spaltungslinien politisch zu nutzen und latente fremdenfeindliche und autoritäre Haltungen situationsbezogen zu aktualisieren. RechtspopulistInnen etwa finden mit ihrer Warnung vor einer »Zuwanderung in das Sozialsystem« Gehör und punkten mit ihrem Ruf nach Fairness für »die Österreicher«. Die so suggerierte Spaltungslinie kann auch deshalb in den Vordergrund rücken, weil sie unterschiedliche Anknüpfungspunkte bietet: Für die Benachteiligten wirkt die Hilfe für die Neuen auf der Grundlage eigenen Leids und

90   Hyman 1974

158

eigener Erfahrungen als Provokation; für die Besser-Gestellten dienen die
Bedürftigen unter »den Unsrigen« als Argument, wenn es um die Abwehr
eines diffus wahrgenommenen Umbruchs der gesellschaftlichen Ordnung
geht, welcher die eigenen Vorrechte beeinträchtigen könnte; für wiederum
andere kommt es im Sinne des Teile-und-Herrsche ihren Interessen zugute,
wenn Benachteiligte in der Gesellschaft nach nationalen Kriterien getrennt
und gegeneinander ausgespielt werden.

9. Schlussfolgerungen: Chancen durch Vielfalt und Ambivalenz

In dieser Untersuchung ging es um Formen der Solidarität und mögliche Spaltungslinien in der Gegenwartsgesellschaft. Bei der Analyse aktueller gesellschaftlicher Auseinandersetzungen von der Frage der Solidarität auszugehen, erwies
sich als überaus fruchtbar. Das erleichterte es nämlich, sehr unterschiedliche
Phänomene besser zu verstehen und miteinander verbinden zu können: das
große Engagement für Menschen auf der Flucht, die Auseinandersetzungen um
den Sozialstaat, aber auch die gestiegene Attraktivität des Rechtspopulismus
und -extremismus. Unter Solidarität verstehen wir besondere Formen der
Beziehungen der Menschen zueinander. Diese beinhalten die Verpflichtung
zu gegenseitiger Unterstützung, wenn jemand in eine Notlage gerät, aber auch,
wenn es um das Verfolgen gemeinsamer Ziele geht. Beides kann sich auf eine
Verbundenheit der Einzelnen und bisweilen auf ein Gemeinschaftsgefühl stützen. Gleichzeitig hat Solidarität eine Schattenseite, nämlich die Ausgrenzung
jener, die nicht zur Solidargemeinschaft gezählt werden.

Diese beiden Seiten der Medaille, die Kohäsion und Inklusion einerseits und die Grenzziehungen und Exklusion andererseits, miteinander
zu verbinden, erleichterte es, die vielfach diskutierten Spaltungen in der
Gesellschaft auf eine umfassende Art und Weise zu behandeln. Dadurch
wird nämlich erkennbar, wo die Mitglieder der Gesellschaft symbolische
und soziale Grenzen ziehen. Zugleich kommen symbolische Kämpfe um die
Vorstellungen von Solidarität in den Blick, also die Auseinandersetzungen
darüber, was eigentlich die Grundlagen für Solidarität sind, wo Grenzen der

Solidargemeinschaft gezogen werden sollen, wer unter welchen Bedingungen aufgenommen werden soll oder welche Gerechtigkeitsprinzipien in welcher Kombination Geltung beanspruchen können. Mit dieser Perspektive tragen wir der Tatsache Rechnung, dass die kontinuierlichen Kämpfe, welche die Gesellschaft aus der Sicht von Karl Marx, Max Weber, Antonio Gramsci oder Pierre Bourdieu bestimmen, sowohl um materielle Vorrechte und Positionen in der Gesellschaft als auch um Ideologien, Klassifikationen und Bewertungen aber auch um Anerkennung geführt werden.

Die Fragestellung der Untersuchung war nun, welche Solidaritätsvorstellungen sich in der österreichischen Bevölkerung unterscheiden lassen, in welchem Verhältnis diese Vorstellungen zueinander stehen und inwiefern sich in den unterschiedlichen Haltungen eine gesellschaftliche Auseinandersetzung um Solidaritätskonzepte ausdrückt. In der Analyse traten vor allem zwei Felder in den Vordergrund, die in der Verhandlung von Fragen der Solidarität eine zentrale Rolle einnehmen: erstens die Haltungen gegenüber Zugewanderten und insbesondere FluchtmigrantInnen und zweitens die Haltungen gegenüber dem Sozialstaat als institutionalisierte Form der Solidarität.

Im Hinblick auf die Aufnahme von Menschen auf der Flucht in Mitteleuropa dominierte im Jahr 2015 für kurze Zeit eine »Willkommenskultur«, in der Solidarität als Verpflichtung zur Hilfeleistung für Menschen in Not unabhängig von deren geografischer und nationalstaatlicher Herkunft verstanden wurde. Die Gegenbewegung ließ nicht lange auf sich warten: Die gesellschaftliche Stärke, die wohlfahrtschauvinistische und nationalistische Haltungen im Kampf gegen den »Multikulturalismus« und gegen die europäische Integration zu der Zeit bereits errungen hatten, äußerte sich in einem raschen Stimmungswandel. Die imaginierte nationale und europäische Gemeinschaft wurde in den Vordergrund gerückt und als bedroht dargestellt. Dies führte zur Forderung nach einer ganz anderen Solidarität, nämlich in Form der Verpflichtung, die Grenzen »zu schützen«, das Land durch Aufnahme einer großen Zahl Fremder »nicht zu überfordern« und eine vorgestellte, angeblich gefährdete »kulturelle Identität«, im Sinne einer unveränderlichen, homogenen und unvermischten Kultur zu wahren.

Beim zweiten Thema, jenem des Sozialstaats, war der Untersuchungszeitraum außer von den damals aktuellen sozialpolitischen Implikationen der Flucht-migration davon bestimmt, dass der Neoliberalismus schon über Jahrzehnte an Einfluss gewonnen hatte und die vormals auf Verteilungsgleichheit und staatliche Umverteilung ausgerichteten politischen Kräfte mit Abwehrkämp-fen beschäftigt waren oder sich diesen Dynamiken in gewissem Ausmaß ebenso gefügt hatten. Zwar schien der Neoliberalismus nach der Finanz- und Wirtschaftskrise von 2008 und 2009 als gescheitert, doch rasch offenbarte sich seine anhaltende Hegemonie in der Umdeutung der Krise des Banken- und Finanzsystems zu einer Staatsschuldenkrise, die auf Kosten des Sozialstaates bewältigt werden sollte.

In den Haltungen der Befragten gegenüber dem Sozialstaat als instituti-onalisierte Form der Solidarität zeigen sich explizite politische Positionen, die gegen den Neoliberalismus gerichtet sind. Widerstand wird – wenn auch versteckter – aber auch in einem Eigensinn von BürgerInnen deutlich, die trotz jahrelanger neoliberaler Propaganda an ihren Ansprüchen gegenüber dem Sozialstaat festhalten. Andererseits äußerten sich einige verwundert darüber, dass trotz der angeblichen Unfinanzierbarkeit des Sozialstaates – wie sie im politischen Diskurs schon lange propagiert wird – *»plötzlich Geld da sei«* für Geflüchtete, die in Österreich angekommen sind. Sie haben den Eindruck, dass die Fürsorge, die schon lange als nicht mehr zeitgemäß diffamiert und durch »Aktivierung« abgelöst worden war, nun anderen zuteil wird. Die jahrelange Vorherrschaft der Leistungsideologie, die auch von den Armen und Ausgegrenzten einen Beitrag verlangt, wenn ihnen das Überleben am Rande der Gesellschaft ermöglicht wird, legt für viele InterviewpartnerInnen Fragen nach den Leistungen jener nahe, die aus Kriegsgebieten mit leeren Händen bei uns eintreffen.

Die Auswertung der Interviews hat gezeigt, dass die Vorstellung von Solidarität als einem Kontinuum[91] – im Gegensatz zu einer Dualität von solidarisch versus unsolidarisch – eine hilfreiche Heuristik darstellt, um sich Phänomenen sozialer Ein- und Ausschlüsse zu nähern. Die Unterscheidung von fünf Dimensionen – Zugehörigkeit, Reichweite, Bedingungen, Aktivität

---

91   Stjernø 2005.

und Gerechtigkeit – erlaubt uns zu verstehen, wie verschiedene Inklusions- und Exklusionsmechanismen miteinander verbunden sind. Das Kontinuum ist daher weniger als lineare Achse zu verstehen denn als mehrdimensionaler Raum. Die Solidaritätskonfigurationen der Typen liegen zum Teil nebeneinander, zum Teil aber auch übereinander. Das bedeutet, dass wir zwar eine Abnahme der Reichweite von Solidarität vom Typ 1 zum Typ 7 feststellen können, insofern zunehmend leistungsbezogene, nationale und ethnische Grenzen eingezogen bzw. Bedingungen gestellt werden. Gleichzeitig lassen sich beispielsweise die auf bestimmte Gerechtigkeitsvorstellungen bezogenen Grenzziehungen nicht eindeutig nebeneinander aufschlüsseln und sind eher qualitativ als quantitativ unterscheidbar. Die Vorstellung eines Kontinuums ermöglicht es darüber hinaus, die Welt der Solidarität zwischen den Polen auszuloten, also den weiten Bereich zwischen der umfassenden und weitreichenden Solidarität einerseits und unsolidarischen Haltungen andererseits. Gerade dieser Bereich bzw. die in ihm zu verortenden Individuen und Gruppen sind ja für gesellschaftspolitische Fort- und Rückschritte sowie für Schwankungen in der gesellschaftlichen Stimmungslage von besonderer Bedeutung.

9.1   Typen von Solidaritätsvorstellungen

Welche unterschiedlichen und möglicherweise in Konflikt miteinander stehenden Muster an Solidaritätsvorstellungen waren aufzufinden? Sieben Typen konnten entlang des von sehr eingeschränkter bis umfassender Solidarität reichenden Kontinuums rekonstruiert werden. Im Folgenden stellen wir zusammenfassend ihre jeweiligen Besonderheiten und die Verbindungen zueinander dar.

Im Typus 7 (»Unter uns bleiben«) finden wir im Vergleich zu den anderen Typen sicher den eingeschränktesten Solidaritätsraum. Die Gruppe rechnet sich selbst der »autochthonen« Erwerbsbevölkerung zu, die ihre Lebenswelt, aber auch ihre Ansprüche an das Sozialsystem, die sie durch ihre Erwerbsarbeit erworben haben, durch Zuwanderung bedroht sehen. Die Solidarität gilt der Eigengruppe der »LeistungsträgerInnen« – hier verstanden als gut qualifizierte, erwerbstätige Einheimische. Ausgrenzung findet dabei sowohl nach »unten« statt (niedriger Qualifizierte, Nicht-AkademikerInnen) als auch gegenüber MigrantInnen und Zugewanderten. Im Vordergrund steht das Anliegen, die Interessen der Eigengruppe zu wahren. Die sozialstaatliche Solidargemeinschaft wird daher auch stärker als Serviceeinrichtung betrachtet, welche die Aufgabe hat, die Eigengruppe zu unterstützen. Dieser Aufgabe kommt der Staat ihrer Einschätzung nach allerdings bislang nicht nach. Vielmehr würde er eine Umverteilung von einheimischer zu migrantischer Bevölkerung vornehmen. MigrantInnen werden dabei je nach Herkunft als in sich homogene Gruppen konstruiert, wobei angenommen wird, dass einzelne dieser MigrantInnengruppen entsprechend der ihnen zugeschriebenen Eigenschaften keinen Beitrag für die Gesellschaft leisten können oder wollen. Darin kommen deutlich kulturrassistische Haltungen bzw. gruppenbezogene Menschenfeindlichkeit[92] zum Ausdruck.

Auch in Typ 6 (»Mehr für die Unsrigen tun«) ist die Identifikation als »ÖsterreicherInnen« zentral. Aber wer dazu zu zählen ist, bleibt offener und Unterscheidungen und Ungleichwertigkeiten werden erst dann aktiviert, wenn der Eindruck entsteht bzw. ihnen vermittelt wird, dass die ÖsterreicherInnen gegenüber potenziell neuen MitbewohnerInnen des Landes benachteiligt werden. Das war um das Jahr 2015 der Fall. Deutlich zu erkennen sind bei diesem Typ Problemverschiebungen[93]: Die Befragten verbinden ihre Benachteiligungen und ihre teils prekären Lebenslagen nicht mit ihrer Klassenlage, sondern bringen sie, beeinflusst durch den öffentlichen Diskurs, mit der Zuwanderung in Zusammenhang. Im Gegensatz zum oben erwähnten Typ 7, bei welchem die Kritik an einer solidarischen Umverteilung klare ethnozentristische und sozialdarwinistische Züge mit entsprechender Ideologie der Ungleichwertigkeit aufweist, dominieren im Typ 6 wohlfahrtschauvinistische Motive: Man will sozialstaatliche Mittel für sich reserviert sehen. Diese Unterschiede liegen zum Teil in den verschiedenen sozialen Lagen begründet. Während sich insbesondere die männlichen Befragten des

92 Heitmeyer 2002.
93 Vgl. dazu u. a. Bohle et al. 1997; Bourdieu 2005; Bourdieu et al. 1997; Flecker und Kirschenhofer 2007.

Typs 7 aufgrund ihrer Hochschulabschlüsse der oberen Mitte zurechnen, repräsentieren die Befragten des Typs 6 die untere Mitte der Gesellschaft bzw. sprechen sie aus der Perspektive der »Ränder« der Gesellschaft. Die enttäuschten Erwartungen an einen fürsorgenden Sozialstaat kommen von Menschen, die durch verschiedene Erfahrungen gelernt haben zu akzeptieren, dass die staatliche Solidargemeinschaft nur ein sehr begrenztes Ausmaß an Unterstützung bietet.

Während Typ 7 sich die ideale sozialstaatliche Solidargemeinschaft als ethnisch homogene Gruppe der LeistungsträgerInnen vorstellt, steht bei Typ 6 der latente Wunsch nach einer stärkeren Zuwendung des Sozialstaates für bedürftige Gruppen im Vordergrund. Beiden gemeinsam ist jedoch, dass sie sich – wenn auch aus unterschiedlichen Motiven – gegen eine Öffnung der Solidargemeinschaft für neue Mitglieder aussprechen. Hier verläuft eine klare Grenze zu den weiteren Typen. Die Befragten der Typen von 5 bis 1 sprechen sich nicht prinzipiell gegen Zuwanderung oder die Aufnahme von Menschen auf der Flucht aus. Sie gehen mit diesen Themen aber sehr verschieden um: Die einen stellen Bedingungen für die Aufnahme und Anforderungen an die neuen – wie auch die alten – Mitglieder der Solidargemeinschaft (Typ 3, 4 und 5). Die anderen stellen keine Bedingungen, sondern argumentieren umgekehrt, dass die Gesellschaft eine Verpflichtung oder Bringschuld im Hinblick auf Offenheit und Unterstützung habe (Typ 1 und 2).

Die Befragten von Typ 3, 4 und 5 sehen sich als »LeistungsträgerInnen« in dem Sinne, dass sie durch ihre eigene Erwerbsarbeit – und die Steuern, die sie bezahlen – einen zentralen Beitrag zur Aufrechterhaltung des Sozialstaates und der Gesellschaft leisten. Die Forderung, ebenfalls dem Leistungsprinzip in diesem Sinne zu genügen, wird an alle Mitglieder der Gesellschaft – und an alle, die es werden wollen – herangetragen. Allerdings unterscheiden sich die Typen in ihren Erwartungen und damit auch darin, in welcher Weise Menschen, die nicht diesen Erwartungen entsprechen (können), mit Solidarität rechnen dürfen oder Ausgrenzung erfahren. Typ 5 (»Die moralische Ordnung erhalten«) sieht Erwerbstätigkeit als moralische Verpflichtung aller Gesellschaftsmitglieder; staatliche Interventionen sollen Abweichungen davon verhindern. Im Vergleich zu den anderen Typen finden wir hier die stärksten autoritären Aggressionen gegenüber Erwerbsarbeitslosen. Im Gegensatz dazu sieht Typ 4 (»Leistung muss belohnt werden«) die Erwerbsarbeitslosigkeit eher als Folge von Arbeitsmarktproblemen und weniger als individuelle Charakterschwäche. Darin kommt ein höheres Maß an Solidarität mit den Erwerbsarbeitslosen zum Ausdruck. Diese speist sich auch aus der Erfahrung ihrer Ausbeutung (im Marx'schen Sinn) durch die Besitzenden in der Gesellschaft. Wir können hier Fragmente einer latenten Klassensolidarität erkennen, welche in etwas anderer Form ebenfalls in Typ 1 zu finden ist. Den Befragten des Typs 4 geht es aber auch bei der Arbeitslosenunterstützung um den angemessenen Abstand: Das Arbeitslosengeld soll nicht so hoch ausfallen wie ein für die Betroffenen erzielbares Einkommen aus aktiver Erwerbsarbeit. Andernfalls entstehen Gefühle der Ungerechtigkeit. Die Befragten in Typ 3 (»Fördern und Fordern«) wiederum richten im Unterschied zu Typ 4 und 5 nicht nur Erwartungen an die Individuen, durch ein entsprechendes Bemühen den Anforderungen nach Erwerbstätigkeit zu genügen, sondern nehmen auch die Solidargemeinschaft in die Pflicht, den Individuen Unterstützung anzubieten, damit diese den Erwartungen nachkommen können. Diese Befragten beziehen die von ihnen betonte Verpflichtung der Gemeinschaft, Bedürftigen unter die Arme zu greifen, durchaus auch auf sich selbst. Das zeigt sich in ihrem Engagement und der aktiven Hilfe, die sie insbesondere Menschen auf der Flucht leisten.

Das als Verpflichtung zur Erwerbsarbeit verstandene Leistungsprinzip produziert damit klare Ausschlüsse aus der Solidargemeinschaft. Es dient bei diesen drei Typen aber auch als Grundlage dafür, dass sich neue Mitglieder gewissermaßen für eine Aufnahme in die Solidargemeinschaft qualifizieren können. Am stärksten finden wir dieses Motiv im Typ 4 (»Leistung muss belohnt werden«): Insofern Zugewanderte sich dem Leistungsprinzip unterwerfen, wird ihre Aufnahme durchwegs akzeptiert. Dagegen werden von Typ 5 und 3 unter dem Stichwort »Integration« neben dem Leistungsprinzip auch Erwartungen an eine kulturelle Anpassung ins Spiel gebracht. Während Typ 3 (»Fördern und Fordern«) stärker damit argumentiert, dass dies auch im Sinne der Betroffen sei, und die Gesellschaft – ähnlich wie bei Erwerbsarbeitslosen – sie dabei unterstützen müsse, stehen bei Typ 5 (»Die moralische Ordnung erhalten«) vage Befürchtungen im Vordergrund, dass durch Zuwanderung die kulturellen Werte der Eigengruppe bedroht sein könnten. Während bei Typ 7 (»Unter uns bleiben«) das Gefühl als »autochthone« Bevölkerung bereits in der Minderheit zu sein manifest wurde, klingt bei Typ 5 der Anspruch an, dass die herrschende moralische Ordnung – trotz der akzeptierten Aufnahme von Zugewanderten – gewahrt bleiben müsse.

Der moralische Imperativ, Menschen in Not zu helfen, ist ein Grundkonsens unter fast allen Befragten. Doch die Typen 1 und 2 beziehen ihn am stärksten auf die eigene Person. In den Erzählungen geht es in diesem Zusammenhang um den Sommer 2015, als ein Versagen des Staates wahrgenommen wurde, Unterstützung für Bedürftige zu leisten. Erscheinen diese beiden Typen als sehr ähnlich, wenn man nur die Hilfe für Geflüchtete betrachtet, zeigt die nähere Analyse eine durchaus gegensätzliche Solidaritätskonfiguration. Typ 2 (»Sich für andere einsetzen«) repräsentiert eine altruistische Solidarität privilegierter Klassen, die nicht davon ausgehen, dass sie in die Lage jener Menschen geraten können, für die sie Hilfe und Unterstützung befürworten oder auch organisieren (Erwerbslose, Geflüchtete, Obdachlose etc.). Ihre Privilegien verpflichten sie zu aktivem solidarischem Handeln, aber auch zur Zahlung höherer Abgaben und Steuern, um gesellschaftliche Ungleichheiten zu mildern, nicht jedoch um sie abzuschaffen. Im Gegensatz dazu verweist Typ 1 (»Füreinander Einstehen«) auf eine Solidaritätskonzeption, die sich im Unterschied zu allen anderen Typen kämpferisch für eine umfassende Veränderung der Gesellschaft zum Wohl der Benachteiligten ausspricht. Typ 1 verortet sich wie Typ 6 oder auch Typ 4 in der gesellschaftlichen Hierarchie »unten« (bei den Unterdrückten, Ausgebeuteten), deutet dieses »Unten« aber anders. Während es bei Typ 6 und Typ 4 – in unterschiedlicher Gewichtung – vor allem nationalstaatlich begrenzt ist und hart Arbeitende umfasst, ist es bei Typ 1 in eine globale Ungleichheitsperspektive eingebettet, beinhaltet also eine Solidarität mit allen Benachteiligten der Welt, und grenzt nicht nach Leistung in Erwerbsarbeit aus. Hinter den Typen verbergen sich auch unterschiedliche soziale Milieus. Die Befragten aus Typ 6 und 4 weisen ähnliche soziale Lagen auf. Sie stammen überwiegend aus ländlichen – tendenziell jüngeren – Handwerks- und ArbeiterInnen-Milieus, vereinzelt auch aus dem unteren Dienstleistungsbereich. Die seit Jahren in Gang befindliche soziale und symbolische Abwertung dieser sozialen Lagen wird auch auf der individuellen Ebene gespürt.[94] Im Gegensatz dazu finden wir in Typ 1 ein urbanes Milieu mit mittleren bis hohen Bildungsabschlüssen, die sich aufgrund unterschiedlicher Umstände in einer prekären Zone des Arbeitsmarktes befinden, die von unsicheren Beschäftigungsverhältnissen, Arbeitslosigkeit und in einigen Fällen auch von sozialer Isolation geprägt sind. Über das Herkunftsmilieu verfügen allerdings einige der Befragten des Typ 1 – im Gegensatz zu Typ 4 und 6 – über ein zusätzliches Sicherheitsnetz.

Die Übersicht über die entwickelte Typologie zeigt, dass solidarische Haltungen und politische Orientierungen vielfach in Zusammenhang mit Herkunftsmilieus und Lebenslagen stehen. Dies bedeutet aber nicht, dass soziale Lagen und insbesondere Veränderungen der Lebenssituation notwendigerweise zu bestimmten politischen Haltungen und Reaktionen führen. So zeigten zum Beispiel von den Personen in prekären Lebenslagen einige universell solidarische, andere ausgrenzende Orientierungen. Damit bestätigt die Erhebung Befunde einer Vorgängerstudie in den 2000er-Jahren, in der gezeigt werden konnte, dass nicht nur Unsicherheit, Prekarisierung und Abstiegsängste autoritär-ausgrenzende Haltungen verstärken und zur Empfänglichkeit für Rechtspopulismus und -extremismus beitragen.[95] Auch gut Situierte und AufsteigerInnen zeigten sich, wenn auch in etwas anderer Form und aus anderen Gründen, als ausgrenzend und von rechts außen ansprechbar. Umgekehrt wurden Unsicherheit und Abstiegsangst nicht notwendigerweise auf diese Weise politisch verarbeitet, sondern konnten auch solidarisch-demokratische Haltungen stärken. Die Interviews für die vorliegende Studie zeigen diese Zusammenhänge noch deutlicher auf. Prekarität, Erwerbsarbeitslosigkeit und Benachteiligung gehen teilweise mit universell solidarischen Haltungen einher. Diese umfassen Forderungen nach mehr Gleichheit und nach sozialstaatlicher Umverteilung ebenso wie Aktivitäten zur Unterstützung für Geflüchtete. In ähnlichen Lebenslagen

---

94   Dazu gehört die Entwertung des kulturellen und ökonomischen Kapitals (z. B. Abwertung der Lehre durch einen Diskurs des Bildungsaufstiegs; Einkommensverluste durch sinkende Löhne) aber auch Erfahrungen von Missachtungen auf einer symbolischen Ebene.
95   Flecker 2007; Flecker und Kirschenhofer 2007.

und bei ähnlichen Erfahrungen finden sich auch gegenteilige Orientierungen, die etwa nationalistische Ausgrenzungen oder Abwertungen von Erwerbsarbeitslosen beinhalten. Das bedeutet in weiterer Folge auch, dass sich moralische oder politische Orientierungen nicht unmittelbar nur aus der gegenwärtigen sozialen Lage heraus entschlüsseln lassen, auch wenn es – wie unsere Studie zeigt – durchaus Zusammenhänge gibt.[96] Die unterschiedlichen Haltungen und Solidaritätsverständnisse sind erst vor dem Hintergrund der sozialen Laufbahn, der politischen Sozialisation und der sozialen Kontextbedingungen zu verstehen.[97] Kollektive Erfahrungen (z.B. von Anerkennung, von Restriktion, von Auf- oder Abstieg), die als Teil unterschiedlicher sozialer Gruppen gemacht werden (z.B. als Teil einer Klasse, einer Berufsgruppe, einer sozialen Minderheit) verschränken sich mit individuell biographischen Erfahrungen, die eine jeweils spezifische Grundlage für Auseinandersetzungen mit der sozialen Welt und der Herausbildung von Orientierungen schafft. Wie an diesem zusammenfassenden Überblick zudem deutlich wurde, unterscheiden sich die dargestellten Typen von Solidarität entlang mehrerer Dimensionen recht klar voneinander. Sie sind durch ihre jeweiligen Vorstellungen von der Gesellschaft und die empfundenen Zugehörigkeiten zu einzelnen Gruppen innerhalb der Gesellschaft ebenso charakterisiert wie durch die Grenzziehungen, die sie um die Solidargemeinschaft vornehmen, und die Bedingungen, die sie für eine Aufnahme in diese stellen. Darüber hinaus ziehen die dargestellten Typen aus ihren Wahrnehmungen und Deutungen unterschiedliche Konsequenzen im Hinblick auf ihre (solidarischen) Aktivitäten und ihre Ansprüche. Als sehr wichtig haben sich die Gerechtigkeitsprinzipien herausgestellt, auf die sich die Befragten in ihrer Argumentation berufen. Das Leistungs-, das Status-, das Bedarfs- und das Gleichheitsprinzip spielen in den jeweiligen Typen sehr unterschiedliche Rollen, werden verschieden gedeutet und auf unterschiedliche Weise kombiniert.

---

96 Vgl. dazu auch die Analysen von Andrew Sayer über den Zusammenhang von Moralität und Klasse (2005).

97 Hier decken sich unsere Ergebnisse durchaus mit Erkenntnissen von Decker und Brähler (2018).

9.2   Gerechtigkeit und Solidarität

Die Gerechtigkeitsprinzipien, die in den Solidaritätsvorstellungen enthalten sind, stellen auf Leistung, Status, Bedarf und Gleichheit ab. Auch wenn die Prinzipien in einem Spannungsverhältnis zueinander stehen, können sie in den Wünschen der Menschen gemeinsam enthalten sein.[98] Je nachdem welches Gerechtigkeitsprinzip in den Vordergrund gestellt wird und wie die verschiedenen Prinzipien gedeutet werden, kommen unterschiedliche Solidaritätsvorstellungen zustande. Dabei kann es sich durchaus um Nuancierungen handeln, die aber als symbolische Unterschiede und Verschiebungen wichtig für das Verständnis der Wirkung politischer Botschaften sein können. Auch können mehrere gesellschaftliche Gruppen zugleich angesprochen werden, indem an bestimmte Gerechtigkeitsvorstellung appelliert wird, an welche die Vorstellungen aller dieser Gruppen trotz der Unterschiede zwischen ihnen anschlussfähig sind.[99]

Generell steht in unserem empirischen Material das Leistungsprinzip im Vordergrund: Entsprechend der in der Gesellschaft vorherrschenden meritokratischen Orientierung und Leistungsideologie werden Ansprüche von Gesellschaftsmitgliedern am häufigsten von deren Beiträgen abhängig gemacht. Als Beitrag, also als Leistung zählt wiederum die Erwerbsarbeit am meisten. Aufgrund seiner Bedeutung werden wir weiter unten ausführlicher auf die verschiedenen Facetten des Leistungsprinzips eingehen.

Das Statusprinzip wird ins Treffen geführt, wenn es um Vorrechte von Etablierten, beispielsweise schon länger im Land Ansässigen, geht. Auch aus der nationalstaatlichen Zugehörigkeit oder aus dem Status als ArbeitnehmerIn können Ansprüche abgeleitet werden, die sich darauf beziehen können, dass einem ein Lebensstandard oder eine Unterstützung zusteht, Positionen oder geschätzte Güter der Eigengruppe vorbehalten bleiben oder ein Abstand gewahrt bleibt zu den Ansprüchen der Mitglieder einer Fremdgruppe.

---

98   Moore 1987.
99   Wir beziehen uns hier auf die »Integrationsideologien«, die Michael Vester (2017) bei politischen Lagern vorfand, die aus heterogenen sozialen Milieus bestehen.

Das Bedarfsprinzip spielt eine große Rolle, wenn von der Versorgung Bedürftiger die Rede ist. Fast alle Befragten sind sich darin einig, dass Menschen in Not Solidarität in der Form erwarten können, dass die Gemeinschaft für deren Ernährung, Unterkunft, medizinische Behandlung und Kleidung sorgt. Die Geister scheiden sich aber schon daran, ob diesen dafür Geld oder Sachleistungen zur Verfügung gestellt werden sollen. Unterstützung in Geld bedeutet in einem minimalen Rahmen bürgerliche Freiheiten der Lebensführung zu bewahren und deutet damit auch darauf hin, dass man Hilfsbedürftigen auf Augenhöhe gegenübertritt. Die Forderung nach Sachleistungen dagegen richtet sich genau gegen diese Freiheiten, die aus Sicht mancher Befragter missbraucht werden können, indem jemand »*Alkohol und Zigaretten*« oder anderen »*Luxus*« damit kauft, der aus dieser Sicht mit würdigen Hilfsbedürftigen nicht in Einklang zu bringen ist.

Das Prinzip der Gleichheit dominiert die meisten Solidaritätsvorstellung keineswegs, es kommt aber ebenfalls in verschiedener Weise zum Ausdruck. So ist es in der Anwendung des Bedarfsprinzips zu erkennen, wenn allen Menschen gleiche grundlegende Bedürfnisse zugesprochen werden. Gleichbehandlung wird etwa auch eingefordert, wenn abgelehnt wird, dass Menschen versorgt werden, die keine Erwerbsarbeit leisten. Befragte nahmen zudem auf Gleichheitsvorstellungen Bezug, wenn sie Privilegien und Benachteiligungen in der Gesellschaft bewerteten. Nur von einem Teil der Befragten wurde allerdings die hierarchische Dimension sozialer Ungleichheit angesprochen und vor diesem Gerechtigkeitsprinzip kritisiert, etwa die höchst unterschiedlichen Lebenslagen der Reichen, der Mittelklassen und der Benachteiligten in der Gesellschaft.

Wie bereits erwähnt, kommt dem Leistungsprinzip in den Solidaritätsvorstellungen eine besondere Rolle zu. Wir kommen daher im Folgenden noch einmal kurz darauf zurück. Auffallend ist zunächst, wie unterschiedlich die Orientierungen und Argumente der Befragten auf das Leistungsprinzip zurückgreifen. Auf der einen Seite finden wir es im (ArbeiterInnen-) Klassenbewusstsein, das die eigene Arbeit hervorhebt, welche Werte schafft, von denen die Arbeitenden selbst aber wenig bekommen. Vielmehr werden diese überproportional von den Besitzenden angeeignet. Der Bezug auf das Leistungsprinzip ermöglicht also einen kritischen Blick auf das Klassenverhältnis.

Im Gegensatz dazu wird Leistung bisweilen auch als das verstanden, zu dem man es im Leben gebracht hat. Mehr noch, es wird argumentiert, dass man die »LeistungsträgerInnen« an ihrem Status und Einkommen erkenne, und ihr Beitrag zur Gemeinschaft erscheint als hoch, weil ja die Steuern und Beiträge zur Sozialversicherung vom Einkommen abhängen. Ein Beispiel dafür ist die Uminterpretation des Leistungsprinzips, wonach nicht mehr Fähigkeiten und tatsächlicher Aufwand, sondern der finanzielle Erfolg und die Höhe des Einkommens honoriert werden sollen.[100] Indirekt werden Menschen damit nach ihrer sozialen Herkunft bewertet, weil ja die Chancen des Erfolgs und das erzielbare Einkommen damit im Zusammenhang stehen. Dass der Leistungsbegriff so vage ist und das Leistungsprinzip so vielgestaltig auftritt macht es neben seiner hegemonialen Stellung im öffentlichen Diskurs besonders nützlich und anschlussfähig für höchst unterschiedliche gesellschaftspolitische Ziele und Argumentationen.

Die Leistungsideologie kann so weit gehen, dass es zu Abwertungen von allen als weniger leistungsfähig und leistungswillig Wahrgenommenen kommt und auch hinsichtlich des Sozialstaates für eine Beschränkung der Solidarität auf die Gruppe der sogenannten »Leistungsfähigen« argumentiert wird.[101] Wird auch von BezieherInnen des Arbeitslosengeldes, welches eine Versicherungsleistung ist, oder der Sozialhilfe eine Gegenleistung in Form von Arbeit verlangt, so tritt wiederum der moralische Imperativ in den Vordergrund, wonach niemand untätig sein soll. Auch im Hinblick auf die Minimalversorgung von Geflüchteten wurde dieses Argument genannt. Die Bezeichnung »Ausbeutung« wurde hier nicht in Zusammenhang mit dem Klassenverhältnis oder dem Oben und Unten in der Gesellschaft verwendet, sondern mit Bezug auf das Innen und Außen, insofern kritisiert wird, dass die Früchte der Arbeit von Mitgliedern einer Fremdgruppe angeeignet würden. Darin wird der erwähnte Prozess der Problemverschiebung deutlich, der Fremdenfeindlichkeit hervorbringt oder verstärkt. Ungerechtigkeitserfahrungen

---

100   Honneth 2013, S. 37.
101   Siehe dazu auch Lessenich 2006.

werden von ihren Ursachen abgelöst »und gegen Minderheiten umgelenkt«[102]. Von der eigenen harten Arbeit, die kein als angemessen wahrgenommenes Einkommen und keine Sicherheit in der Lebensführung garantiert, ist es angesichts der verbreiteten Tabuisierung des Klassenverhältnisses nicht weit, die im öffentlichen Diskurs angebotenen Sündenböcke für die eigene missliche Lage verantwortlich zu machen. Sogar von »Ausbeutung« der hart arbeitenden ÖsterreicherInnen durch MigrantInnen war in diesem Zusammenhang in manchen Gesprächen die Rede.

Gerade in der Gegenüberstellung der eigenen Lage und der als großzügig wahrgenommenen Unterstützung für Geflüchtete hört man oft die Aussage: »Mir hilft keiner.« Sie drückt aus, dass man auf sich allein gestellt sei und berechtigte Ansprüche insbesondere an den Sozialstaat nicht erfüllt würden. Eine solche empfundene Ungerechtigkeit wird insbesondere angesichts der tatsächlichen oder behaupteten Unterstützung für andere, insbesondere weniger Leistungsfähige, weniger Würdige oder FluchtmigrantInnen als nicht Dazugehörige, aktualisiert. Sie speist sich aus mehreren Quellen: Erstens wird auf die Härte des Erwerbslebens hingewiesen und Arbeitsleid angedeutet. Trotz aller Anstrengungen und Opfer kommt man gerade noch über die Runden. Zweitens ist darin die Erfahrung einer Kommodifizierung in der Vergesellschaftung enthalten, welche die Individuen stärker den Marktmechanismen unterwirft[103] und die Einzelnen umso mehr vor die Herausforderung stellt, sich selbst durchzuschlagen, je mehr das Zusammenleben marktförmig bestimmt ist (Erwartungen an Gegenseitigkeit werden enttäuscht; moralische Prinzipien verlieren an Einfluss; Einzelhandel und öffentliche Dienste gehen in den Dörfern verloren). Bisweilen fühlt man sich unsichtbaren Mächten ausgesetzt, was mit einem Kontrollverlust über das eigene Leben einhergehen kann.[104] Drittens können eigene negative Erfahrungen mit dem Sozialstaat oder Gerüchte über mangelnde Unterstützung für Personen, die es »wirklich verdient hätten«, das Gefühl, unfair behandelt zu werden, noch verstärken.

102   Kronauer 2018, S. 96.
103   Bieling 2017.
104   Heitmeyer 2018, S. 99.

Aktualisiert und politisch relevant wird diese Haltung vor allem durch die politischen und medialen Diskurse zum einen über die als weniger würdig etikettierten EmpfängerInnen von Unterstützungsleistungen, wie die als »Sozialschmarotzer« oder »Durchschummler« Diffamierten, und zum anderen über die häufig vollkommen übertrieben dargestellte Unterstützung für geflüchtete Menschen.[105] An den emotionalen Aussagen zu diesen Themen ist zu erkennen, wie sehr die Unterstützung anderer als Provokation empfunden werden kann. Die große Verbreitung dieser Reaktion und die Möglichkeit, sie politisch zu nutzen, lassen sich nur dadurch erklären, dass dieses Phänomen mehrere Gründe hat, die jeweils für verschiedene Menschen Geltung haben. Ein Grund, der bei einem Teil der Befragten zu finden war, liegt im Vorrang der Leistungsideologie gegenüber Gleichheitsvorstellungen. Ein anderer Grund, der mit dem ersten zusammen auftreten kann, aber nicht muss, liegt in der autoritären Aggression[106], also der emotionalen Abwertung und Bestrafung jener, die Regeln missachten, der AußenseiterInnen oder als schwach Empfundenen. Ein dritter Aspekt betrifft rassistische Haltungen, insofern Fremdgruppen aufgrund ihrer Herkunft oder »Kultur« von vornherein und kollektiv als anders und ungleichwertig wahrgenommen werden, wenn beispielsweise behauptet wird, dass bestimmte AusländerInnen »unseren« Werten grundsätzlich nicht entsprechen oder nie ihren Beitrag werden leisten können.

Leistung wird meist sehr eng auf Erwerbsarbeit bezogen. Argumente, die Leistung in diesem Sinne einfordern, sind jedoch in einem breiten Spannungsfeld zu verorten: Auf der einen Seite geht es darum, dass eine Solidargemeinschaft nur dann aufrechterhalten werden kann, wenn die Mitglieder ihren Verpflichtungen nachkommen und ihre Beiträge leisten. Im Sozialstaat hängen die Beiträge vom Erwerbseinkommen ab, wodurch die Verpflichtung zu Erwerbsarbeit in den Vordergrund rückt. Die Perspektive ist also auf die Vermeidung von TrittbrettfahrerInnen gerichtet. Auf der anderen Seite geht es um eine moralische Ordnung, die etwa im Sinne der

105 Studien zeigen, dass Menschen ihr eigenes solidarisches Verhalten infrage zu stellen beginnen, wenn sie das Gefühl bekommen, andere würden den Sozialstaat ausnützen und hätten es dabei auch noch schöner als sie selbst (vgl. Voland 1999; Bierhoff 2002).
106 Adorno et al. 1950; Altmeyer 1988.

protestantischen Ethik Untätigkeit im Allgemeinen und insbesondere mangelnde Berufsarbeit stigmatisiert. Dies ist häufig mit autoritären Haltungen verbunden, auf Basis derer Aggressionen gegen die wenig Leistungsfähigen oder Leistungsbereiten, gegen Schwäche oder abweichende Lebensstile gezeigt werden.

9.3 Die kontinuierliche Auseinandersetzung um Solidaritätskonzepte

Am Konzept der »Leistung« zeigt sich besonders deutlich, wie bestimmte, ähnlich lautende Deutungen und Appelle bei Personen mit durchaus unterschiedlichen, wenn nicht gegensätzlichen Sichtweisen zugleich auf Resonanz stoßen können. Solche Phänomene lassen sich aber auch im Hinblick auf andere Botschaften, Begriffe oder Floskeln zeigen. Wer mit »Wir« und mit »den Unsrigen« gemeint ist, bleibt in den Debatten meist im Dunkeln, die verschiedenen damit geweckten Assoziationen erlauben es aber, die Angesprochenen für symbolische Grenzziehungen und die Ausgrenzung von Fremdgruppen zu gewinnen. Die Rede von »unseren Werten« lässt in der Regel offen, um welche Werte es sich dabei handelt. Es kann eine vorherrschende moralische Ordnung damit angesprochen sein oder gerade diejenigen Vorstellungen, die im Wertewandel unter Druck geraten sind und die nun in Form einer Gegenreaktion massiv verteidigt werden.[107] Genauso kann die patriarchale Ordnung, die Arbeitsethik oder die Heteronormativität gemeint sein. Der *Femonationalismus*, also die Verwendung feministischer Argumente durch sonst antifeministische rechte Parteien und nationalistische Bewegungen, ist ein gutes Beispiel dafür, wie mit taktischer Bezugnahme auf angeblich geteilte Werte der Gleichberechtigung von Männern und Frauen Stimmung gegen MigrantInnen und Zugwanderte, welche diese Werte nicht teilen würden, gemacht wird.

Der Slogan »Wer arbeitet, soll nicht der Dumme sein«[108] kann mit Resonanz bei den Arbeitenden rechnen, die sich im Klassenverhältnis ausgebeutet

---

107   Vgl. Norris und Inglehart 2018.
108   Der Slogan war zentraler Bestandteil des Wahlprogrammes der ÖVP für die Nationalratswahl 2017. https://www.wienerzeitung.at/nachrichten/politik/oesterreich/912990-Wer-arbeitet-darf-nicht-der-Dumme-sein.html – 25.8.2017.

fühlen, lenkt die damit verbundenen Emotionen aber auf diejenigen, die eine Unterstützung vom Sozialstaat beanspruchen, vermeintlich ohne eine Leistung erbracht zu haben. Damit werden aber auch jene angesprochen, die sich als »LeistungsträgerInnen« von der Mehrheit der Arbeitenden abgrenzen und den gesellschaftlichen Reichtum für sich reserviert wissen wollen. Allein eine Analyse der Verwendung des Begriffs »Integration« im Zusammenhang mit Migration würde Bände füllen. In den Interviews zeigte sich eine beachtliche Bandbreite von Bedeutungen. Sie reichte von der bloßen Anforderung einer Arbeit nachzugehen, über die Erwartung an jene, die in ein Dorf ziehen, sich aktiv an der Dorfgemeinschaft zu beteiligen, egal ob sie aus dem In- oder Ausland kommen, bis hin zur Forderung nach Assimilation von MigrantInnen und dem Wunsch, alles Fremde müsse durch Anpassung unsichtbar werden, als Fremdes also verschwinden.

Der Anspruch, dass selbstverständlich »jedem geholfen werden müsse, der in Not ist«, oder zumindest, dass man »niemanden verhungern lassen kann«, findet zwar große Zustimmung, sagt aber wenig darüber aus, was sich die Betroffenen legitimerweise konkret erwarten dürfen. Geht es um die Unterstützung im akuten Notfall, wie bei einer Katastrophenhilfe, die sich auf die Sicherung des Überlebens konzentriert, oder gilt es Menschen in prekären Lebenslagen, wenn nötig, auf Dauer eine menschwürdige Existenz zu sichern? Es ließen sich viele weitere Beispiele von Botschaften oder Ausdrücken anführen. Gemeinsam ist ihnen, dass sie erstens in ihrer Vagheit geeignet sind, bei unterschiedlichen Gruppen Resonanz zu finden. Damit können Personen mit recht unterschiedlichen Solidaritätsvorstellungen oder politischen Orientierungen angesprochen werden. Zweitens sind sie in ihrer Bedeutung umkämpft. Je nach Bedeutung oder Rahmung, die durchgesetzt werden kann, lassen sich unterschiedliche Solidaritätskonzepte dadurch stützen.

Um dieses Argument mit einem Beispiel zu verdeutlichen: Wir stellten große Unterschiede auf Seiten der GegnerInnen von »*Refugees Welcome*« fest. Diese reichen von der Ausgrenzung aus rassistischen Motiven als Extremposition einer vermutlich kleinen Gruppe auf der einen Seite bis zu jenen, die gegenüber den ausgebreiteten Armen skeptisch sind und von den neu Angekommenen einen baldigen Beitrag in Form von Erwerbsarbeit erwarten.

Eine Normalisierung des Rechtsextremismus im gesellschaftlichen Diskurs[109] kann diese vielfältige Gruppe schleichend und unter der Hand näher an den rassistisch ausgrenzenden Pol ziehen.

Die Untersuchung hat klargemacht, dass Solidaritätskonzepte und damit zusammenhängende politische Orientierungen bei vielen recht ambivalent sind. Abseits der wohl eher kleinen integrierten und ideologisch gefestigten politischen Milieus sind die Orientierungen nicht unbedingt konsistent und vermutlich nicht sehr stabil. Damit können Ansichten und Haltungen, welche durch die soziale Herkunft beeinflusst und durch eigene Erfahrungen gestützt sind, je nach Kontext, nach politischer Wetterlage oder vorherrschenden öffentlichen Diskursen »umschlagen«.[110] Wichtige Ereignisse, ihre mediale Aufbereitung und politische Verwendung, wie die Ankunft vieler Geflüchteter im Jahr 2015 oder die sexistischen Übergriffe in der Silvesternacht 2015/2016 in Köln, können einen solchen Stimmungswandel herbeiführen. Aber auch schleichende Veränderungen sind in verschiedene Richtungen zu beobachten.

Welche Schlüsse können wir aus unseren Befunden für die Frage ziehen, wie Menschen für eine fortschrittlich-solidarische Veränderung angesprochen werden können? Die Vorherrschaft des Leistungsprinzips legt es nahe, an den Bedeutungen anzusetzen, welche dem Begriff Leistung gegeben werden. So kann es zum Beispiel wichtig sein, den Begriff von der Erwerbsarbeit zu lösen, um unbezahlte Arbeit als wichtigen Beitrag zur Gesellschaft sichtbar zu machen und damit jene im Diskurs zu stärken, die ihre diesbezüglichen Leistungen abgewertet sehen. In bestimmten Kontexten kann es hilfreich sein, der Ausgrenzung mit dem Hinweis, jemand, der oder die neu im Land ist, habe ja »noch nichts beigetragen«, mit einer Ausweitung über die nationalstaatliche Perspektive hinaus zu begegnen und die Frage aufzuwerfen, ob nicht auch Arbeitsleistungen in einem anderen Land einen solchen geforderten Beitrag darstellen könnten, insbesondere in einer transnational vernetzten Wirtschaft, in der die MitteleuropäerInnen von den Arbeitsleistungen der Menschen aus der ganzen Welt profitieren.

109 Wodak 2016.
110 Eribon 2016, S. 14.

Sind inklusive Formen der Solidarität das Ziel, so gilt es nicht nur auf das Verständnis von Leistung einzuwirken, sondern auch der Anwendung des Leistungsprinzips Grenzen zu setzen, es also stärker einzuhegen. So sind Hinweise darauf wichtig, dass dem Sozialstaat kontinentaleuropäischer Prägung sowohl das Leistungsprinzip in Form der Beitragsabhängigkeit bestimmter Sozialleistungen als auch das Bedarfsprinzip zugrunde liegen. Die Unterstützung auf einem Mindestniveau steht allen unabhängig von Beitragszahlungen zu. Und auch um die Bestimmung dieses Minimums laufen Auseinandersetzungen. Während die einen ein absolutes Mindestniveau zur Sicherung des Überlebens und der Gesundheit im Auge haben, gestehen die anderen ein kulturell bestimmtes Minimum an Unterstützung zu, das an der Sicherung der Menschenwürde ausgerichtet ist.

Erkennbar wird in unserem Material auch eine »populistische Lücke«[111] bzw. Repräsentationslücke.[112] Damit ist gemeint, dass die Adressierung von Problemlagen der arbeitenden Bevölkerung weitgehend den rechtspopulistischen und rechtsextremen Kräfte überlassen und damit einer Problemverschiebung Vorschub geleistet werde. Werden nämlich soziale Ungleichheiten in der vertikalen Dimension und Interessengegensätze zwischen den Klassen zu wenig thematisiert[113], werden Niedriglöhne, prekäre Arbeits- und Lebensbedingungen und mangelnde soziale Sicherheit nicht in Zusammenhang mit der Umverteilung von unten nach oben und mit dem gestiegenen politischen Einfluss der Großunternehmen und der Reichen in der Gesellschaft gebracht, so öffnet das Tür und Tor für Deutungsangebote, welche den MigrantInnen die Schuld an der nachteiligen Situation zuweisen und Teile-und-Herrsche-Strategien unterfüttern. Dies gelingt, wenn die politische Rechte bei wachsender sozialer Ungleichheit die nationale und völkische Zugehörigkeit erfolgreich als Grundlage des sozialen Zusammenhalts propagiert.[114]

Die Erhebung hat in diesem Zusammenhang auch den überraschenden Befund erbracht, dass Politikverdrossenheit nicht nur bei den Benachteiligten eine Rolle spielt, die vom Rechtspopulismus adressiert werden. Gerade die

111   Flecker und Kirschenhofer 2007.
112   Becker et al. 2018.
113   Eribon 2016.
114   Kronauer 2018.

universell Solidarischen, die sich auf vielfache Weise für die Unterstützung Benachteiligter, wie etwa geflüchteter Menschen, und für eine inklusivere Gesellschaft eingesetzt hatten, bringt der politische Rechtsruck dazu, sich teilweise zurückzuziehen und die öffentliche Debatte nicht mehr zu verfolgen. Hier könnte ein Ansatzpunkt sein, aufzuzeigen, dass die Massenmedien die Stimmungslage im Land nur sehr verzerrt wiedergeben, indem sie etwa die vielfältigen, noch immer fortgeführten solidarischen Aktivitäten für Geflüchtete großteils übergehen.

Die Untersuchung hat auch Anhaltspunkte ergeben, wie inklusiv solidarische Haltungen durch das gemeinsame Ansprechen mehrerer Gruppen bzw. von Personen mit unterschiedlichen Solidaritätsverständnissen gestärkt werden können. Dabei gilt es Themen anzusprechen bzw. Botschaften zu vermitteln, die geeignet sind, übergreifend Resonanz zu finden. Ein solches Thema betrifft die Erwerbsarbeit und die unbezahlte Arbeit im Haushalt, welche die Reproduktion der Gesellschaft sichern, und die Ansprüche, die daran für die Teilhabe am gesellschaftlichen Reichtum und für ein Leben in materiellem Wohlstand, wie auch in Zeitwohlstand, geknüpft werden können. Wird die Forderung »Leistung muss belohnt werden« (oder auch »Wer arbeiten geht, darf nicht der Dumme sein«) wie erwähnt im Klassenverhältnis gerahmt, wenn also die ungleiche Aneignung des Reichtums in den Vordergrund gerückt wird, fällt es leichter, symbolischen Grenzziehungen gegenüber Erwerbsarbeitslosen und migrantischen Arbeitenden entgegenzuwirken. In den Vordergrund müssten solche Bemühungen die Gleichheit der Arbeitsleistungen und Anstrengungen sowie die gleichermaßen bestehende Unsicherheit stellen, die grundsätzlich in der Lohnabhängigkeit liegt. Während es der Leistungsideologie gelingt, Brücken zu bauen – wer sich anstrengt und etwas beiträgt, ist nicht mehr anders oder fremd –, scheint dies das Bewusstsein von der grundsätzlich gleichen Klassenlage weniger häufig zu bewirken.

Ein weiterer Ansatzpunkt, der sich aus unserer Untersuchung ergeben hat, besteht in der Anerkennung der grundsätzlichen Gleichheit der Menschen. Dies bezieht sich auf grundlegende Bedürfnisse aber auch auf Variationen in den Charakteren. So hielten Befragte der kulturrassistischen Ausgrenzung und der Dämonisierung Fremder entgegen, dass es überall gute und schlechte Menschen gäbe. Michèle Lamont schlägt in diesem Zusammenhang vor, in der Diskussion stärker die Gleichheit herauszustreichen und einen »einfachen Universalismus« zu propagieren.[115] Dabei geht es um die Merkmale, von denen die Menschen glauben, dass sie sie miteinander teilen, wie die biologische Gleichheit, die gemeinsame menschliche Natur oder die Bedeutungslosigkeit im Kontext der Geschichte der Menschheit.

Ein weiteres Thema ist zweifelsohne der Sozialstaat. Fast alle Befragten betonen seine wichtige Funktion und wünschen seine Sicherung, wenn nicht seinen Ausbau. Es herrscht Konsens, dass man Bedürftigen unter die Arme greifen müsse. Der symbolische Kampf um Solidaritätskonzepte wird in diesem Punkt eher darum geführt, wie viel die Bedürftigen in welcher Form bekommen sollen, welche Bedingungen an Bedürftige gestellt werden und wie der Kreis der Solidargemeinschaft diesbezüglich abgegrenzt wird. Um nur einen Aspekt herauszugreifen: Die Debatte um Geld- oder Sachleistungen könnte fortschrittlich gewendet werden, wenn man über den Ausbau kostenlos zugänglicher öffentlicher Dienstleistungen den grundlegenden Bedarf der Bevölkerung besser abdeckt. Dies trägt auch zur politischen Absicherung des Sozialstaates bei, insofern die Mittelklassen ebenfalls davon profitieren.

Es ist auch weitgehend Konsens, dass alle eine Unterstützung beanspruchen können, die ein menschenwürdiges Leben und volle Teilhabe an der Gesellschaft sichert, wenn sie auf Basis von Erwerbsarbeit zur Finanzierung des Sozialstaates beigetragen haben – auch wenn ein Teil der Befragten dieser Forderung ein »Nur-wenn« voranstellen würden. Auffällig ist, dass Ansprüche auf Grundlage von Leistungen deutlich stärker betont werden als solche aus Gründen des Bedarfs, obwohl die Prinzipien grundsätzlich gleichwertig nebeneinanderstehen. Daraus können wir schließen, dass mehr Verständnis für das Bedarfsprinzip als Grundlage der sozialen Absicherung so mancher Ausgrenzung den Wind aus den Segeln nehmen könnte. Dazu müsste genutzt und angesprochen werden, dass es viel Übereinstimmung in der Unterstützung des Sozialstaates gibt. Dadurch ließen sich die vielfachen Verengungen im

115   Lamont 2019.

diesbezüglichen Solidaritätsverständnis überwinden. Insgesamt konnten wir an diesem Punkt jedoch in den Orientierungen der Befragten ohnehin viel eigensinniges Beharrungsvermögen gegenüber der neoliberalen Hegemonie und ihren Vorstellungen individualisierter, eigenverantwortlicher Vorsorge erkennen.

Diese Beispiele mögen genügen, um verständlich zu machen, welchen Nutzen die Einsichten in die vielfältigen Solidaritätsverständnisse für die gesellschaftspolitische Auseinandersetzung um Solidaritäten bringen können. Im breiten Bereich des Solidaritätskontinuums zwischen den Polen der umfassenden und weitreichenden Solidarität einerseits und den unsolidarischen Haltungen andererseits liegt ein umkämpftes Feld, in dem sich unseres Erachtens die weitere Entwicklung der Gegenwartsgesellschaft in dieser Hinsicht entscheidet. Die vielfach ambivalenten Haltungen der einzelnen Personen enthalten große Gefahren, aber auch Chancen für eine inklusive und demokratische Gesellschaft. Wir haben es also nicht mit einer Spaltung entlang einer Konfliktlinie zwischen Extrempositionen zu tun, an der allenfalls quasi Waffenstillstandsverhandlungen geführt und wackelige Kompromisse angestrebt werden können. Vielmehr stellt sich gerade der mittlere Bereich unterschiedlicher, mehrdimensionaler Solidaritätskonfigurationen als vielfach untergliedertes Feld dar, in dem es gilt, bei den voneinander stark unterschiedenen Gruppen gemeinsame Anknüpfungspunkte für die Unterstützung inklusiver Solidarität zu erkennen und diesen die entsprechenden diskursiven Angebote zu machen.

TEIL IV – ANHANG

Über die Forschung

Dieses Buch basiert auf einem Forschungsprojekt mit dem Titel »Solidarität in Zeiten der Krise (SOCRIS)«, das an der Universität Wien und der Milton Friedman Universität in Budapest gemeinsam mit der Forschungs- und Beratungsstelle Arbeit (FORBA) zwischen 2016 und 2019 durchgeführt wurde.[116] Inhaltlicher Ausgangspunkt für die Studie war ein 2004 abgeschlossenes europäisches Forschungsprojekt (SIREN – Socio-economic change, individual reactions and the appeal of the extreme right), an dem einige KollegInnen des SOCRIS-Projekts bereits beteiligt waren. Untersucht wurde damals der Zusammenhang von Veränderungen in der Arbeitswelt und der steigenden Attraktivität rechtspopulistischer und rechtsextremer Parteien und Bewegungen in Europa.[117] Die Ergebnisse erschienen unter anderem in dem Buch »Die populistische Lücke«.[118] Nach der Finanz- und Wirtschaftskrise 2008 stellen wir uns nunmehr die Frage, ob es vor diesem Hintergrund zu einer Verschiebung bei den Orientierungen der Bevölkerung in Richtung höherer Affinität zu rechtspopulistischen Orientierungen oder zu einer Stärkung demokratischer, inklusiver Orientierungen gekommen ist.

Die gesellschaftlichen und politischen Entwicklungen nach 2015 haben auch die Durchführung des Projekts nicht unberührt gelassen. Im Zuge der Erhebung (2017–2018) zeigte sich, dass die Finanz- und Wirtschaftskrise weniger deutliche Spuren in den Erinnerungen der Befragten zurückgelassen hatte, als es sich zum Zeitpunkt der Projektkonzeption 2014/2015 vermuten ließ. Besonders stark präsent war den Interviewten hingegen die sogenannte »Flüchtlingskrise«, deren Relevanz während der Antragstellung noch nicht

---

116 Das Projekt wurde vom Österreichischen Wissenschaftsfonds (Nr. I 2698-G27) und dem nationalen Forschungs-, Entwicklungs- und Innovationsbüro in Ungarn (NKFIA, ANN_2016/1, 120360) gefördert.
117 Vgl. dazu Flecker 2007.
118 Flecker und Kirschenhofer 2007.

in der Form abzusehen war. Die unterschiedliche Präsenz in der Erinnerung hat vermutlich viele Gründe: Es mag zunächst daran liegen, dass der Sommer 2015 chronologisch näher am Befragungszeitpunkt lag. Grund dafür könnten aber auch eine andere politische und mediale Bearbeitung und Berichterstattung sein, die bis heute von Migrationsfragen dominiert ist, während wirtschaftliche Entwicklungen eher in den Hintergrund gedrängt wurden. Die Ursachen können aber auch mit der unterschiedlichen persönlichen Betroffenheit erklärt werden.

Datenerhebung

Die SOCRIS-Studie basiert auf einem mixed-methods Design, das zusätzlich zu den hier präsentierten Ergebnissen von qualitativen Interviews eine repräsentative Erhebung in Form von Telefoninterviews inkludierte. Im Zuge dieser quantitativen Erhebung wurden zwischen Juli und September 2017 insgesamt 1.250 erwerbstätige und erwerbslose Personen im erwerbsfähigen Alter befragt. Als länderübergreifende Studie angelegt, umfasste das Projekt vergleichbare Erhebungen in Ungarn.

Grundlage für die im vorliegenden Buch präsentierten Analysen bilden 48 Interviews mit Personen zwischen 18 und 65 Jahren, die zwischen Februar und August 2018 in Österreich durchgeführt wurden. Die konkreten Fälle wurden nach theoretischen Gesichtspunkten ausgewählt.[119] Dabei leiteten sich die Kriterien zunächst aus ersten Ergebnissen der quantitativen Erhebung und zum anderen aus den Analysen der Vorgängerstudie SIREN ab. Dabei ging es nicht darum, statistische Repräsentativität zu erlangen, welche eine qualitative Forschung in diesem Umfang per se nicht einlösen kann, sondern darum, das Wissen über die Bedeutung bestimmter Merkmale aus den bisherigen Befunden gezielt für die Erhebung zu nutzen (z.B. Bedeutung unterschiedlicher beruflicher Erfahrungen, regionaler Herkunft oder Bildungshintergrund).[120] Darüber hinaus war es das Ziel, Fälle mit sowohl

---

119   Die Auswahl von GesprächspartnerInnen nach theoretischen Gesichtspunkten wird in der Litertur als »theoretical sampling« bezeichnet und stammt aus der Grounded Theory (Glaser und Strauss 1968).

120   Przyborski und Wohlrab-Sahr 2014, S. 182f.

minimalen als auch maximalen Unterschieden zueinander in die Studie zu integrieren. Durch diese Vorgehensweise können die Varianzen des zu untersuchenden Phänomens ausgelotet werden: die feinen Unterschiede ebenso wie die Spannbreite des Phänomens. In einem zyklischen Vorgehen wechselten wir Phasen der Datenerhebung mit Phasen der Datenauswertung, um daraus wieder Ableitungen für die Auswahl der nächsten Fälle treffen zu können. Folgende Kriterien leiteten dabei die Auswahl von InterviewpartnerInnen:

1) Variationen hinsichtlich sozio-demografischer Merkmale: Geschlecht, Alter, Bildungshintergrund, geographische Herkunft, Stadt/Land.

2) Variationen hinsichtlich aktuellem Erwerbsstatus: Selbstständige, Unselbstständige (öffentlicher Sektor, privater Sektor), Arbeitslose.

3) Variation bezüglich beruflicher Erfahrungen und beruflicher Entwicklung (Personen mit aufsteigenden Berufsverläufen; Personen, die von Verschlechterungen in ihrer Arbeitssituation betroffen sind; prekäre Verläufe; Arbeitslose).

4) Variation bezüglich der solidarischen sowie politischen Orientierungen und Haltungen.

Für den Feldzugang bedienten wir uns unterschiedlicher, in der empirischen Sozialforschung gebräuchlicher Strategien. Zum Einsatz kamen zunächst sogenannte »Vertrauenspersonen«, die aufgrund ihres spezifischen Status im Feld Kontakte zu potenziellen GesprächspartnerInnen herstellen konnten. Weiters wurden auch Kontakte im sozialen Umfeld der Forschungsgruppe für die Akquirierung von GesprächspartnerInnen genutzt, die allerdings in keinem persönlichen Naheverhältnis zu den ForscherInnen standen. Manche Interviews kamen auch durch zufällige Begegnungen zustande. Zuletzt wurden Interviewaufrufe auch in sozialen Medien gestreut bzw. Personen, die in einschlägigen Online-Foren kommentierten, direkt angesprochen.

Gemeinsam mit den InterviewpartnerInnen wurden geeignete Orte für die Gespräche ausgewählt. Manche luden uns zu sich nach Hause ein, mit anderen trafen wir uns an ihren Arbeitsplätzen, im Kaffeehaus oder auch in unseren Büroräumlichkeiten an der Universität.

Die Gespräche folgten den Prinzipien des »problem-zentrierten« Interviews.[121] Dabei handelt es sich um ein leitfadengestütztes Interview, das insbesondere für Forschungen geeignet ist, in denen es eine thematische Fokussierung gibt. Der Leitfaden steckt Aspekte ab, die für die Fragestellung relevant erscheinen, er wird in der Interviewführung aber offen gehandhabt, um den Sichtweisen der Befragten auf ein *Problem*, im Sinne eines sozialen Phänomens, möglichst viel Platz einzuräumen. Der Einstieg erfolgt daher direkt mit Bezug auf das Thema und beginnt nicht mit einer autobiographischen Anfangserzählung, wie das beispielsweise in der qualitativen Biographieforschung üblich ist. In der vorliegenden Studie umfasste der Leitfaden eine breite Palette an Themen: Erfahrungen in der Arbeitswelt, gesellschaftliche Anerkennung und Wertschätzung, die aktuelle Lebens- und Wohnsituation, Freizeit und ehrenamtliches Engagement, den Sozialstaat, Erfahrungen und Eindrücke im Zusammenhang mit den Fluchtbewegungen 2015, Einschätzungen zu Politik und Gerechtigkeit. Die Schwerpunktsetzungen in den Interviews folgten den Relevanzen, welche die GesprächspartnerInnen selbst setzten. Am Ende der Gespräche wurde noch ein Kurzfragebogen ausgefüllt, der sozialstatistische Daten zur Herkunft und zum Bildungshintergrund sowie zum Haushaltseinkommen und Erwerbsstatus inkludierte.

Abbildung 1: Sample nach höchster abgeschlossener Ausbildung

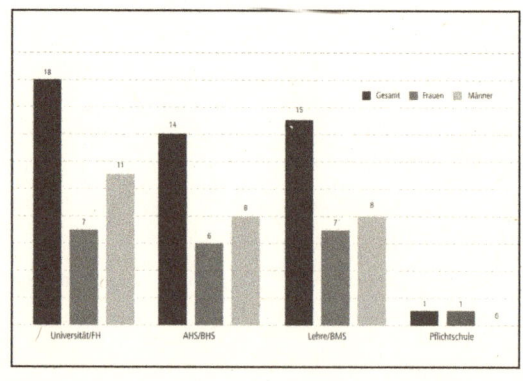

---

121   Witzel 1989.

Insgesamt wurden 21 Frauen und 27 Männer befragt. Die Bildungsabschlüsse sind zwischen den Geschlechtern annähernd gleich verteilt. Insgesamt verfügten 18 Befragte über einen Hochschulabschluss, 14 hatten eine Matura, 15 eine Lehre oder berufsbildende mittlere Schule, 1 Person hatte einen Pflichtschulabschluss (vgl. Abb. 1). 33 Befragte waren unselbstständig beschäftigt, 9 Personen waren selbstständig und 6 Personen waren zum Zeitpunkt des Interviews erwerbslos oder in einem Beschäftigungsprogramm des AMS[122]. Die vertretenen Branchen decken eine breite Palette verschiedener Wirtschaftsbereiche ab (*vgl. Tabelle 2*).

Tabelle 2: Sample nach Wirtschaftsbereichen

	Anzahl der Fälle
Land- und Forstwirtschaft	1
Herstellung von Waren	8
Handel	0
KZF-Reparaturen	1
Beherbergung und Gastronomie	4
Information und Kommunikation	6
Öffentliche Verwaltung	5
Erziehung und Unterricht	3
Gesundheit und Sozialwesen	7
Freiberufliche wissenschaftliche/ technische Tätigkeiten	6
Finanzdienstleistungen	1
Arbeitslos	6
Gesamt	48

Quelle: Eigene Darstellung

Mit 20 Personen zwischen 40 und 49 Jahren sind die mittleren Altersgruppen leicht überrepräsentiert. In den anderen Altersgruppen befinden sich annähernd gleich viele Personen (9 Personen zwischen 20 und 29 Jahren; 8

---

122   Entspricht in Deutschland der Bundesanstalt für Arbeit.

Personen zwischen 30 und 39 Jahren, 8 Personen zwischen 50 und 59 Jahren und 3 Personen zwischen 60 und 65 Jahren). Ein großer Teil der Befragten (18) hatte ihren Lebensmittelpunkt in Wien, jeweils 7 Interviews fanden in der Steiermark und in Oberösterreich statt, 15 in Niederösterreich und eines in Salzburg (*vgl. Abbildung 2*).

Abbildung 2: Geographische Verteilung der InterviewpartnerInnen

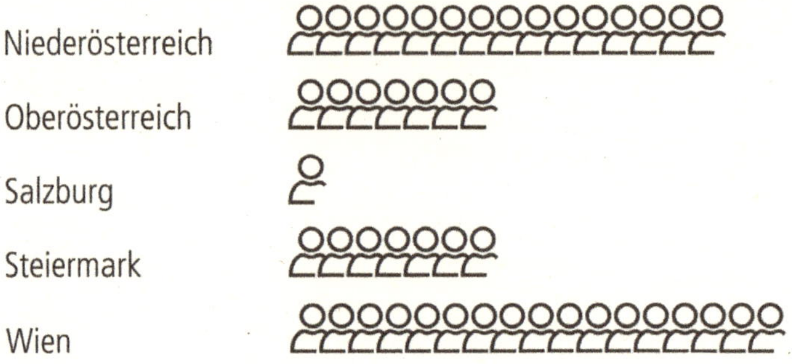

Niederösterreich	
Oberösterreich	
Salzburg	
Steiermark	
Wien	

Datenauswertung und Typenbildung

Für die Auswertung der Gespräche wurden – mit Einverständnis der Interviewten – die auf Audiodatei aufgezeichneten Interviews transkribiert. Im Zuge dessen wurden auch sensible personenbezogene Daten (insbesondere der Name sowie Orts- und Firmenbezeichnungen) verändert, um die Anonymität der Befragten sicherzustellen. Die Analyse der Interviews folgte einem mehrstufigen Vorgehen. Dafür orientierten wir uns an Vorschlägen von Uwe Flick sowie Claus Mühlfeld, die für die Analyse einer größeren Anzahl von Fällen und auch für die Bildung von Typen geeignet schienen.[123] Dazu wurden zunächst zu allen Interviews ausführliche Einzelfallauswertungen erstellt. In diesem Analyseschritt wurde rekonstruiert, in welchen

123   Flick 1995; Mühlfeld et al. 1981.

186

sozialen Sphären Solidarität explizit oder implizit zum Thema gemacht wurde (Familie, Zivilgesellschaft, Arbeitsplatz, Sozialstaat etc.) und welche Deutungsmuster damit verbunden waren. Mit Hilfe der Techniken der rekonstruktiven Sozialforschung, wie z. B. der Feinstrukturanalyse, wurden die spezifischen Solidaritätskonfigurationen jedes Falles herausgearbeitet.[124] Die Interpretationen erfolgten dabei im wechselseitigen Austausch in der Forschungsgruppe und mit anderen Forschungsteams an der Universität Wien. Die rekonstruierten Bearbeitungs- und Deutungsmuster dienten als Grundlage für kontrastierende Fallvergleiche – dem zweiten Analyseschritt. Diese Fallvergleiche bilden die Basis für die hier vorgestellte Typologie.

Wie in der Einleitung bereits kurz angerissen, wurden die vorgestellten sieben Solidaritätstypen auf der Grundlage von fünf Dimensionen gebildet. Entsprechend der Merkmalsausprägungen in den jeweiligen Dimensionen können ähnliche Fälle zu einem Typus gebündelt werden. Ziel einer Typenbildung ist dabei, ein möglichst hohes Ausmaß an interner Homogenität innerhalb eines Typs bei gleichzeitig größtmöglichen Varianzen zwischen den Typen zu erreichen.[125] Die solidaritätsbezogenen Dimensionen wurden aus der Einzelfallanalyse aber auch in Auseinandersetzung mit der Literatur gewonnen und umfassen in der vorliegenden Studie: 1) Zugehörigkeit und Identifikation, 2) Reichweite, 3) Bedingungen 4) Gerechtigkeit und 5) Aktivität. Anknüpfend an die Überlegungen von Pierre Bourdieu (1987), der von einer Verbindung zwischen sozialer Lage und individuellen Denk-, Wahrnehmungs- und Handlungsmuster ausgeht, haben wir darüber hinaus auch die Klassenlage als querliegende Dimension in der Analyse berücksichtigt.[126]

Die im Buch vorgestellten Typen sind als »Idealtypen« im Sinne von Max Weber zu verstehen, die durch »einseitige Steigerung eines oder einiger

---

124 Froschauer und Lueger 2003.
125 Kelle und Klug 2010, S. 112.
126 Bei einigen Typen (z. B. Typ 2 oder Typ 4) ließen sich eindeutige Bezüge zwischen den solidaritätsbezogenen Orientierungen und der Klassenlage herstellen. Bei anderen Typen ist dieser Zusammenhang weniger eindeutig, die Befragten in sich heterogener, was ihre Klassenlage betrifft. Auch wenn wir diese Verbindungslinien im vorliegenden Buch nur begrenzt verfolgen konnten, so scheint sich zumindest die von Andrew Sayer formulierte Annahme zu bestätigen, dass der Zusammenhang zwischen moralischen und politischen Orientierungen und der sozialen Lage einigermaßen komplex und weniger linear ist (Sayer 2005). Politische Orientierungen verfügen gegenüber der Klassenlage über eine relative Autonomie (Bourdieu 1987, S. 658f.).

Gesichtspunkte« gewonnen werden.[127] Die Typenbildung setzt am individuellen Fall an und bündelt ähnliche Fallstrukturen zu einem Typus. Sie
erfolgt anhand von sogenannten »Kernfällen«, die den Typus in besonderem
Ausmaß repräsentieren. Wie Aglaja Pzryborski und Monika Wahlrab-Sahr
betonen, bedeutet das allerdings nicht, dass ein Fall mit einem Typus »ident«
wäre.[128] Es handelt sich dabei vielmehr um eine »theoretische Verdichtung«,
die nicht alle Facetten eines Falles enthalten kann und je nach inhaltlicher
Fokussierung auch gänzlich anders erfolgen könnte. Durch die theoretische
Fokussierung werden bestimmte Aspekte des Falles in den Vordergrund
gerückt, andere treten in den Hintergrund. Methodisch bedeutet eine
Typenbildung Abstrahierung, Kontextualisierung und Kohärenzerzeugung,
mit dem Ziel der Theoriegenerierung.[129]

Sprechen über politische Themen

In den methodischen Lehrbüchern steht, dass ForscherInnen versuchen sollten,
ein Interview so zu gestalten, dass es einer alltäglichen Gesprächssituation
möglichst nahe kommt. Gleichzeitig lässt sich aber nicht bestreiten, dass eine
Interviewsituation alles andere als alltäglich ist. Da treffen zwei Menschen
aufeinander, die einander zuvor noch nie begegnet sind, und sollen eine
Situation schaffen, in der einer bereitwillig und offen aus seinem Leben
erzählt. Zwischen den GesprächspartnerInnen sind vielfältige Dynamiken am
Werk, die eine offene Erzählung im Idealfall begünstigen, im schlechtesten
Fall auch behindern können. Das Selbstbewusstsein, sich insbesondere zu
politischen Themen zu äußern und damit auch Stellung zu beziehen, ist in
der Gesellschaft ungleich verteilt. Es spiegeln sich darin die herrschenden
sozialen Machtverhältnisse in einer Gesellschaft wider.[130] Als ForscherInnen

---

127 Weber 1985, S. 190.
128 Przyborski und Wohlrab-Sahr 2014, S. 380.
129 Ebd. 384.
130 Aus der Umfrageforschung weiß man zum Beispiel, dass die Tendenz, die Antwort auf eine
     politische Einschätzung zu verweigern (also z. B. die Kategorie »ich weiß nicht« anzukreuzen)
     je nach sozialer Herkunft aber auch Alter und Geschlecht deutlich variiert. Die Ursachen dafür
     liegen nicht nur in unterschiedlichen Kompetenzen, politische Diskurse mit ihren sehr spezifischen
     Sprachcodes verstehen und sich selbst dazu positionieren zu können. Vielmehr ist entscheidend,

haben wir uns um Wertschätzung, um aktives Zuhören bemüht und versucht, uns auf die Geschichten und Anliegen der anderen Person einzulassen, um in einer kurzen Zeit ein Vertrauensverhältnis aufzubauen, das es ermöglicht, auch über heikle Dinge zu sprechen. Nicht zuletzt war dafür die Zusicherung der Anonymität hilfreich.

Die Beziehung zwischen den zwei Personen ist also ausschlaggebend dafür, wie ein Gespräch abläuft. Das hängt nicht nur von persönlichen Sympathien ab, sondern hat auch damit zu tun, dass sich diese Personen sozial näher oder weniger nahe stehen[131]: Ob hier zwei Frauen oder unterschiedliche Geschlechter aufeinander treffen, ob Altersunterschiede die beiden trennen oder der soziale Status (Universitätsprofessor trifft auf Schulwart).[132] Die soziale Distanz drückt sich in unterschiedlichen Vorlieben und Haltungen aus. Gleichzeitig haben wir aber auch Zuschreibungen verinnerlicht, die aus latenten Annahmen und Erwartungen über andere soziale Gruppen bestehen und die wir in eine Gesprächssituation mitnehmen. Dazu gehören auch Vermutungen darüber, was beim Gegenüber Zustimmung oder auch Ablehnung hervorrufen könnte. Insbesondere wenn kontroverse Themen wie Arbeitslosigkeit, Fluchtmigration, Mindestsicherung und Gerechtigkeit zur Sprache kamen, hatten wir den Eindruck, dass das Verhältnis zwischen GesprächspartnerInnen und Forschenden einen Einfluss darauf hatte, wie über Dinge gesprochen wurde, welche Worte und Begriffe gewählt wurden, was nur vorsichtig oder gar nicht geäußert wurde. Erzähle ich freimütig, dass ich eigentlich gegen »Ausländer« bin, wenn ich annehme, dass die Wissenschaftlerin, die mir gegenübersitzt, politisch »links« eingestellt ist? Werde ich es für mich behalten oder fühle ich mich dazu gedrängt, mich zu rechtfertigen, oder sehe ich mich geradezu aufgefordert, meine Sicht auf die Welt darzustellen? Welche Vorstellungen habe ich davon, was legitime,

---

dass eine Positionierung ein gewisses Maß an Selbstbewusstsein verlangt, dass man sich hierzu äußern »darf«, dass ich das Recht habe zu sprechen (Bourdieu 1990, 1987).

131   Das Konzept von sozialer Nähe oder Distanz basiert auf der Vorstellung der Gesellschaft als sozialen Raum, wie in Bourdieu (1987, 2010) beschrieben hat. Individuen nehmen im sozialen Raum je nach der ihnen verfügbaren ökonomischen, kulturellen und sozialen Kapitalien unterschiedliche Positionen ein. Diese Positionen sind umkämpft, Individuen versuchen sich durch Praktiken von anderen Gruppen abzugrenzen und Zugänge begrenzen.

132   Bourdieu 1997.

»richtige« Meinungen sind und wie passe ich mit meinen eigenen Haltungen dazu? Darüber hinaus macht sich soziale Nähe oder Distanz auch in unterschiedlichen Sprachgewohnheiten bemerkbar, die wir ebenfalls in der Einleitung thematisiert haben. Bei der Auswertung der Gespräche wurde diesen Kontexten bestmöglich Rechnung getragen. Der Anspruch war, sich nicht von den legitimen Diskurslogiken der herrschenden Klassen zu einer vorschnellen Einordnung von Äußerungen verleiten zu lassen, die vielleicht aufgrund des Herkunftsmilieus in der Sprachwahl härter angelegt sind, in ihren fundamentalen Aussage aber eigentlich dem entsprechen, was jemand mit elaborierteren sprachlichen Kompetenzen eher im Sinne des legitimen Diskurses auszudrücken vermag.[133] Als ForscherInnen sind wir gefordert, hinter die herrschenden Logiken des Diskurses zu treten und darauf zu achten, was hier tatsächlich zum Ausdruck gebracht wird und welche Bedeutung dem zukommt.

---

133   Vgl. dazu auch die Überlegungen von Basil Bernstein zu sprachlichen Sozialisation unterschiedlicher sozialer Klassen (Bernstein 1972).

Tabelle 3: Übersicht der Interviews

Nr.	Pseudonym	Alter	Bildung	Erwerbsstatus	Beruf
1	Evelyn Rauter	32	1*	Unselbstständig	Programmiererin
2	Karin Maler	42	1	Unselbstständig	Architektin
3	Maria Eisner	51	3	Unselbstständig	Altenpflegerin
4	Ernst Kogler	48	3	Unselbstständig	Buchhalter
5	Martina Erdinger	53	2	Unselbstständig	Bankangestellte
6	Johanna Dörfler	43	1	Erwerbslos	-
7	Richard Berger	44	2	Erwerbslos	-
8	Sarah Eder	45	2	Erwerbslos	-
9	Lina Wagner	29	2	Unselbstständig	Polizistin
10	Tobias Heller	30	3	Selbstständig	KFZ-Mechaniker
11	Michael Fuchs	32	3	Unselbstständig	Werkzeugmacher
12	Lukas Aichinger	37	3	Selbstständig	Landwirt
13	Philip Brunner	20	2	Unselbstständig	Techniker
14	Inge Kramer	44	2	Unselbstständig	Pflegemanagerin
15	Mario Lenz	33	1	Unselbstständig	Sozialarbeiter
16	Gerhard Meier	42	1	Erwerbslos	-
17	Christoph Lehner	28	1	Unselbstständig	Sozialpädagoge
18	Sascha Baumann	43	1	Unselbstständig	Blaulichtorganisation
19	Manfred Rabl	46	1	Unselbstständig	IT-Manager

* Höchste abgeschlossene Bildung: 1=Universität/ Fachhochschule; 2=Allgemeinbildende höhere Schule/ Berufsbildende höhere Schule; 3=Lehre/Berufsbildende mittlere Schule; 4= Pflichtschule.

Nr.	Pseudonym	Alter	Bildung	Erwerbsstatus	Beruf
20	Jonas Müller	44	2	Unselbstständig	Techniker
21	Hans Weiss	45	1	Selbstständig	Bildungseinrichtung
22	Reinhard Hofstätter	47	1	Selbstständig	Architekt
23	Barbara Pollak	45	1	Selbstständig	Unternehmensberaterin
24	Caroline Kaiser	32	1	Selbstständig	Anwältin
25	Dieter Reinhard	59	1	Unselbstständig	Lehrer
26	Josef Klein	64	1	Unselbstständig	Facharzt
27	Peter Zach	33	3	Unselbstständig	Produktionsarbeiter
28	Andrea Danner	47	3	Unselbstständig	Büroangestellter
29	Wolfgang Schober	27	3	Unselbstständig	LKW-Fahrer
30	Anna Nowak	22	3	Unselbstständig	Maschinenbedienerin
31	Gabriel Drechsler	23	3	Unselbstständig	Produktionsarbeiter
32	Petra Beer	43	2	Unselbstständig	Büroangestellte
33	Jan Wieninger	26	2	Unselbstständig	Service Hotel
34	Josef Alp	45	3	Unselbstständig	Service Hotel
35	Gerald Hofer	50	1	Unselbstständig	Geschäftsführer
36	Ronja Ebner	38	2	Unselbstständig	Rezeptionistin
37	Sandra Vordermeier	27	1	Unselbstständig	Büroangestellte
38	Daniel Körber	48	2	Unselbstständig	IT-Techniker

Nr.	Pseudonym	Alter	Bildung	Erwerbsstatus	Beruf
39	Sabine Friedrich	28	1	Unselbstständig	Lehrerin
40	Marina Mukovic	58	4	Erwerbslos	-
41	Hans Niedermoser	62	2	Selbstständig	Verarbeitendes Gewerbe
42	Erwin Staudinger	40	2	Unselbstständig	IT-Techniker
43	Sophia Brillinger	63	3	Unselbstständig	Dipl. Krankenschwester
44	Sara Maurer	40	3	Unselbstständig	Heimhilfe
45	Sabine Putz	53	3	Erwerbslos	-
46	Konrad Schwieghofer	57	1	Selbstständig	Anwalt
47	Herbert Burgstaller	48	2	Unselbstständig	Schulwart
48	Mira Haberl	59	3	Unselbstständig	Hausmeisterin

Danksagung

Die Entstehung dieses Buches verdanken wir der Unterstützung durch unterschiedlichste Personen. Besonderer Dank gilt zunächst unseren GesprächspartnerInnen, die unserem Forschungsvorhaben mit großem Interesse begegnet sind. Es ist nicht selbstverständlich, unbekannten Personen tiefe Einblicke in das eigene Leben zu geben. Wir haben uns in der Darstellung der Geschichten darum bemüht, mit der uns entgegengebrachten Offenheit wertschätzend umzugehen.

Bedanken möchten wir uns auch bei den ungarischen ProjektpartnerInnen: István Grajczjár, Antal Örkény, Zsófia Nagy und Zsuzsanna Ádám. Zentrale Aspekte des Projekts wurden gemeinsam konzipiert und durchgeführt. Die unterschiedlichen Zugänge und Perspektiven bereicherten unsere Forschung und trieben unsere Analyse an entscheidenden Stellen voran. Für die anregenden Diskussionen über den Untersuchungsansatz und unsere Ergebnisse danken wir den Mitgliedern des Projektbeirates Manuela Caiani, Gudrun Hentges, Dietmar Loch und Hans De Witte, die uns in den letzten drei Jahren begleitet haben. Sie halfen uns, die Interpretationen zu schärfen und auch neue Perspektiven auf das Material zu bekommen. Darüber hinaus danken wir den unzähligen Kollegen und Kolleginnen, Freunden und Freundinnen, die uns durch unterschiedlichste Phasen des Projektes mit kritischem, aber stets emphatischem Blick begleitet haben und ebenfalls einen wesentlichen Beitrag zur Entstehung des Buches geleistet haben.

Darüber hinaus danken wir Elisabeth Beer und Hans-Jörg Schlechter, die unsere Textentwürfe kritisch gelesen und kommentiert haben.

Literaturverzeichnis

Adorno, Theodor W. 1999. *Studien zum autoritären Charakter.* 9. Aufl. Frankfurt a. M.: Suhrkamp.

Adorno, Theodor W., Else Frenkel-Brunswik, Daniel J. Sanford, and R. Nevitt. 1950. *The Authoritarian Personality.* New York: Harper und Brothers.

Altmeyer, Robert. 1988. *Enemies of Freedom: Understanding Right-Wing Authoritarianism.* New York: Wiley.

Altreiter, Carina. 2019. *Woher man kommt, wohin man geht. Über die Zugkraft der Klassenherkunft am Beispiel junger IndustriearbeiterInnen.* Frankfurt a. M./New York: Campus.

Bacher, Johann. 2018. Polarisierungstendenzen in Österreich? Ergebnisse einer latenten Klassenanalyse der Einstellungen zur Immigration. In *Migration und Globalisierung in Zeiten des Umbruchs,* Hrsg. Friedrich Altenburg, Anna Faustmann, Thomas Pfeffer und Isabella Skrivanek, 379-397. Krems: Edition Donau Universität Krems.

Balibar, Ètienne. 2004. Gibt es einen »Neo-Rassismus«? In *Rasse. Klasse. Nation. Ambivalente Identitäten,* Hrsg. Ètienne Balibar und Immanuel Wallerstein, 23–38. Hamburg: Argument.

Bayertz, Kurt. 1998. Begriff und Problem der Solidarität. In *Solidarität: Begriff und Problem,* Hrsg. Kurt Bayertz, 11–53. Frankfurt a. M.: Suhrkamp.

Becker, Karina, Klaus Dörre, Peter Reif-Spirek. 2018. Zur Einführung: Arbeiterbewegung von rechts? In *Arbeiterbewegung von rechts? Ungleichheit – Verteilungskämpfe – populistische Revolte,* Hrsg. Karina Becker, Klaus Dörre und Peter Reif-Spirek, 9-22. Frankfurt/New York: Campus.

Bernstein, Basil. 1972. *Studien zur sprachlichen Sozialisation.* 2. Aufl. Düsseldorf: Schwann.

Betz, Hans-Georg. 2002. Rechtspopulismus in Westeuropa. Aktuelle Entwicklungen und politische Bedeutung. *Österreichische Zeitschrift für Politikwissenschaft* 31: 251–264.

Bieling, Hans-Jürgen. 2017. Aufstieg des Rechtspopulismus im heutigen Europa – Umrisse einer gesellschaftstheoretischen Erklärung. *WSI Mitteilungen* 70: 557–565.

Bierhoff, Hans-Werner. 2002. *Prosocial Behaviour.* New York: Psychology Press.

Blumer, Herbert. 1958. Race Prejudice as a Sense of Group Position. *The Pacific Sociological Review* 1: 3–7.

Bohle, Hans Hartwig, Wilhelm Heitmeyer, Wolfgang Kühnel, und Uwe Sander. 1997. Anomie in der modernen Gesellschaft. Bestandsaufnahme und Kritik eines klassischen Ansatzes soziologischer Analyse. In *Was treibt die Gesellschaft auseinander? Bundesrepublik Deutschland: Auf dem Weg von der Konsens- zur Konfliktgesellschaft,* Hrsg. Wilhelm Heitmeyer, 29–65. Frankfurt a. M.: Suhrkamp.

Bourdieu, Pierre, Hrsg. 2010. *Das Elend der Welt.* 2. Aufl. Konstanz: UVK Verlagsgesellschaft.

Bourdieu, Pierre. 2005. *Die verborgenen Mechanismen der Macht.* Schriften zu Politik & Kultur 1. Hrsg. Margareta Steinrücke. Hamburg: VSA Verlag.

Bourdieu, Pierre. 1987. *Die feinen Unterschiede. Kritik der gesellschaftlichen Urteilskraft.* Frankfurt a. M: Suhrkamp.

Bourdieu, Pierre. 1997. Verstehen. In *Das Elend der Welt. Zeugnisse und Diagnosen alltäglichen Leidens an der Gesellschaft,* Hrsg. Pierre Bourdieu, 779–802. Konstanz: Universitäts-Verlag Konstanz.

Bourdieu, Pierre. 1990. *Was heißt sprechen? Die Ökonomie des sprachlichen Tausches.* Wien: Braumüller.

Brubaker, Rogers, und Frederick Cooper. 2000. Beyond »Identity«. *Theory and Society* 29: 1–47.

Caiani, Manuela, und Donatella Della Porta. 2009. *Social Movements and Europeanisation.* Oxford: Oxford University Press.

Castel, Robert. 2000. *Die Metamorphosen der sozialen Frage. Eine Chronik der Lohnarbeit.* Konstanz: UVK Verlagsgesellschaft.

Dallinger, Ursula. 2009. *Die Solidarität der modernen Gesellschaft. Der Diskurs um rationale oder normative Ordnung in Sozialtheorie und Soziologie des Wohlfahrtsstaats.* Wiesbaden: VS Verlag für Sozialwissenschaften.

Decker, Oliver, und Elmar Brähler, Hrsg. 2018. *Flucht ins Autoritäre. Rechtsextreme Dynamiken in der Mitte der Gesellschaft*. Gießen: Psychosozial-Verlag.

Döring, Diether, Frank Nullmeier, Roswitha Pioch, und Georg Vobruba. 1994. *Gerechtigkeit im Wohlfahrtsstaat*. Marburg: Schüren Presseverlag.

Dörre, Klaus, Sophie Bose, John Lütten, und Jakob Köster. 2018. Arbeiterbewegung von rechts? Motive und Grenzen einer imaginären Revolte. *Berliner Journal für Soziologie* 28: 55–89.

Dörre, Klaus, Anja Happ, und Ingo Matuschek, Hrsg. 2013. *Das Gesellschaftsbild der LohnarbeiterInnen. Soziologische Untersuchungen in ost- und westdeutschen Industriebetrieben*. Hamburg: VSA-Verlag.

Dubiel, Helmut. 1994. *Ungewißheit und Politik*. Frankfurt a. M: Suhrkamp.

Elias, Norbert, und John L. Scotson. 1990. *Etablierte und Außenseiter*. Frankfurt a. M.: Suhrkamp.

Eribon, Didier. 2016. *Rückkehr nach Reims*. Berlin: Suhrkamp.

Flecker, Jörg, Hrsg. 2007. *Changing Working Life and the Appeal of the Extreme Right*. Aldershot: Ashgate.

Flecker, Jörg, Gudrun Hentges, István Grajczjár, Carina Altreiter, und Saskja Schindler. 2019. Extreme und populistische Rechtsparteien und die soziale Frage. Entwicklungen in Frankreich, Österreich, Ungarn und den Niederlanden. *WSI Mitteilungen* 72: 212–219.

Flecker, Jörg, und Sabine Kirschenhofer. 2007. *Die populistische Lücke. Umbrüche in der Arbeitswelt und Aufstieg des Rechtspopulismus am Beispiel Österreichs*. Berlin: edition sigma.

Flick, Uwe. 1995. Kodierung und Kategorisierung. In *Qualitative Forschung. Theorie, Methode, Anwendung in Psychologie und Sozialwissenschaften*. Derss. 196–217. Reinbek b. Hamburg: Rowohlt Taschenbuch Verlag.

Froschauer, Ulrike, Manfred Lueger. 2002. *Das qualitative Interview: Zur Praxis interpretativer Analyse sozialer Systeme*. Wien: Facultas, UTB.

Glaser, Barney G., und Anselm L. Strauss. 1968. *The discovery of grounded theory: Strategies for qualitative research*. London: Weidenfeld & Nicolson.

Gould, Carol C. 2007. Transnational Solidarities. *Journal of Social Philosophy* 38: 148–164.

Hall, Stuart. 1994. *Rassismus und kulturelle Identität*. Hamburg: Argument.

Hentges, Gudrun, Jörg Flecker 2006. Die Sirenen-Gesänge des europäischen Rechtspopulismus. In *Neoliberalismus und Rechtsextremismus in Europa*, Hrsg. Peter Bathke und Susanne Spindler, 122-146. Berlin: Karl Dietz Verlag.

Hyman, Richard. 1974. Inequality, Ideology and Industrial Relations. *British Journal of Industrial Relations* 12: 171–190.

Heitmeyer, Wilhelm. 2018. *Autoritäre Versuchungen. Signaturen der Bedrohung*. 3. Aufl. Berlin: Suhrkamp.

Heitmeyer, Wilhelm. 2002. Gruppenbezogene Menschenfeindlichkeit – die theoretische Konzeption und erste empirische Ergebnisse. In *Deutsche Zustände*. Folge 1. Hrsg. Wilhelm Heitmeyer, 15-34. Frankfurt a.M./New York: Suhrkamp..

Heitmeyer, Wilhelm. 2012. Rohe Bürgerlichkeit. Bedrohungen des inneren Friedens. *Wissenschaft & Frieden* 39–41.

Hochschild, Arlie Russell. 2017. *Fremd in ihrem Land. Eine Reise ins Herz der amerikanischen Rechten*. Frankfurt a. M./ New York: Campus.

Hondrich, Karl Otto, und Claudia Koch-Arzberger. 1992. *Solidarität in modernen Gesellschaften*. Frankfurt a. M.

Karamessini, Maria, und Jill Rubery, Hrsg. 2013. *Women and Austerity. The Economic Crisis and the Future for Gender Equality*. London and New York: Routledge.

Kelle, Udo, und Susann Klug. 2010. *Vom Einzelfall zum Typus. Fallvergleich und Fallkontrastierung in der qualitativen Sozialforschung*. Wiesbaden: VS Verlag für Sozialwissenschaften.

Kitschelt, Herbert. 1995. *The Radical Right in Western Europe: A Comparative Analysis*. Ann Arbor: University of Michigan Press.

Klandermans, Bert. 2015. Motivations to Action. In *The Oxford Handbook of Social Movements*, Hrsg. Donatella Della Porta und Mario Diani, 219–230. Oxford: Oxford University Press.

198

Kronauer, Martin. 2010. *Exklusion: Die Gefährdung des Sozialen im hochentwickelten Kapitalismus.* 2. aktualisierte und erweiterte Auflage. Frankfurt a. M.: Campus Verlag.

Kronauer, Martin. 2018. Warum und wie die Linke heute für soziale Gerechtigkeit streiten muss. In *Arbeiterbewegung von rechts? Ungleichheit – Verteilungskämpfe – populistische Revolte,* Hrsg. Karina Becker, Klaus Dörre, Peter Reif-Spirek, 81-100. Frankfurt a. M./New York: Campus.

Kymlicka, Will. 2015. Solidarity in diverse societies. Beyond neoliberal multiculturalism and welfare chauvinism. *Comparative Migration Studies* 3: 17.

Laitinen, Arto, und Anne Birgitta Pessi. 2015. Solidarity: Theory and Practice. An Introduction. In *Solidarity: Theory and Practice,* Hrsg. Arto Laitinen und Anne Birgitta Pessi, 1–29. London: Lexington Books.

Lamont, Michèle. 2000. *The Dignity of Working Men. Morality and the Boundaries of Race, Class, and Immigration.* New York: Russell Sage Foundation.

Lamont, Michèle. 2019. From 'having' to 'being': self-worth and the current crisis of American society. *The British Journal of Sociology* 70: 660–707.

Lamont, Michèle, und Virág Molnár. 2002. The Study of Boundaries in the Social Sciences. *Annual Review of Sociology* 28: 167–195.

Lefkofridi, Zoe, und Elie Michel. 2014. *Exclusive Solidarity? Radical Right Parties and the Welfare State.* Badia Fiesolana: European University Institute. Robert Schumann Centre for Advanced Studies.

Lipset, Seymour Martin, und Rokkan Stein. 1967. *Party Systems and Voter Alignments. Cross-National Perspectives.* New York: Free Press.

Moore, Barrington. 1987. *Ungerechtigkeit. Die sozialen Ursachen von Unterordnung und Widerstand.* Frankfurt a. M.: Suhrkamp.

Mühlfeld, Claus. 1981. Auswertungsprobleme offener Interviews. *Soziale Welt* 32: 325–352.

Norris, Pippa, und Ronald Inglehart. 2019. *Cultural Backlash. Trump, Brexit, and Authoritarian Populism.* New York: Cambridge University Press.

Oorschot, Wim van. 2000. Who should get what, and why? On deservingness criteria and the conditionality of solidarity among the public. *Policy & Politics* 28: 33–48.

Pfaff-Czarnecka, Joanna. 2018. Zugehörigkeit neu denken. Herausforderungen der Arbeitswelt von heute und morgen. In *Identität in der modernen Arbeitswelt: Neue Konzepte für Zugehörigkeit, Zusammenarbeit und Führung,* Hrsg. Olaf Geramanis und Stefan Hutmacher, 3–19. Wiesbaden: Springer.

Polletta, Francesca, und James M. Jasper. 2001. Collective Identity and Social Movements. *Annual Review of Sociology* 27: 283–305.

Przyborski, Aglaja, und Monika Wohlrab-Sahr. 2014. *Qualitative Sozialforschung. Ein Arbeitsbuch.* 4. Aufl. München: Oldenbourg.

Rechnungshof. 2016. *Allgemeiner Einkommensbericht 2016.* Wien: Rechnungshof http://www.rechnungshof. gv.at/fileadmin/downloads/_jahre/2016/berichte/einkommensberichte/Einkommensbericht_2016. pdf (Zugegriffen: 19. März 2017).

Reckwitz, Andreas. 2017. *Die Gesellschaft der Singularitäten. Zum Strukturwandel der Moderne.* 1. Auflage. Berlin: Suhrkamp.

Rheindorf, Markus, und Ruth Wodak. 2015. Borders, Fences, and Limits—Protecting Austria From Refugees. Metadiscursive Negotiation of Meaning in the Current Refugee Crisis. *Journal of Immigrant & Refugee Studies* 16: 15–38.

Rosegger, Rainer, und Max Haller. 2003. Konzepte nationaler Identität in West- und Osteuropa. *Östereichische Zeitschrift für Soziologie* 28: 29–54.

Sayer, Andrew. 2005. *The moral significance of class.* Cambridge: Cambridge University Press.

Scherr, Albert. 2013. Offene Grenzen? Migrationsregime und die Schwierigkeiten einer Kritik des Nationalismus. *PROKLA. Zeitschrift für kritische Sozialwissenschaft* 43: 335–349.

Schindler, Saskja, Carina Altreiter, und Jörg Flecker. 2019. Entsolidarisierung – Erosion gesellschaftlichen Zusammenhalts. In *Umbrüche. Umdenken. Arbeit und Gesellschaft aus wissenschaftlicher und betrieblicher Perspektive*, Hrsg. Julia Hofmann, Thomas Kreiml und Hilde Weiss, 188–197. Wien: Verlag des Österreichischen Gewerkschaftsbundes.

Scholz, Sally J. 2008. *Political Solidarity*. Pennsylvania: Pennsylvania State University Press.

Sennett, Richard, und Jonathan Cobb. 1993. *The Hidden Injuries of Class*. New York: Norton.

Smith, Christian, und Katherine Sorrell. 2014. On Social Solidarity. In *The Palgrave Handbook of Altruism, Morality, and Social Solidarity. Formulating a Field of Study*, Hrsg. Vincent Jeffries, 219–247. New York: Palgrave Macmillan.

Schweifer, Patricia. 2019. *Freiwilligenarbeit in der Flüchtlingshilfe – Über die Veränderungen persönlicher Beziehungen von Freiwilligen aufgrund ihrer Tätigkeit*. Masterarbeit am Institut für Soziologie der Universität Wien.

Stjernø, Steinar. 2005. *Solidarity in Europe. The History of an Idea*. Cambridge: Cambridge University Press.

Van Stekelenburg, Jacquelien, Bert Klandermans, und Stefaan Walgrave. 2019. Individual Participation in Street Demonstrations. In *The Wiley Blackwell Companion to Social Movements*, Hrsg. David A. Snow, Sarah A. Soule, Hanspeter Kriesi und Holly J. McCammon, 371–391. Oxford: Wiley Blackwell.

Vester, Michael, Peter von Oertzen, Heiko Geiling, Thomas Hermann, und Dagmar Müller. 2001. *Soziale Milieus im gesellschaftlichen Strukturwandel. Zwischen Integration und Ausgrenzung*. Frankfurt a. M.: Suhrkamp.

Vester, Michael. 2017. *Der Kampf um soziale Gerechtigkeit: Der Rechtspopulismus und die Potentiale politischer Mobilisierung*. https://www.rosalux.de/fileadmin/ls_nrw/dokumente/Publikationen/Michael_Vester_Rechtspopulismus_soziale__Gerechtigkeit_18_M%C3%A4rz-2.pdf (Zugegriffen: 7. Feb. 2019).

Voland, Eckart. 1999. On the Nature of Solidarity. In Solidarity, Hrsg. Kurt Bayertz, 157–172. Dordrecht: Kluwer.

Voswinkel, Stephan. 2000. Anerkennung der Arbeit im Wandel. Zwischen Würdigung und Bewunderung. In *Anerkennung und Arbeit*, Hrsg. Ursula Holtgrewe, Stephan Voswinkel und Gabriele Wagner, 39–62. Konstanz: UVK Verlagsgesellschaft.

Weber, Max. 1985. Die »Objektivität« sozialwissenschaftlicher und sozialpolitischer Erkenntnis. In *Gesammelte Aufsätze zur Wissenschaftslehre*, Ders. Tübingen: Winkelmann.

Witzel, Andreas. 1989. Das problemzentrierte Interview. In *Qualitative Forschung in der Psychologie. Grundfragen, Verfahrensweisen, Anwendungsfelder.*, Hrsg. Gerd Jüttemann, 227–255. Heidelberg: Roland Asanger Verlag.

Wodak, Ruth. 2016. *Politik mit der Angst. Zur Wirkung rechtspopulistischer Diskurse*. Wien: Edition Konturen.